드디어
시리즈

05

드디어 만나는
경제학 수업

기회비용부터 비트코인까지,
뉴스가 들리고 투자가 보이는 61가지 경제 지식

드디어
만나는
경제학
수업

미셸 케이건, 앨프리드 밀 지음 | 김선영 옮김

현대
지성

"잠시도 지루할 틈을 주지 않는다!"

오건영(신한은행 WM추진부 팀장, 『환율의 대전환』 저자)

누구나 경제 활동을 한다. 회사에서 일한 만큼 월급을 받고, 마트에서 필요한 물품을 구매하고, 여유 자금을 은행에 저금하는 등 우리 일상의 모든 활동이 경제와 연결되어 있다. 그러나 많은 사람들이 경제학 책에 나오는 그래프와 수식, 딱딱하고 어려운 용어 때문인지 접근하기 어려운 학문이라는 선입견을 가진다.

『드디어 만나는 경제학 수업』은 경제학이 부담스럽다는 당신의 편견을 흔들어줄 책이다. 우선 이 책은 처음부터 끝까지 친근한 인상을 준다. 경제 전반을 이해하기 위한 방대한 내용을 다루지만 쉽고 친절한 어투로 다정하게 가르쳐준다. 또한 경제학을 크게 네 가지 주제로 나누고 그 안에 디테일한 소주제를 배치했다. 각 소주제를 짧은 호흡으로 읽을 수 있어 잠시도 지루할 틈을 주지 않는다. 마지막으로 암호화폐와 실리콘밸리은행 사태, 행동경제학, 탄소배출권 등 최신 이슈까지 다루어 경제 뉴스를 이해하고 세상을 읽는 당신의 관점을 한층 넓혀준다.

이 책을 통해 더 많은 사람들이 경제학을 쉽고 친근한 학문으로 느끼길 바란다. 올해 경제 공부와 투자에 입문하고자 하는 이들이라면 꼭 읽어보길 강력히 추천한다.

추천사 2

경제 입문에 이보다 더 좋은 책은 없다!

이재용(파인드어스 이사, 『B주류경제학』 저자)

나는 오랜 시간 회계사로 일하며 경제학이 어려운 것이 아니라 '낯선 것' 이라고 생각해왔다. 학문의 특성상 눈에 바로 보이지 않는 개념이나 현상을 처음 듣는 단어로 정의하기 때문에 낯설게 느껴지고, 낯선 단어가 이어지니 사람들은 지레 겁을 먹고 경제학에서 멀어지는 것이다.

그러나 한 걸음씩 나아가다 보면, 낯선 개념들이 서서히 친숙해지고 어느새 경제의 흐름 속에서 세상을 바라보는 새로운 관점을 얻게 된다. 경제는 우리 삶 어디에나 있고, 언제나 영향을 미친다. 금리, 물가, 실업률, 환율 등 여러 경제적 변수와 변화를 이해하면 나의 씀씀이와 투자처가 바뀔 뿐만 아니라 삶의 방향도 돌아보고 조율하게 된다.

이 책은 독자들의 경제 문해력을 키워주기 위한 유용한 방향키가 될 것이다. 경제학의 기초 개념부터 미시경제와 거시경제, 최신 이슈와 트렌드까지 폭넓은 주제를 간결하고 친절하게 설명한 덕분에 경제 초보자나 문외한도 자연스럽게 익히고 파악할 수 있다. 낯선 개념이 많은 경제학의 특성상 한 번에 쏙 훑을 수 있는 쉬운 책은 아니지만, 손 닿는 곳에 두고 하루에 한두 주제씩 읽는다면 경제학의 기초 체력을 다지기에 이보다 더 좋은 책을 찾기는 어려울 것이다.

독자들이 이 책과 함께 낯선 경제학의 세상에서 재미를 느끼기 바란다.

들어가는 글

삶의 무기가 되는 경제학

경제학을 공부하고자 이 책을 펼친 독자 여러분, 환영합니다. 『드디어 만나는 경제학 수업』은 복잡하게만 느껴졌던 경제 개념을 쉽고 생생하게 풀어내 여러분의 일상에 실질적인 도움이 되는 지식으로 안내해드릴 것입니다.

"예적금 금리가 오르면 주식시장은 어떻게 될까?"

"기준금리를 올린다는데, 내 대출 이자는 얼마나 오르지?"

"미국 증시가 폭락했다는데 우리나라 주가와는 무슨 상관이지?"

매일 쏟아지는 경제 뉴스 앞에서 이런 질문들이 머릿속을 맴돌지만, 시원한 답을 찾기는 쉽지 않습니다. 국내총생산GDP이나 소비자물가지수CPI 같은 경제지표는 물론, 양적완화니 테이퍼링이니 하는 정책 용어들까지, 경제는 여전히 어렵고 복잡하게만 느껴지지요.

『드디어 만나는 경제학 수업』은 당신의 경제 문해력을 한 단계

끌어올려줄 것입니다. 경제 문해력이란 경제 현상을 정확히 읽고 해석해 현명한 의사 결정을 내리는 능력을 말합니다. 단순한 지식 습득을 넘어 실제 삶에서 돈이 되는 판단력을 의미하지요.

이 책은 애덤 스미스의 '보이지 않는 손'과 같은 고전 경제 이론부터, 행동경제학의 혁신적 통찰 그리고 비트코인으로 대표되는 새로운 금융 현상까지, 경제를 읽는 데 필요한 모든 렌즈를 제공합니다. 특히 우리의 일상과 맞닿은 예시를 통해 복잡한 경제 원리를 쉽게 설명합니다.

독자 여러분은 이 책을 통해 금리, 환율, 주가 변동이 내 자산에 미치는 영향을 정확히 이해하고, 각종 투자 상품의 특성을 파악하여 현명한 자산관리 전략을 세우며, 글로벌 경제 변화가 한국 경제와 나의 일상에 미치는 영향을 예측할 수 있게 될 것입니다.

왜 지금 경제 문해력이 중요할까요? 답은 명확합니다. 급변하는 경제 환경에서 살아남으려면 경제를 제대로 읽고 해석할 수 있어야 하기 때문입니다. 재테크를 시작하는 2030세대, 자산관리가 절실한 4050세대, 안정적인 노후를 준비하는 5060세대까지, 경제 문해력은 이제 선택이 아닌 필수가 되었습니다.

더 이상 경제 뉴스 앞에서 답답해하지 마세요. 이 책과 함께라면 복잡한 경제 현상도 명쾌하게 읽어낼 수 있습니다. 당신의 경제적 결정이 더 현명해지고, 자산이 불어나는 즐거운 변화를 경험하게 될 것입니다.

자, 이제 경제 문해력을 키우는 여정을 시작해볼까요?

차례

1 경제학이 세상을 해석하는 방법

2 화폐와 시장의 심리 게임

3 당신이 몰랐던 금융의 숫자들

4 세계 경제를 움직이는 숨은 플레이어들

1

경제학이 세상을
해석하는 방법

무한한 욕망, 유한한 자원

경제학의 탄생

#단단한돈공부 #똑똑한소비 #희소성개념

당신이 퇴근하고 집에 돌아와 저녁 메뉴를 고민하며 냉장고 문을 열었다고 합시다. 어떤 식재료가 있는지 둘러보고는 "집에 먹을 게 하나도 없네"라고 중얼거리며 배달 앱을 켜겠지요. 날씨 좋은 주말 아침, 외출하려고 옷장 문을 열었다가 "입을 옷이 하나도 없군, 옷 좀 사야겠어"라고 투덜거리며 늘 입던 옷을 입을지도 모릅니다. 냉장고에는 음식이, 옷장에는 옷이 넘쳐나는데 말이지요.

우리에게 필요하거나 우리가 욕망하는 것은 결코 채워지는 법이 없습니다. 이것을 경제학에서는 '희소성'이라고 합니다. 모든 사람의 욕구를 만족시킬 만큼 자원이 충분하지 않다는 뜻이지요. 경제학은 한마디로 '희소한 자원의 효율적인 분배'를 연구하는 학문입니다. 인간의 욕구는 무한하며 항상 소유하거나 구매할 수 있는 것보다 더 많이 원합니다. 즉 우리는 모두 한정적인 조건에서 여러 선택지를 살피고 평가해 최선의 결정을 내리는 '경제학적 존재'입니다.

경제학은 어디에나 있다

경제학이 체계적인 학문으로 자리매김한 것은 근대 경제학의 아버지라 불리는 애덤 스미스Adam Smith가 『국부론』을 쓴 18세기경입니다. 더 과거로 거슬러 올라가면 플라톤과 아리스토텔레스 등 고대 그리스 철학자들도 사유재산의 개념과 자원의 분배 방식을 연구했지요. 태초에 경제학은 철학의 한 분파로 갈라져 발전하기 시작했습니다(애덤 스미스도 처음에는 경제학자가 아니라 도덕철학자로 알려졌습니다).

오늘날 경제학자들은 넷플릭스 구독료 책정부터 중앙은행의 기준금리 결정까지 희소성이 만드는 다양한 경제 현상을 연구합니다. 인간이 자원 부족에 대처하는 방식은 흥미롭습니다. 복잡한 계획과 체계를 만들어 자원이 모두에게 공정히 돌아가게 하기도 하고, 때로는 시장에 맡겨 수요와 공급의 균형을 찾아내기도 하지요. 개인부터 사회 전체에 이르기까지 모든 경제 주체가 한정된 자원을 효율적으로 분배해 최선의 방식으로 활용하려 노력합니다.

경제학이 다루는 범위는 놀라울 정도로 다채롭습니다. 개인이나 기업의 의사 결정을 연구하는 학자가 있는가 하면 국가 경제의 차원에서 무역과 수출을 연구하는 학자도 있습니다. 어떤 분야를 연구하든 경제학자는 이론을 개발하고 경제 주체의 행위를 관찰합니다. 이들은 데이터를 활용해 이론을 검증하고 AI를 활용해 경제 현상을 예측하며 플랫폼 경제와 같은 새로운 패러다임을 연구하기도 하지요. 경제학자들은 대학 연구소에서부터 핀테크 스타트업과 정부 기관까지 경제 현장 곳곳에서 활약하고 있습니다.

아이폰 가격부터 실업률까지, 경제학이 세상을 읽는 법

경제학은 크게 두 영역으로 나뉩니다. 미시경제학은 마치 현미경으로 들여다보듯 시장 속 개인과 기업의 의사 결정을 연구합니다. 아이폰 가격이 10만 원 오를 때 소비자들의 선택이 어떻게 바뀌는지, 전기차 보조금 정책이 자동차 시장의 균형을 어떻게 변화시키는지 같은 것들이죠. 이처럼 미시경제학은 시장에서 형성되는 '균형'에 주목합니다. 상품의 가격과 생산량이 어떻게 결정되는지를 연구하기에 '가격이론'이라고도 불립니다.

거시경제학은 망원경으로 보는 것과 같습니다. 개별 시장을 넘어 사회와 국가라는 큰 단위에서 희소한 자원이 어떻게 분배되고 활용되는지 관찰합니다. 실업이 발생하는 메커니즘, 기준금리 변화가 전체 경제에 미치는 파급 효과, 정부의 세금 정책이 가져올 변화 등을 연구하죠. 특히 거시경제학자들은 이런 현상들을 정확히 '측정하는 방법'을 중요하게 여깁니다. 예를 들어 청년 실업률을 산출할 때 취준생을 포함해야 하는지, 물가상승률을 계산할 때 부동

| 경제 현상을 보여주는 명화들 |

위는 인류 최초의 거품 경제로 여겨지는 17세기 네덜란드의 튤립 파동을 비판하는 우화다.
아래는 환전상이 어떻게 금화에 가치를 매기는지, 개인의 경제학적 갈등을 묘사하고 있다.

산 가격을 어떻게 반영할지 같은 문제를 고민하는 것이죠. 이런 측정 방식의 차이는 전혀 다른 경제 정책으로 이어질 수 있습니다.

이처럼 미시와 거시는 서로 다른 렌즈로 경제를 바라보지만, 궁극적으로는 한정된 자원을 효율적으로 활용하는 방법을 찾는다는 점에서 같은 목표를 향합니다. 현대에는 두 영역의 경계가 점점 흐려지면서, 미시적 행동이 거시 경제에 미치는 영향이나 거시 정책이 개별 시장에 미치는 효과를 통합적으로 연구하는 경향이 강해지고 있습니다.

자원이 부족할수록 경제학이 필요하다

상상해보세요. 전 세계 모든 사람이 원하는 만큼 아이폰을 가질 수 있고, 누구나 강남에 집을 소유할 수 있으며, 일하지 않아도 풍족하게 살 수 있다면? 이런 세상이라면 경제학이란 학문은 존재하지 않았을 것입니다. 경제학은 바로 이 '부족함'에서 시작됩니다.

우리의 일상을 들여다보면 모든 것이 '생산 요소'로 이루어져 있습니다. 경제학자들은 이를 토지, 노동, 자본이라는 세 가지 기본 재료로 설명하는데, 마치 요리사가 주방에서 재료, 조리법, 도구를 활용하는 것과 비슷합니다.

첫째, '토지'는 자연이 선물한 모든 것입니다. 재생 가능한 자원은 마치 정원의 채소처럼 계속 기를 수 있습니다. 반면 석유나 희토류 같은 재생 불가능한 자원은 냉장고 속 마지막 달걀과 같죠.

한번 쓰면 끝입니다. 최근에는 '무한한 줄 알았던' 깨끗한 공기와 물마저 희소해지면서, 환경도 중요한 '토지' 자원이 되었습니다.

둘째, '노동'은 인간의 땀과 지식입니다. 과거에는 단순히 "얼마나 힘들게 일하는가"로 노동의 가치를 매겼지만, 이제는 더 재미있어졌습니다. AI가 등장하면서 의사나 변호사 같은 전문직보다 수제 가구 장인이나 예술가의 노동이 더 값진 시대가 올 수도 있습니다. 인간만이 할 수 있는 창의적이고 감성적인 일이 새로운 '희소성'을 만들어내고 있죠.

셋째, '자본'은 생산 도구입니다. 과거에는 공장의 기계나 사무실 건물 같은 물리적인 것들이었지만, 지금은 다릅니다. 넷플릭스의 추천 알고리즘, 테슬라의 자율주행 데이터, 애플의 브랜드 가치처럼 눈에 보이지 않는 것들이 어마어마한 자본이 되었습니다.

이 세 요소는 마치 멋진 공연을 만드는 무대, 배우, 소품처럼 서로 떼려야 뗄 수 없는 관계입니다. 예를 들어 테슬라는 리튬(토지)을 채굴해 엔지니어(노동)의 기술로 특허(자본)를 만들어내죠. 우리가 사는 세상의 모든 경제 활동은 이 세 가지 요소가 끊임없이 서로 얽히고설키며 만들어내는 드라마인 셈입니다.

더 재미있는 건, 디지털 시대가 되면서 이 관계가 더욱 복잡해지고 있다는 거죠. 유튜버는 자신의 재능(노동)으로 콘텐츠(자본)를 만들어 조회수(새로운 형태의 토지)를 수확합니다. 과연 앞으로는 이 세 가지 생산 요소가 어떻게 변화할까요? 경제학자들의 새로운 고민이 시작되고 있습니다.

하버드를 포기한 스타트업 대표

기회비용의 진실

#경제적판단기준 #최선의선택 #인간의합리성

어느 화창한 금요일 아침, 침대에서 눈을 뜨는 순간 이런 생각이 듭니다. '왠지 출근하고 싶지 않아. 날씨도 좋은데 오키나와로 여행을 떠나 스쿠버다이빙을 하면 얼마나 좋을까?'

오키나와 여행을 택하면 발생하는 비용은 얼마일까요? 공항으로 가는 택시비, 비행기 티켓값, 호텔 숙박비와 스쿠버다이빙 패키지 요금 일체가 들겠지요. 이게 다가 아닙니다. 여행을 떠남으로써 출근하면 벌 수 있었던 며칠의 급여까지 포기한 셈이니까요.

경제학에서는 출근과 오키나와 여행처럼 하나의 선택지와 그것을 선택했을 때 포기하게 되는 다른 선택지가 서로 '상충관계에 있다'고 합니다. 그리고 포기하게 되는 선택지 중 가장 큰 것의 가치를 가리켜 '기회비용'이라고 하지요.

기회비용: 더 나은 선택의 비밀

생산 요소는 무한하지 않고 한정적입니다. 토지, 노동, 자본을 한 가지 용도에 사용하는 동안 다른 용도로는 쓸 수 없지요. 노동을 예로 들어봅시다. 여러분 앞에 세 가지 선택지가 있습니다. 1시간 동안 유튜브 영상을 찍거나, 수학 과외를 하거나, 배달 아르바이트를 할 수 있습니다. 유튜브 영상은 잘하면 대박이 날 수도 있지만 당장은 수입이 없고, 수학 과외는 시간당 4만 원, 배달은 시간당 3만 원을 벌 수 있습니다. 어떤 선택을 하시겠습니까?

유튜브 촬영을 선택했다면, '4만 원'이라는 기회비용을 지불한 것입니다. 다른 선택지 중 가장 높은 수익을 주는 수학 과외를 포기했으니까요. 이처럼 무언가를 선택할 때는 항상 '포기한 것들의 가치'를 생각해야 합니다.

현대 사회의 성공 신화들은 종종 이런 기회비용을 현명하게 계산한 결과입니다. 메타의 마크 저커버그는 하버드 학위라는 '안전한 선택'을 포기하고 페이스북이라는 '위험한 도전'을 선택했습니다. 재미있는 것은, 디지털 시대에는 이런 기회비용의 개념이 점점 흐려지고 있다는 점입니다.

그래도 변하지 않는 한 가지 진실이 있습니다. 우리의 시간과 에너지는 한정되어 있다는 것입니다. 넷플릭스를 보며 과제를 하면 둘 다 제대로 하기 어렵지요. 우리는 매 순간 '가장 가치 있는 것'이 무엇인지 고민하고 선택해야 합니다. 그 기회비용까지 고려해서 선택해야 현명한 선택이라고 인정받습니다.

당신의 선택은 얼마짜리?

경제학자는 사람들이 결정을 내릴 때 엑셀 프로그램처럼 비용과 편익을 정확하게 효율적으로 계산해낸다고 생각하는 경향이 있습니다. 소비자는 효용을, 생산자는 이윤을 극대화하는 방식을 찾기 마련이기 때문이지요. 경제학에서 소비자의 효용 극대화와 생산자의 이윤 극대화 조건을 수학적으로 풀어 분석하는 것을 바로 '한계 분석'이라고 합니다.

보통 소비자는 한 번에 한 가지 결정만 내립니다. 소비자가 재화나 서비스를 한 단위 더 소비할 때 얻는 만족을 한계효용Maginal utility이라고 합니다. 다른 말로는 한계편익Marginal benefit이라고도 하지요. 한계효용은 원하는 방식으로 측정할 수 있습니다. 100만 원이나 1,000달러와 같이 정확한 금액이 될 수도 있고, 어느 정도의 심리적 만족감이 될 수도 있지요.

예를 들어 당신이 수영장에서 1시간 동안 수영을 한다고 합시다. 수영으로 얻는 만족감을 돈으로 환산하면 얼마일까요? 답하기 어렵다면 반대로 생각해봅시다. 얼마를 받으면 수영을 안 할 건가요? 친구가 당신에게 수영을 안 하면 돈을 주겠다며 점점 큰 액수를 부릅니다. 이때 수영을 단념하고 받아들이는 액수가 바로 수영을 했을 때 얻는 만족감, 효용과 같은 가치라고 볼 수 있습니다. 당신이 2만 원을 받고 1시간의 수영을 포기하기로 결심했다면 1시간의 수영이 지니는 가치는 2만 원인 것입니다. 이것이 바로 한계효용 개념입니다.

이번에는 한계비용-Marginal cost을 살펴봅시다. 한계비용이란 쉽게 말해 생산량을 한 단위 증가시킬 때 필요한 비용입니다. 만약 수영장 1시간 이용료가 5,000원이라면 이것이 바로 수영할 때의 한계비용이 되는 것입니다. 이런 상황에서 당신은 수영을 할까요? 당연히 그렇겠지요. 5,000원을 내고 2만 원 값어치의 만족감을 얻을 수 있으니까요. 반면 수영장 이용비가 2만 5,000원이라면 당신은 수영을 하지 않을 것입니다.

이렇듯 경제학자는 사람들이 제각각 한계효용과 한계비용을 유심히 비교해보고, 한계효용이 한계비용과 같거나 그 이상일 때에만 기꺼이 거래를 하고 비용을 지불한다고 봅니다.

한 걸음 더

효율적 자원 배분

자원을 사람들에게 골고루 나누어주는 것을 경제학 용어로 '배분 Allocation'이라고 합니다. 경제학은 희소성을 다루는 학문이기에 효율적인 배분을 중요시합니다. 효율적인 자원 배분이란 모든 자원을 가장 적합한 곳에 배치하는 것입니다. 회사가 신입 사원을 뽑아 각 팀의 특성에 맞는 인재를 배치하는 것처럼요. 시장에서는 이런 배분이 '가격'을 통해 이루어지는데, 소비자의 만족감과 생산자의 비용이 만나는 지점에서 가격이 형성됩니다. 넷플릭스 구독료가 소비자 만족도와 제작 비용의 균형점에서 정해지는 것이 대표적인 예죠. 최근에는 AI와 빅데이터로 더 정교한 자원 배분이 가능해졌습니다. 배달 앱의 실시간 경로 최적화나 스트리밍 서비스의 맞춤형 콘텐츠처럼, 효율적인 자원 배분은 우리 일상을 더 편리하게 만드는 핵심이 되고 있습니다.

경제학의 3가지 기본 가정

경제학자들은 기본적으로 다음의 세 가정에 기반해 시장과 사회를 연구합니다.

1. **다른 모든 조건은 변하지 않습니다.** 어떤 경제학자가 "소득세가 감소하면 소비가 증가한다"라고 주장했다면 다음과 같이 이해해야 합니다. "소득세가 감소하고 '다른 모든 조건이 변하지 않는다면' 소비가 증가한다." 두 문장의 차이가 보이나요? 이를 '세테리스 파리부스Ceteris paribus' 가정이라고 합니다. 라틴어로 '다른 모든 조건이 동일하다면'이라는 뜻이지요. 경제학에서 말하는 인과관계에 관한 모든 서술은 다른 모든 조건이 같다는 가정하에 이해해야 합니다.

2. **인간은 합리적으로 행동합니다.** 경제학자는 인간이 선택에 따른 비용과 편익은 물론, 온갖 정보를 활용해 결정을 내린다고 가정합니다. 게다가 그 결정은 지극히 합리적인 사고를 거쳐 도출된다고 여기지요. 인간이 합리적이라는 가정은 오늘날까지 여러 경제학파 사이에서 뜨거운 화두이지만, 대부분의 연구에 기초 가정으로 적용되고 있습니다.

3. **인간은 이기적입니다.** 경제학적 관점에 따르면 인간은 자기중심적인 존재이기에 결정의 순간에 무엇보다 나 자신을

먼저 생각합니다. 경제학에 '순수한 이타주의'라는 개념은 존재하지 않습니다. 예를 들어 대형마트에서 장을 보던 중 앞에 선 노인이 지갑을 두고 왔다는 걸 알게 됐습시다. 당신이 노인의 물건값을 대신 지불했다면 경제학자는, 노인을 돕는 행위에서 오는 만족감(자부심, 사회적 인정)이 지불한 돈이라는 비용보다 크다고 여겨 도움을 준 것이라고 판단합니다. 즉, 순수한 이타심이 아니라 자신의 효용을 극대화하는 합리적 선택이었다는 겁니다.

위의 세 가정은 논쟁의 여지가 많고 학계 내에서도 여전히 비판과 토론의 대상입니다. 완성된 명제가 아니기에 여전히 수정하고 고쳐나가야 할 점도 많지요. 하지만 이러한 가정들은 경제학을 이해하는 데 필수적인 기초가 됩니다.

경제학은 때때로 지나치게 이론적이고 추상적이라 현실을 제대로 설명하지 못한다는 한계가 있습니다. 이를테면 대다수 경제학자가 각종 수치와 추이를 바탕으로 2023년에 2008년 세계금융위기처럼 큰 경기 침체가 몰아칠 것이라고 예측했으나 그런 일은 일어나지 않았습니다.

경제학은 순수 이론과 현실 사이의 균형을 찾아가는 학문입니다. 물리학이나 수학처럼 정확한 예측이 가능한 것이 아니라, 생물학이나 사회학처럼 복잡하고 유동적이죠. 특히 디지털 경제, 기후변화, 글로벌 공급망의 재편 등 새로운 변수들과 함께 경제학도 계속 진화하고 있습니다.

가난한 나라가 부자 되는 법

비교우위의 마법

#애덤스미스 #데이비드리카도 #절대우위의한계

타인에게 도움을 받는 삶과 혼자 독립적으로 유지하는 삶, 둘 중 어느 쪽이 더 즐거울까요? 질문에 답하기 전에 당신의 삶은 어느 쪽에 더 가까운지 생각해보세요. 당신은 독립해 혼자 살며 학교나 직장을 다니고 있나요? 아니면 가족과 함께 살며 생활비를 지원받고 있나요? 독립생활을 하는 사람은 자신을 자립적이라 믿고, 그렇지 않은 사람은 자신을 의존적이라 여깁니다. 하지만 이는 착각에 가깝습니다.

혼자 살든 가족과 함께 살든, 의식주를 비롯해 삶의 모든 부분은 필연적으로 타인과 연결됩니다. 필요한 재화나 원하는 서비스를 누리기 위해서는 마트에 가서 구매하거나 전문가를 찾아 거래해야 하기 때문이지요. 세상에 필요한 것을 모두 직접 충족하며 홀로 살아갈 수 있는 사람은 없습니다.

실크로드에서 컨테이너선까지, 무역이 만든 세계

무역과 거래는 인류가 등장한 이래로 꾸준히 이어졌습니다. 장사의 시작은 원시인의 거래였습니다. "내가 잡은 사슴 다리 하나를 줄 테니 네가 만든 돌도끼를 달라"는 식이었죠. 인류가 바퀴를 발명하고 말을 타며 더 멀리 갈 수 있게 되자, 거래는 국경을 넘어섰습니다.

중세에 이르러 상인들은 '길드'라는 조직을 만들어 실크로드를 종횡무진 누볐습니다. 베니스의 상인들은 동방의 향신료를, 한자 동맹은 발트해의 호박을 거래했죠. 유럽의 상인들은 더 많은 금과 향신료를 찾아 대서양에 배를 띄웠고, 이는 콜럼버스의 신대륙 발견으로 이어졌습니다. 돈을 좇는 상인들의 탐험 정신이 지도에 없던 새로운 세상을 열었던 거죠. 유럽 중세인들의 무역 활동은 대항해 시대가 열리고 근대 세계가 형성되는 데에 크게 일조했습니다.

오늘날의 글로벌 무역은 이런 역사의 연장선입니다. 다만 실크로드 대신 컨테이너선이, 향신료 대신 반도체가 오가고 있을 뿐입니다.

국가 간 대립 구도를 만든 중상주의

17세기와 18세기 유럽의 무역 정책을 좌우했던 사상은 중상주의 Mercantilism, 重商主義였습니다. 흔히 중상주의를 '상업을 중시하던 시대사조'로 알고 있지요. 그러나 한층 깊이 들여다보면 중상주의는 세계 경제와 무역의 총량이 변하지 않는다는 가정하에 새로운 자본을 공급하면 국가 경제가 번영한다는 경제 이론입니다.

중상주의는 한 국가의 수출액이 수입액보다 크면 부를 축적할 수 있다는 생각에 기반합니다. 중세 이후 유럽의 중상주의 국가들은 싼값에 천연자원을 수입하고 비싼 상품으로 가공해 수출했습니다. 그 과정에서 자원이 풍부한 지역을 선점하고자 세계 곳곳을 탐험하는 대항해 시대를 열었고, 아프리카와 아메리카 대륙을 착취하는 식민지 제국주의가 시작되었지요.

그러나 경제학자의 관점에서 보면 중상주의에는 한계가 있습니다. 모든 국가가 수입보다 수출을 더 많이 하려 했기에 어느 나라는 필연적으로 패배하고 밀려날 수밖에 없었지요. 중상주의의 등장 이후 각국 정부는 수출 경쟁에서 우위를 차지하고자 재화의 흐름을 제한하는 법률과 강제 조세를 다수 도입했는데, 이것이 국익으로 바로 이어지지는 못했습니다. 결국 중상주의는 국가 간 상호 이익이 아닌 상호 대립 구도를 만들었습니다.

잘하는 걸 더 잘하라! 절대우위가 만든 무역의 원리

스코틀랜드에서 사회 질서를 연구하던 애덤 스미스는 뛰어난 통찰력으로 중상주의를 종식시키는 데 큰 역할을 했습니다. 그와 동시대 사상가들은 정부의 중상주의 정책이 잘못되었으며 제조업자와 상인 등 이익 집단의 영향을 받기 쉽다고 보았습니다. 또한 애덤 스미스는 『국부론』에서 여러 국가가 제각각 가장 잘 만드는 것에 특화해 제품을 생산하고 자유롭게 거래하면 모두에게 이익이라고 주장했습니다. 비단을 잘 만드는 국가는 비단을 최대한 많이 생

| 애덤 스미스 |

'경제학의 아버지'라고 불리는 애덤 스미스는 『국부론』에서 국가가 여러 경제 활동에 간섭하지 않는 상태에도 '보이지 않는 손'(시장의 흐름)에 의해 사회 질서가 유지된다고 보았다. 또한 절대우위가 있는 상품을 생산하는 것이 가장 효율적이라고 주장했다.

산하고, 밀이 많이 나는 국가는 밀을 최대한 생산해 서로 교역하는 것이 가장 효율적이라고 본 것이지요. 이를 경제학 용어로 '절대우위'라고 합니다.

절대우위는 '재화나 서비스를 남들보다 더 효율적으로 생산할 수 있다'는 개념입니다. 쉽게 말해 한정된 자원으로 더 많이 생산하는 능력을 말하지요. 예를 들어 톰이라는 사람은 1시간에 음악 1곡을 작곡하고, 폴이라는 사람은 2곡을 작곡한다면 폴이 작곡에 절대우위가 있는 것입니다. 오늘날의 글로벌 무역은 이런 역사의 연장선입니다. 예를 들어 한국의 반도체, 일본의 로봇, 독일의 자동차처럼 각국은 자신들이 가장 잘 만드는 제품에 집중하고 있죠. 이런 '전문화' 현상의 이론적 토대를 마련한 사람이 바로 애덤 스미스입니다.

최고보다 효율이 중요하다! 비교우위의 경제학

애덤 스미스와 동시대에 데이비드 리카도David Ricardo라는 학자가 있었습니다. 그는 애덤 스미스와 달리 국가가 가장 효율적으로 생산할 수 있는 상품이 아니라 가장 기회비용이 낮은 상품에 주력하고 나머지 제품은 무역으로 얻는 것이 효율적이라고 생각했습니다. 그의 사상을 애덤 스미스의 절대우위와 비교해 '비교우위'라고 합니다. 즉 비교우위는 '제품을 남들보다 더 낮은 기회비용으로 생산할 수 있다'는 개념입니다. 다른 사람보다 더 적은 것을 포기하면서 일할 수 있는 경우를 말합니다. A가 B보다 모든 일을 잘하더라도, 특정 일을 할 때 포기해야 하는 다른 일의 양이 더 적다면 그일에서는 B가 비교우위를 가지는 것이죠.

　톰과 폴은 둘 다 취미로 작곡을 하지만 사실 본업은 의사라서 복잡한 뇌수술도 할 수 있습니다. 위에서 언급한 작곡 조건에 더해 톰과 폴 모두 1시간에 2건의 뇌수술을 할 수 있다고 가정해봅시다. 그렇다면 작곡에 비교우위가 있는 사람은 누구이고, 뇌수술에 비교우위가 있는 사람은 누구일까요?

작곡에 대한 비교우위부터 따져봅시다. 톰은 음악 1곡을 써낼 때 뇌수술 2건을 포기해야 합니다. 반면 폴은 음악 1곡을 쓸 때 뇌수술을 1건만 포기하면 되지요(폴은 1시간에 음악도 2곡 작곡하고, 뇌수술도 2건을 할 수 있으니까요). 이를 비교하면 폴의 기회비용이 더 낮으므로 작곡에는 폴이 비교우위가 있는 것입니다.

뇌수술에 대한 비교우위는 어떨까요? 톰은 뇌수술 2건을 할 때 음악 1곡만 포기하면 되지요. 반면 폴은 뇌수술 2건에 음악 2곡을 포기해야 합니다. 이때 톰의 기회비용이 더 낮기 때문에, 뇌수술에 있어서는 톰이 비교우위가 있다고 볼 수 있습니다. 결론적으로 폴

| 데이비드 리카도 |

데이비드 리카도는 애덤 스미스와 함께 고전 경제학을 완성한 경제학자로 불린다. 그는 애덤 스미스와 달리 비교우위에 따라 상품을 생산하는 것이 효율적인 방식이라고 주장했다.

은 작곡에, 톰은 뇌수술에 집중하는 것이 좋습니다.

비교우위는 효율성을 판단하는 중요한 척도가 됩니다. 일반적으로 누가 무엇을 생산하는 것이 효율적인지 판단할 때 비교우위를 빼놓고 생각하기 쉽지요. 한 사람이 다른 사람보다 더 능숙하다고 해서 무조건 그 일을 맡아야 하는 것은 아닙니다. 최고의 효율성을 위해서는 언제나 다른 선택지를 고를 때 '잃게 될 기회비용'까지 염두에 두어야 합니다.

공장은 동남아로, 데이터는 실리콘밸리로: 글로벌 경제 흐름

비교우위를 알면 선진국의 경제 발전을 이해하는 데 도움이 됩니다. 지난 반세기 동안 미국 경제는 제조업 중심에서 정보산업 중심으로 빠르게 탈바꿈했습니다. 60년 전 미국인이 소비하던 의류 대부분은 자국에서 생산되었지만 오늘날에는 대부분 베트남, 방글라데시, 태국, 인도네시아 등 동남아 국가에서 수입되고 있지요.

이는 기술 혁신과 문화적 진보라는 거대한 변화 때문입니다. 오늘날 미국의 평범한 고등학생에게 졸업 후 계획을 묻는다면 대부분 대학에 진학할 것이라고 답합니다. 과거에는 10대 청소년이 고등학교를 중퇴하고 제분소나 공장에 취직하는 일이 흔했습니다. 그러나 요즘은 고등학교 중퇴를 심각한 일로 여깁니다. 60년 전보다 일할 기회는 훨씬 다양하고 많아졌지만 직장을 구하기 위해 반드시 교육이나 훈련을 받고 자격을 얻어야 하기 때문이지요.

이런 변화가 비교우위와 어떤 관계가 있느냐고요? 평범한 미국 고등학생 100명과 방글라데시 고등학생 100명을 생각해봅시다.

둘 중 어느 나라의 티셔츠 생산 기회비용이 더 높을까요? 미국이겠지요. 미국 청소년은 방글라데시 청소년보다 더 많은 기회를 누리고 있습니다. 공장에서 티셔츠를 만드는 대신 열심히 학교를 다니면 의사, 교사, 엔지니어 등 고소득 전문직 일자리를 구할 수 있기 때문입니다.

반면 미국보다 교육 수준이 낮고 여전히 농업 국가에 가까운 방글라데시의 고등학생은 공장에서 티셔츠를 만들거나, 그렇지 않으면 농장에서 농사를 지어야 합니다. 즉 방글라데시가 티셔츠 생산에 비교우위가 있는 셈입니다.

설사 미국이 방글라데시보다 티셔츠를 더 효율적으로 생산하더라도(절대우위가 있더라도), 경제적 관점에서 기회비용까지 따져보면 미국은 의약품, 화학제품, 복잡한 설비, 정보와 지식 등을 생산해 이를 방글라데시에서 생산된 티셔츠와 교환하는 것이 훨씬 합리적이라는 뜻입니다. 이렇듯 경제학 이론과 개념을 알면 한 국가가 왜 다른 국가보다 크게 성장했는지, 국가 간 경제적 격차는 어디에서 오는지를 파악하거나 짐작해볼 수 있습니다.

트럼프는 왜 관세에 집착하는가

무역전쟁의 경제학

#새로운부의창출 #브레턴우즈회의 #엠바고와무역장벽

시장 거래가 자율적이고 자발적이어야 구매자와 판매자 모두 이익을 얻을 수 있습니다. 일례로 당신이 우유 1리터를 사면 낙농가는 돈을 벌고, 당신은 직접 농장에 가지 않고도 우유를 얻을 수 있으니 상호 이익인 셈이지요. 자유로운 거래와 무역은 경제 주체에게 이익이 되는 동시에 부를 창출합니다. 여기서 부란 '경제 주체가 소유한 모든 것의 가치를 더한 총합'을 뜻하지요.

몇 년 전, 미국의 싱크탱크인 경제교육재단FEE, Foundation for Economic Education에서 흥미로운 실험을 했습니다. 참가자들에게 무작위로 물건을 나누어주고 각자 가치를 매기게 한 것이지요. 그런 다음 서로 물건을 자유롭게 교환하게 했습니다. 잠시 후 참가자들은 각자 새로 손에 넣은 물건에 가치를 매겼습니다. 그 결과, 두 번째로 매긴 가치의 총합이 첫 번째로 매긴 가치의 총합보다 컸습니다. 추가된 물건이 없음에도 '자유로운 교환'이라는 행위를 통해 새로운 가치가 창출된 것이지요.

근대 무역협정의 짧은 역사

앞에서 본 실험에서 알 수 있듯이 서로 다른 국가가 상품을 사고파는 무역을 하면 부의 창출이라는 상호 이익을 얻을 수 있습니다. 제2차 세계대전 이전에 여러 국가가 맺은 무역협정은 대부분 쌍무적인 형태로 서로의 이익을 보호했지만 수입품과 수출품에 세금을 매기는 등 무역장벽이 흔했습니다. 상황이 이렇다 보니 자유 무역으로 얻을 수 있는 혜택이 크지 않았고 국가들은 점차 자국 보호주의로 기울었지요.

제2차 세계대전이 끝나가던 1944년, 전 세계 44개국의 대표가 미국 뉴햄프셔주 브레턴우즈에 모여 종전 후의 국제 무역 질서를 논의하고 통화 제도를 마련하기 위해 회의를 개최했습니다. 이 회의를 '브레턴우즈 회의Bretton Woods Conference'라고 합니다. 브레턴우즈 회의에서 국제통화기금과 세계은행이 설립되었지요(이들 국제기구에 대해서는 4부에서 자세히 살펴보겠습니다). 그러나 국제 협력을 촉진할 무역 기구까지 설립하지는 못했습니다.

전쟁이 끝난 뒤인 1947년에야 비로소 미국을 포함한 다수 국가가 다시 모여 관세무역일반협정GATT, General Agreement on Tariffs and Trade을 창설했지요. 협정의 목적은 무역장벽을 낮추어 회원국들이 자유 무역의 혜택을 두루 누리게 하는 것이었습니다. 이 협정으로 국제 무역이 성장하며 회원국들의 생활 수준이 전반적으로 향상되었습니다.

그로부터 반세기쯤 지난 1995년, 관세무역일반협정의 의의를 이어받아 세계무역기구WTO, World Trade Organization가 출범했습니다. 세계무역기구의 중재로 모든 회원국이 동등한 조건하에서 공정하게 낮은 무역장벽을 유지하게 되었습니다. 국제 무역은 계속해서 확대되었고, 점점 더 많은 국가가 혜택을 누리게 되었지요. 가령 유럽연합에 가입하고 국제 교역의 통로를 연 아일랜드의 경우 유럽에서 가장 빈곤한 국가에서 가장 부유한 국가로 크게 성장했습니다. 이후 국가 사이의 수출입 관세와 시장 점유율 등 무역장벽을 낮추는 자유무역협정FTA, Free Trade Agreement이 등장해 오늘날 많은 국가가 자유롭게 교역하고 있습니다. 대한민국은 지금까지 60여 개국과 자유무역협정을 체결해 경제 영토를 넓히고 있습니다.

자유 무역에는 뚜렷한 이점이 있지만 여전히 비판적인 의견도 많습니다. 환경 보호론자들은 자유 무역이 나라별로 생산을 특화하게 해 공장 설립과 자원 개발은 규제가 느슨한 국가로 몰리고 결국 환경 오염, 생태계 파괴가 가속화될 것이라고 우려하고 있습니다. 인권운동가들은 노동 조건이 열악한 국가로 생산 설비가 옮겨가서 해당 국가의 노동자가 정당한 권리를 누리지 못하고 착취당할 것이라고 비판하지요. 또한 세계 곳곳의 정치인과 국민들은 자국에 영향을 미치는 경제적 결정을 직접 내리지 못하고 국제 기구에 맡겨야 한다는 점에서 자유무역협정에 반대합니다.

| 대한민국 FTA 체결 현황 |

우리나라는 60여 개국과 FTA를 체결해 세계 곳곳으로 물건을 수출입하고 있다(2025년 2월 기준).

전략적인 무역장벽

어떤 국가들은 국제 무역에 어마어마한 세금을 부과하거나 무역을 제한하고 심지어 금하기까지 합니다. 이유는 다양합니다. 무역에 들어가는 물류비나 통관 비용이 너무 높아 실익이 없을 수도 있고, 자국의 자동차나 반도체 산업을 지키기 위해 수입을 제한하거나, 재정 수입을 늘리기 위해 높은 관세를 매기는 것이지요. 때로는 한 국가가 다른 국가를 압박하고자 무역을 제한하기도 합니다. 이렇게 무역을 제한하거나 금지하는 수단으로는 관세, 수입할당제, 금수조치 등이 있습니다.

관세

'관세Tariff'란 무역에 매기는 세금을 말합니다. 정부는 세입을 늘리거나 특정 경제 분야에 이익이나 손실을 주고자 관세를 부과합니다. 예를 들어 미국 트럼프 행정부는 2018년에 한국산 세탁기와 태양전지판, 중국산 수입품 수백 종에 여러 차례 관세를 부과했습니다. 공식적인 목표는 수입을 줄여 미국 내 제조업을 살리고 일자리를 창출하겠다는 것이었지만 예상대로 흘러가지 않았지요. 관련 기관의 연구에 따르면 관세 도입 이후 미국 태양광 산업에서 약 6만 2,000여 개의 일자리가 사라졌다고 합니다. 관세 때문에 부품 수입이 감소해 제조업도 침체기를 겪었지요. 그러나 이 조치로 미국은 약 800억 달러의 추가 세수를 거두어들였고, 바이든 행정부는 이 정책을 그대로 이어받아 관세의 상당수를 그대로 유지했습니다(2023년 9월 기준).

트럼프의 관세 전쟁은 "중국의 불공정 무역"이라는 표면적 이유를 넘어, 급부상하는 중국의 기술 패권을 견제하려는 전략적 선택이었습니다. 특히 화웨이 제재에서 볼 수 있듯이, 무역 제한을 통해 중국의 첨단 기술 발전을 지연시키고 미국의 기술 우위를 지키려 했죠. 이는 단순한 무역 분쟁이 아닌, 21세기 패권을 둘러싼 새로운 형태의 경제 전쟁의 시작을 알리는 신호탄입니다.

관세는 무역 유형에 따라 수입세·수출세·통과세로, 과세 목적에 따라 재정관세·보호관세로 나눌 수 있습니다. 수입세는 말 그대로 외국에서 우리나라로 수입되어 들어오는 상품에 붙이는, 가장 일반적으로 생각하는 관세입니다. 수출세란 우리나라에서 해외로 수출하는 상품에 붙이는 관세인데 보통 부과하지 않습니다. 통과세는 완전히 수입 또는 수출되는 것이 아니라 전시나 보관 등의 이유로 잠시 들어왔다 나가는, 즉 관세 영역을 통과하는 물품에 부과되는 세금으로 보통 수출세와 마찬가지로 부과하지 않습니다. 재정관세는 국가의 재정 수입을 목적으로 하는 관세, 보호관세는 국내기업을 외국 수입품으로부터 보호하기 위해 부과하는 관세를 가리킵니다.

수입할당제

수입할당제Import quota system란 비자유화 품목(IQ 품목)을 규정하고 이에 대한 수입량을 정해 무역을 제한하는 조치를 말합니다. 수입품에 관세를 매기는 것처럼 수입할당제를 적용해 품목별로 수입가능 수량을 제한하는 것이지요. 그러나 수입할당제는 관세와 달리 정부의 재정 수익을 늘리지는 않습니다. 자국 기업을 보호하는 보호막의 역할에 가깝지요.

1970년대와 1980년대 미국의 자동차 제조사들은 경쟁을 제한하고 일자리를 보호한다는 명분하에 정부의 외제차 수입할당제에 찬성했습니다. 그러나 부작용이 심각했습니다. 경쟁이 줄어들자 미국기업들은 혁신에 소홀해졌고, 이는 품질 저하로 이어졌습니다. 게다가 일본과 독일의 자동차 기업들은 수출이 막히자 미국 내에 공장을 세워 수입할당제를 교묘하게 피했습니다. 결과적으로 미국의자동차 제조사들은 더 치열한 환경에서 경쟁을 해야 했습니다.

금수조치

금수조치Embargo란 한 국가가 다른 국가와의 무역을 원천 차단하는 것입니다. 금수조치의 목적은 보통 비도덕적이거나 위법적인 행위를 한 국가를 압박하기 위해서입니다. 최근 미국은 쿠바, 북한, 시리아, 이란, 러시아 등과 무역을 중단했습니다. 이들은 모두 핵을 개발하거나 전쟁을 일으켜 세계 안보를 위협하는 국가들이지요(미국과 적대 관계에 있는 국가이기도 합니다). 전 세계 여러 국가가 서로 금수조치를 내리거나 해제하는 이유를 이해하기 위해서는 각국의 경제적 사정과 손익 관계 등을 생각해보아야 합니다.

| 1807년 금수조치법 만평 |

19세기 영국과 프랑스가 전쟁으로 갈등하고 있을 때 미국은 전쟁을 피하는 동시에 경제적인 방식으로 양국을 압박하기 위해 금수조치법을 시행했다. 이 법으로 외국과의 무역이 금지되며 수입뿐만 아니라 수출도 크게 줄어 미국 국민들의 불만이 늘었다. 그림은 금수조치법을 설명하는 토머스 제퍼슨 대통령을 풍자하는 당시 신문 만평이다.

계획경제는 왜 실패했을까

시장경제의 승리

#빈부격차의원인 #정부의개입 #효율적인체제

어떤 나라는 부유하다 못해 억만장자가 넘쳐나는 반면 어떤 나라는 국민 대다수가 하루에 한 끼도 제대로 챙기기 어려울 정도로 가난합니다. 이런 차이는 어디에서 오는 것일까요? 한 국가의 부를 풍부한 천연자원과 뛰어난 기술력만으로 설명할 수 있을까요?

국가 경제가 잘 굴러가기 위해서는 부족한 자원을 분배할 효율적인 방법을 찾아야 합니다. 경제학은 사회가 한정된 자원을 분배하기 위해 세 가지 질문에 대한 답을 찾아야 한다고 봅니다.

- 무엇을 생산할 것인가?
- 어떻게 생산할 것인가?
- 누구를 위해 생산할 것인가?

역사를 통틀어 많은 공동체가 위 질문의 답을 찾으며 복잡한 경제 체제를 형성했습니다. 대부분 원시 사회는 전통경제를 발전시켰지요. 이후 문명이 발달하며 명령경제가 생겨났고, 시간이 지나 계몽주의를 거치며 마침내 시장경제가 탄생했습니다. 각각의 체제는 나중에 공산주의, 사회주의, 자본주의 등으로 발전합니다.

한 걸음 더

1776년, 세상을 바꾼 2개의 선언

18세기는 흔히 '이성의 시대' 또는 '계몽주의 시대'라고 불립니다. 이때 사람들의 세계관에 근본적인 변화가 일어났지요. 특히 1776년은 세계사적으로나 경제사적으로나 굉장히 중요한 해입니다. 미국에서는 토머스 제퍼슨을 주축으로 독립선언문이 발표되었고, 유럽에서는 애덤 스미스의 『국부론』이 출간되었기 때문입니다.

미국의 독립선언문은 프랑스 인권 선언, 영국의 권리장전과 더불어 인권 사상의 발전사에서 빼놓을 수 없는 중요한 문서입니다. 오늘날 세계 최강대국으로 발돋움한 미국이 여기에서 시작되었다고 해도 과언이 아니지요. 애덤 스미스의 『국부론』은 명실상부한 경제학의 고전으로 오늘날까지 꾸준히 읽히고 있습니다.

전통경제: 전통과 관습을 따르는 경제

전통경제에서는 무엇을 어떻게 생산할지를 전통과 관습으로 결정합니다. 예를 들어 오늘날까지 부족을 이루고 사는 아프리카 남

서부 칼라하리 사막의 코이산족Khoisan은 전통경제 체제를 따릅니다. 이들은 척박한 환경에서 식량을 확보하고 살아남기 위해 성별에 따른 분업을 발전시켰습니다. 코이산족 여성은 채집을 하고 남성은 사냥을 합니다. 그렇게 모은 식량은 부족 전체가 함께 나누고, 어린이·노약자·장애인은 집단이 공동으로 보살핍니다.

전통경제에서는 혁신과 변화보다 안정성과 연속성을 중요시합니다. 부족민의 사회적 역할은 개인의 능력이나 역량보다 성별, 공동체 내에서의 지위가 결정하지요. 또한 부족 전체가 모든 것을 나누므로 이들에게 사유재산은 낯선 개념입니다. 전통경제 체제하에서 사람들의 삶은 대체적으로 비슷하게, 큰 변화 없이 흘러갑니다.

명령경제: 정부의 결정이 모든 것을 통제한다

원시 시대를 거치며 규모가 커진 부족은 수렵과 채집만으로 식량을 얻기가 어려워지자 한곳에 정착해 농사를 짓기 시작했습니다. 때에 맞게 작물을 심고 수확해 적절히 분배하고 내년을 대비해 저장하기 위해서는 전통경제보다 훨씬 더 방대한 사회 구조가 필요했지요. 그러다 보니 점차 지도자의 명령에 따라 어떤 작물을 기를지, 수확물은 어느 정도 저장할지 결정하는 체제로 변화했습니다. 이런 체제를 '명령경제'라고 하지요.

명령경제의 주요 특징은 중앙집중적인 의사 결정 방식입니다. 한 명의 지도자 또는 강력한 개인이 모여 이룬 집단 지도체가 사회 전체의 중요한 경제적 결정을 좌우했습니다. 미리 계획해 명령을 내렸다는 점에서 명령경제는 '계획경제'라고도 부릅니다.

명령경제 체제의 예시로 메소포타미아와 이집트 등 고대 문명을 들 수 있습니다. 이집트의 파라오는 가장 중요한 결정권자였지요. 파라오와 그를 보필하는 신하들은 무엇을 어떻게 생산할지 결정해 사람들에게 명령했을 것입니다. 다음과 같이 말이지요.

"벽돌과 회반죽을 만들고 지렛대를 이용해 대형 피라미드를 쌓아라. 이 모든 것은 위대하신 파라오의 내세를 위해서다!"

고대 문명뿐만 아니라 근현대의 공산주의 국가도 명령경제를 따랐습니다. 대표적인 것이 역사 속으로 사라진 소비에트 연방(소련)과 중국 그리고 북한이지요.

명령경제는 국가가 원하는 변화를 빠르게 이룰 수 있다는 장점이 있습니다. 소련의 스탈린은 '5개년 계획'으로 농업 국가를 산업 강국으로 급격히 바꿔놓았고, 중국도 강력한 중앙 통제로 놀라운 경제 성장을 이뤄냈습니다. 하지만 이면에는 큰 대가가 따랐지요. 피라미드를 세운 이집트의 노예들부터 시베리아로 강제 이주된 소련의 주민들까지, 명령경제는 언제나 인권 유린과 함께했습니다. 현대의 북한처럼, 국가의 부를 위해 개인의 자유와 행복이 철저히 무시되는 것이죠.

더구나 명령경제는 장기적으로 실패할 수밖에 없습니다. 국가가 아무리 강제해도 노동자들에게 열심히 일할 동기가 없다면, 결국 제품의 질은 떨어지고 생산성도 낮아지기 때문입니다. 소련의 붕괴가 이를 잘 보여주는 역사적 예시라고 할 수 있죠.

시장경제: 개인의 자유를 최대한 보장하는 체제

명령경제와 정반대에 놓인 체제가 바로 시장경제입니다. 시장경제는 정부가 결정하고 국민이 따르는 중앙집중식·하향식 의사 결정과 정반대로 아래에서 위로 올라가는 상향식 의사 결정으로 운영됩니다. 이익을 보려는 개인이 무엇을, 어떻게, 누구를 위해 생산할지 스스로 답을 찾고 자유 의지에 따라 행동합니다.

시장경제에서 국민은 생산자 또는 소비자가 되어 경제 주체로서 결정을 내리고 필요와 욕구를 충족합니다. 중앙집중적인 계획 없이 자율적으로 작동하는 체제라는 점에서 효율성이 떨어질 것 같지만, 시장경제는 전통경제나 명령경제보다 더 효율적이며 부가 넘치는 다채로운 사회를 형성합니다.

완벽한 시장경제는 현실에 존재하지 않습니다. 하지만 미국, 호주, 뉴질랜드처럼 시장의 자율성을 최대한 보장하는 국가들이 있지요. 이들 나라에서는 기업과 개인이 자유롭게 경제활동을 합니다. 원하는 직업을 선택하고, 재산을 모으며, 자신의 노동력을 어떻게 쓸지 스스로 결정하는 자유로운 환경은 다양한 제품과 서비스를 만들어내는 원동력이 됩니다.

하지만 시장경제에는 어두운 그림자가 있습니다. 질병, 장애, 나이 등으로 일하기 어렵거나, 교육과 기회를 충분히 받지 못한 사람들은 경제 활동에서 소외되기 쉽다는 점이지요. 이것이 바로 현대 사회가 순수 시장경제가 아닌, 복지와 규제가 함께하는 혼합경제를 채택하게 된 이유입니다.

미국이 명령경제 국가였다?

미국은 자유시장의 상징처럼 여겨집니다. 정부가 경제에 개입하는 것을 극도로 경계하는 나라죠. 하지만 흥미롭게도 제2차 세계대전 중에는 미국도 잠시 명령경제 체제를 택했습니다.

전쟁이 한창이던 1940년대, 미국 정부는 경제 전반을 직접 통제했습니다. 백인 남성들이 전장으로 떠나자 여성과 흑인들을 공장으로 동원했고, 전쟁 비용을 충당하기 위해 강력한 세금 제도를 도입했죠. 실제로 우리에게 익숙한 '원천징수' 제도는 이 시기에 만들어진 겁니다. 회사가 직원 월급에서 세금을 미리 떼어 정부에 납부하는 이 시스템은, 당시 미국 정부가 얼마나 강력하게 경제를 통제했는지 보여주는 살아 있는 증거입니다.

이처럼 순수한 시장경제란 실은 이론상으로만 존재합니다. 오늘날 대부분의 국가는 정부가 어느 정도 경제에 개입하는 혼합경제 체제를 운영하고 있죠. 심지어 자유시장의 챔피언을 자처하는 미국조차도 필요할 때는 정부가 적극적으로 경제를 통제했던 역사를 가지고 있습니다.

보이지 않는 손 VS 자본론

스미스와 마르크스, 세기의 대결

#혼합경제 #복지냐성장이냐 #카를마르크스

오늘날 전통경제는 거의 사라졌고 명령경제는 저무는 추세이며 순수 시장경제는 존재하지 않습니다. 세계 각국은 대부분 명령경제와 시장경제가 뒤섞인 혼합경제 체제를 따르지요. 혼합경제는 복잡한 양상으로 나타나는데 오늘날 가장 흔한 것은 사회주의와 자본주의입니다.

왼쪽 끝에 순수 명령경제 체제가, 오른쪽 끝에 순수 시장경제 체제가 위치한 긴 스펙트럼을 떠올려봅시다. 이 스펙트럼에 현대 국가들을 배열하면 맨 왼쪽에 북한과 이란이, 중앙에 다수의 서유럽 국가와 중남미 국가가, 그보다 오른쪽에 미국, 호주, 홍콩 등 과거 영국의 식민지였던 국가가 놓일 것입니다. 가장 왼쪽에 놓인 나라들은 공산주의에 가깝고, 중앙과 오른쪽에 있는 나라들은 사회주의와 자본주의로 나뉩니다(사회주의는 오늘날 경제 용어보다 정치 용

어로 많이 쓰이지만, 사유재산 자체를 부정하는 공산주의 국가는 거의 남
아 있지 않으므로 경제적 의미의 사회주의와 자본주의를 비교해봅시다).

자본주의 국가는 늘 민주주의 국가일까?

간혹 자본주의와 민주주의를 함께 가는 개념으로 생각하는 사람이 있
습니다. 그러나 전자는 경제 체제, 후자는 정치 체제를 가리키지요. 두
체제를 동시에 따르는 국가가 많지만 모두 그런 것은 아닙니다.
이를테면 인도는 세계에서 가장 큰 민주주의 국가지만 1980년대 이전
까지 사회주의 경제 체제를 유지했고(오늘날에는 시장을 개방하고 자본
주의 체제로 변화하고 있지요), 홍콩은 영국과 중국의 지배를 연이어 받
으며 독립적인 민주주의를 경험하지 못했지만 전형적인 자본주의 국
가입니다.

왜 미국은 세금을 적게 걷고, 스웨덴은 많이 걷을까?

자본주의와 사회주의의 차이점은 정부의 영향력과 생산 요소의 국
유화 정도에 있습니다. 자본주의 국가는 시장을 통해 자원의 효율
적인 분배를 도모하며, 개인의 소유권과 의사 결정을 보장하고 존
중합니다. 그렇다고 국가가 전혀 개입하지 않는 것은 아니지요. 정
부에서 시장을 규제하고 보호하며 기업에 보조금을 주거나 세금을
거둡니다. 세금으로 복지 제도를 펴 부의 재분배를 실현하기도 하
지요. 이를테면 미국 의회와 정부는 관련 법을 제정해 기업의 독과

점을 감시하고, 기업 간 분쟁을 해결합니다. 또한 일부 농가에 보조금을 지급하며 각종 세금을 거두어들이지요. 특히 2008년 금융위기 때처럼 시장이 크게 흔들릴 때는 정부가 적극적으로 개입해 문제를 해결하기도 합니다.

한편 사회주의 국가는 경제에 더 적극적으로 개입합니다. 개인의 사유재산을 인정하지만 국가에서 기간 산업을 소유하고 자본주의보다 훨씬 촘촘하게 경제 활동을 규제합니다. 가령 프랑스의 경우 정부에서 기업을 완전히 소유하지 않더라도 큰 지분을 차지하는 경우가 많습니다. 고용 관련 규제도 훨씬 심해서, 2006년에 정부가 기업에서 고용 후 2년 내에 직원을 자유롭게 해고할 수 있는 법을 도입하려 하자 대학생들이 대대적인 시위를 벌이기도 했지요. 정부가 기업의 고용에 관여하지 않는 미국과는 대조적입니다.

사회주의 국가에서는 대체로 정부가 재화와 서비스의 가격을 관리하고 조정하며, 부의 재분배를 위해 자본주의 국가보다 더 적극적으로 과세합니다. 유럽 연합은 의약품, 통신 서비스, 식료품 등의 가격을 감시하고 규제합니다. 또한 북유럽 국가들은 '요람에서 무덤까지' 국민의 삶을 보호하고 책임지는 복지 제도로 유명하지요. 그러나 미국에서는 조세를 많이 거두어 복지 정책을 펴는 것을 사회적으로 받아들이지 못합니다. 2024년 기준 스웨덴의 소득세 최고한계세율은 55퍼센트로 미국의 37퍼센트보다 약 20퍼센트가량 높습니다. 이러한 큰 차이는 각 사회가 발전해온 역사적 맥락과 문화적 가치관의 차이를 보여주는 것이라 할 수 있습니다.

카를 마르크스 VS 애덤 스미스

영국의 경제학자 존 메이너드 케인스John Maynard Keynes는 저서 『고용, 이자 및 화폐의 일반이론』에서 이렇게 썼습니다.

경제학자와 정치철학자의 사상은 옳든 그르든 사람들이 생각하는 것보다 훨씬 영향력이 강하며 세상을 지배한다. 자신이

어떤 사상에서도 영향을 받지 않고 자유롭게 사고한다고 믿는
사람조차 실은 이미 죽은 경제학자의 노예일 뿐이다.

케인스의 말처럼 우리는 원하든 원하지 않든 살아가는 사회의
경제 체제로부터 영향을 받습니다. 사회주의에 가까운 서유럽 국
가 국민은 사회주의의 영향을 받고, 자본주의에 가까운 미국과 호
주의 국민들은 자본주의의 영향을 받는 것이지요. 두 사상은 서로
몹시 달라 한쪽에서 국가는 국민을 보살필 의무가 있다고 주장하
는 반면, 다른 쪽에서는 완전히 자유로운 시장경제 체제만이 자원
의 희소성 문제를 효율적으로 해결할 수 있다고 봅니다. 이쯤에서
사회주의 이론을 연구했던 카를 마르크스와 자본주의 이론의 초석
을 놓았다고 인정받는 애덤 스미스의 사상을 비교해봅시다.

카를 마르크스는 각자 능력에 따라 일하고 필요에 따라 분배하
는 사회 모델을 제시했습니다. 그가 꿈꾼 사회는 지주와 자본가가
독점하던 부와 소득을 노동자에게 완전히 분배하는 체제였지요.
마르크스가 꿈꾼 유토피아는 생산성의 높고 낮음을 따지지 않고,
모든 구성원이 평등한 삶을 누리는 사회였습니다. 그는 이런 완전
한 평등 사회에서만 진정한 경제적 정의가 실현되고 자원 부족 문
제도 해결될 수 있다고 믿었죠.

그러나 애덤 스미스가 꿈꾼 사회는 달랐습니다. 그는 사회가 개
개인이 사익을 좇는 '자기애'라는 힘을 잘 활용할 때 희소성을 해
결하고 가장 큰 이익을 달성할 수 있다고 보았습니다. 『국부론』에
는 다음과 같은 구절이 나오지요.

| 카를 마르크스 |

마르크스는 정치경제학과 철학을 평생 연구한 사상가였다. 노동과 자본의 관계를 심도 있게 분석한 그의 저작들은 현대 사회학의 토대를 만들었고, 오늘날까지도 중요한 영향을 미치고 있다.

"우리가 식사할 수 있는 것은 정육점 주인, 양조장 주인, 빵집 주인의 자비심 때문이 아니라, 그들이 자기 이익에 쏟는 관심 즉 자기애 덕분이다."

애덤 스미스가 보기에 부는 생산성이 결정하며, 합리적인 자기애는 전체 사회를 빈곤에서 끌어올려 한층 풍요로운 곳으로 나아가게 하는 원동력이었습니다.

두 사람은 '희소성'이라는 경제의 근본 문제를 전혀 다른 방식으로 해결하고자 했습니다. 과연 인간의 본성을 더 잘 포착한 것은 어떤 방식일까요? 인간은 기본적으로 선하며 서로 베풀기 좋아한다고 생각하는 사람에게는 마르크스의 사상이 설득력 있게 들릴 것입니다. 그러나 인간은 본질적으로 이기적이고 자신의 이익과 야망을 우선적으로 추구한다고 보는 이에게는 애덤 스미스의 말이 더 타당하게 들리겠지요. 우리가 어떻게 생각하든, 카를 마르크스와 애덤 스미스 모두 인류 역사에 큰 영향을 미쳤고 그 영향력은 오늘날까지 이어지고 있습니다.

우리는 왜 비합리적 선택을 하는가

행동경제학의 탄생

#정보의격차   #합리적선택   #인간행동분석

앞에서 경제학의 세 가지 기본 가정을 살펴보았지요. 여기에는 논쟁의 여지가 많다는 사실도 함께 설명했습니다. 이런 가정뿐만 아니라 고전 경제학에는 현실을 제대로 반영하지 못하는 부분이 있습니다. 모든 인간이 같은 정보에 접근할 수 있고 완벽하게 합리적으로 행동한다고 가정하지만 실제는 그렇지 못하기 때문이지요.

현대 경제학자들은 이런 한계에서 벗어나기 위해 경제에 영향을 미치는 온갖 불완전한 요소까지 고려하며 다양한 이론을 발전시켜 왔습니다. 이 과정에 탄생한 새로운 분야가 바로 정보경제학과 행동경제학입니다. 정보의 격차가 어떻게 경제에 작용하는지, 인간은 왜 비이성적이고 무논리적인 선택을 하는지 연구해온 것이지요. 덕분에 경제 활동과 성장에 대해 다른 관점에서, 더 폭넓게 이해할 수 있게 되었습니다.

정보경제학: 정보 격차가 만드는 경제적 차이

우리가 사는 세상은 정보에 기반해 굴러갑니다. 어떤 시리얼을 사먹을지, 어떤 사람을 직원으로 채용할지, 어떤 회사의 주식을 포트폴리오에 넣어 투자자의 관심을 사로잡을지까지 온갖 상황에서 정보가 인간의 의사 결정과 선택을 주도하지요.

'정보경제학'은 정보가 경제 전반에 미치는 영향력을 설명하기 위해 등장한 경제학의 한 갈래입니다. 정보경제학의 대표적인 학자는 미국 컬럼비아대학교의 조지프 스티글리츠Joseph Stiglitz 교수입니다. 그는 정보경제학의 발전을 이끈 중요한 인물로, 동료 학자들과 "비대칭 정보의 시장 이론"을 연구한 공로를 인정받아 2001년에 노벨경제학상을 수상했습니다.

비대칭 정보의 시장이론이란 정보 소유의 불균형이 경제 활동에 미치는 영향을 분석한 이론으로, 기본적으로 시장에는 두 경제 주체 사이에 정보가 항상 불균형한 '정보의 비대칭성'이 존재한다고 주장합니다. 즉 한쪽이 언제나 다른 쪽보다 더 많은 정보를 가지고 있기에 그들이 유리한 결정을 내릴 수 있다는 것이지요.

정보 비대칭과 레몬시장

언뜻 보기에 정보의 비대칭은 나쁜 것 같지만 사실 경제에 도움이 되는 면도 있습니다. 세상에는 의사, 경제학자, 스턴트 배우처럼 제각각 특정 분야에 정보와 전문성을 갖춘 사람이 있지요. 정보의 비대칭 덕분에 다양한 직업과 전문 지식이 존재하며, 이는 사회와 경제에 유익한 영향을 미칩니다.

부정적인 면을 보면, 정보의 비대칭은 경제 전반에 비용을 초래합니다. 이를테면 제한적이거나 선별된 정보는 시장의 실패나 다른 경제적 부작용을 낳을 수 있습니다(시장의 실패에 대해서는 2부에서 자세히 살펴보겠습니다). 또한 정보 비대칭은 경제 전반에 피해를 입히는 사기 행각을 낳기도 합니다. 쉬운 예를 들자면 사람들이 건강보험에 가입할 때 자신의 의료 이력과 건강 정보를 숨기는 것이지요. 그 결과 보험사에서 예상보다 높은 비용을 부담하게 되고, 결국 전체 가입자의 보험료가 인상됩니다.

1970년 미국의 경제학자 조지 애컬로프George Akerlof(2001년에 조지프 스티글리츠와 노벨경제학상을 공동 수상했지요)는 중고차 시장에서 발생하는 정보 비대칭 문제를 연구해 '레몬시장Lemon market 이론'을 발표했습니다. 레몬은 샛노란 색으로 눈에는 예쁘지만 한 입베어 물면 신맛에 표정을 찌푸리게 되는, '보기와 달리 실속 없는 제품'을 가리킵니다. 중고차 시장에서는 판매자가 구매자보다 차량의 정보와 실제 비용을 훨씬 잘 알고 있지요. 그러다 보니 구매자는 차량의 상태가 평균 이상이어도 결함은 없는지 의심하게 되고, 평균 이상의 가치를 지불하지 않으려 합니다. 결국 일반 시장과 달리 양질의 제품이 외면받고, 품질 낮은 상품의 거래만 활발해집니다. 이렇게 정보의 불균형으로 인해 잘못된 선택을 하는 경향을 '역선택Adverse selection'이라고 합니다.

레몬시장 이론은 경제 전반의 문제를 설명하는 데 아주 유용합니다. 특히 투자, 보험, 신용 대출이 포함된 금융시장에 적용할 수 있지요. 예를 들어 대출을 받으려는 차입자는 대출 기관보다 자신의 재정 상태를 더 잘 알고 있기 때문에 재산을 숨기거나 타인에게 잠시 양도해 대출 이자를 더 낮게 낼 수도 있습니다.

레몬시장 문제를 해결하는 방법으로는 거래자 사이에 정보를 투명하게 공개하거나 보상을 주고, 중립적인 평가 기관이 나서 가격을 조율하는 것이 있습니다. 일례로 어떤 중고차 판매자는 1년간 품질보증 서비스를 제공해 구매자가 안심하고 차량을 구매하도록 유도하기도 합니다.

행동경제학: 비합리적인 인간 행동을 분석하다

전통 경제학에는 커다란 약점이 하나 있습니다. 바로 인간의 복잡다단한 심리를 고려하지 않은 채 경제적인 선택을 있는 그대로 분석한다는 것이지요. 이런 문제점을 극복하기 위해 경제학에 인간의 행동과 심리학을 접목해 탄생한 분야가 '행동경제학'입니다.

행동경제학은 인간의 실제 행동을 관찰해 왜 비합리적인 결정을 내리는지 연구하고 이해하려는 시도에서 시작되었습니다. 비용과 편익만을 정확히 따지면 완벽하고 효율적인 의사 결정을 내릴 수 있겠지만, 인간은 그런 식으로 행동하지 않습니다. 무언가를 결정하고 선택할 때 감정, 편향, 고정 관념을 비롯한 수십 가지 심리적 요인에 영향을 받고, 때로는 주변 사람의 결정을 관찰하고 모방하기도 합니다. 그러다 보니 때로는 비합리적인 선택을 하게 됩니다.

대표적인 행동경제학자

여러 경제학자가 행동경제학에 관심을 두고 연구했고, 그중 연구 공로를 인정받아 노벨경제학상을 수상한 이들도 많습니다. 대표적인 행동경제학자를 살펴봅시다.

- **허버트 사이먼**Herbert Simon: 인지 능력의 한계라는 관점에서 주류 경제학이 가정했던 합리적인 결정 개념을 비판한 최초의 학자입니다. 그는 인간이 결정을 내릴 때 최선의 선택보다는 '적절히 만족할 만한 선택'을 한다는 '제한된 합리성Bounded rationality 이론'을 주장했고 그 공로로 1978년에 노벨경제학상을 수상했습니다.

- **게리 베커**Gary Becker: 전통적인 경제학이 아닌 일반적으로 사회학의 영역으로 여겨지던 가정 문제, 인종 차별, 범죄 등의 분야에 경제학적 원리를 적용해 경제학의 범위를 넓혔다고 평가받는 학자입니다. 미시경제학의 분석 영역을 폭넓은 인간 행동과 상호 작용까지 확대시켰다는 공로로 1992년에 노벨경제학상을 수상했습니다.

- **리처드 세일러**Richard Thaler: 개인의 의사 결정에 관한 경제학적 분석과 심리학적 분석을 결합해 연구한 학자입니다. 행동경제학을 체계화해 학문으로 확립했다는 공로를 인정받고 2017년에 노벨경제학상을 수상했습니다. 부드럽고 유연한 개입으로 상대방의 행동을 변화시킬 수 있다는 '넛지Nudge' 이론의 창시자이기도 하지요.

행동경제학은 기존 경제학의 '인간은 합리적으로 행동한다'라는 기본 전제를 부정하는 데에서 시작하지만 그렇다고 인간을 비합리적인 존재로 단정짓지는 않습니다. 다만 인간이 왜 합리적인 최선의 결정을 내리지 않는지, 왜 다른 식으로 행동하지 못하는지를 설명하는 학문에 가깝지요. 즉 행동경제학은 경제학과 현실의 괴리를 극복하고 인간 행동을 더 면밀하고 자세히 분석하고자 하는 경제학의 한 갈래로 이해하면 됩니다.

인간의 결정에 영향을 미치는 것

앞서 정보경제학을 설명하며 정보의 격차가 경제적 차이를 만든다고 했습니다. 행동경제학에서는 정보뿐만 아니라 다양한 심리적, 인지적 요인이 인간의 선택에 영향을 미친다고 보지요. 행동경제학자가 연구하는, 인간의 의사 결정에 영향을 미치는 심리적 요소를 하나하나 살펴봅시다.

- **인지 편향**: 인지 편향은 우리 뇌가 빠르고 효율적인 판단을 위해 사용하는 일종의 지름길인데, 때로는 이것이 실수로 이어집니다. 예를 들어 빨간색 필기체 로고를 보면 반사적으로 '코카콜라'라고 판단하는 것처럼요. 또 "비싼 것이 좋은 것"이라는 편견으로 인해 같은 와인이라도 가격표가 비쌀 때 더 맛있다고 느끼거나, "유명 대학 출신이면 실력이 좋을 것"이라고 단순하게 생각하는 것도 인지 편향의 예입니다.
- **군중 심리**: 정보가 부족해 다수의 선택에 영향을 받는 것을

뜻합니다. 무엇이 옳은지 직접 생각하기보다 다수를 따르는 것이 이득이라고 믿는 것이지요. 온라인 서점에서 주로 베스트셀러만 골라 사거나, 주식 투자를 할 때 "남들이 산다니까" 따라 사는 행동이 대표적이죠.

- **선택 설계**: 정보를 특정 방식으로 제시해 의사 결정에 영향을 미치는 것을 말합니다. 뒤에 나올 전망 이론에서 다시 설명하겠지만 선택지를 추가하거나 빼는 것, 선택지의 순서를 바꾸는 것만으로 무언가를 선택하도록 유도할 수 있습니다. 예를 들어 마트에서 계산대 앞에 저렴한 사탕이나 껌 위주로 진열해 계산하는 순간 무심코 집어들도록 유도하는 것이 바로 선택 설계를 활용한 예입니다.

- **제한된 합리성**: 인간은 정보가 제한된 상태에서 가급적 합리적인 사고 과정을 거치지만, 완벽히 합리적인 결정만 내리는 것은 아닙니다. 오히려 주어진 상황에서 최적의 선택보다는 만족스러운 선택을 합니다. 예를 들어 주식 투자를 할 때 기업의 전망을 직접 검색하고 살피기보다 SNS에서 얻은 정보를 바탕으로 바로 투자를 결정하는 것이지요.

- **휴리스틱**Heuristics: 행동경제학뿐만 아니라 심리학에서도 중요한 개념입니다. 시간이나 정보가 불충분해 합리적인 판단을 할 수 없거나 굳이 체계적이고 합리적인 판단을 할 필요가 없을 때 신속하게 사용하는 어림짐작과 추론의 기술을 말합니다. 마트에서 장을 보다가 할인하는 제품을 보면 덜컥 카트에 담는 것이 여기에 속합니다.

- **매몰비용의 오류**: 미래에 발생할 효용이 크지 않음에도 현재까지 투자한 비용이 아까워 지속하는 잘못된 행동을 뜻합니다. 1962년에 영국과 프랑스가 공동 개발을 시작한 콩코드 여객기는 개발 도중 연비가 나쁘고 좌석 수가 부족해 수익성에 문제가 있다고 보고되었지만, 양국은 이미 투자한 비용이 아까워 1976년부터 무리하게 상업화해 운항을 시작했습니다. 결국 콩코드 여객기는 27년간 큰 적자만 쌓고 2003년에야 운항이 중단되었지요.

위 요소들은 개별적으로든 복합적으로든 인간의 판단력에 영향을 미쳐 비합리적인 선택을 하게 합니다. 기업을 비롯한 경제 생산 주체들은 이 개념을 잘 알고 활용해 고객이 제품과 서비스를 구매하도록 유도할 수 있습니다. 고객과 소비자에게는 내가 어떤 요인으로 인해 잘못 생각하고 소비하는지 판단해볼 수 있는 기준이 되어주지요. 즉 행동경제학을 공부하면 인간의 비합리적인 실제 선택을 조금 더 자세히 분석하고 그 원인을 일부나마 설명할 수 있습니다.

위기는 어떻게 전염되는가

현대 경제학의 통찰

#경제위기분석 #성장의동력 #인간의편향성

현대 경제학은 전통 경제학을 새롭고 흥미로운 관점에서 조명합니다. 20세기 이후 등장한 경제학 이론들은 기존의 경제 연구 모델을 그대로 답습하기보다 CEO와 사원의 임금 격차, 개개인의 경제적 성향 같은 새로운 과제를 연구했습니다. 앞서 살펴본 행동경제학처럼 개인의 행동과 심리를 중요한 요소로 보고 인간의 배경, 생각, 감정 등이 경제 행위에 어떤 영향을 미치는지 더 자세히 연구한 것이지요.

이번 챕터에서는 기존의 고전 경제학에서 벗어나 오늘날 사회에 적용되는 최신 경제학 연구와 이론, 그에 따른 경제 변화의 분석을 함께 살펴봅시다. 현대에 등장한 대표적인 경제 개념과 이론에는 금융 불안전성 가설, 신성장이론, 전망이론이 있습니다.

민스키 모멘트: 금융 위기는 이렇게 시작된다

20세기 미국의 경제학자 하이먼 민스키Hyman Minsky는 '금융 불안
전성 가설Financial Instability Hypothesis'이라는 새로운 경제 이론을 주장
했습니다. 그는 시장을 분석하며 경제 붕괴의 임계점을 연구한 결
과 안전성은 곧 불안전성으로 이어진다는 사실을 발견했지요. 즉
현재 경제 상황이 안정적이라면 얼마 지나지 않아 불안정해질 확
률이 높다는 것입니다.

금융 불안전성 가설은 금융시장이나 비즈니스 생태계가 갑자기
붕괴하는 원인을 규명하고 미래에 있을 법한 문제를 예측합니다.
이 가설에서 그 유명한 '민스키 모멘트Minsky Moment'가 탄생했습니
다. 부채가 과도하게 쌓이면 부담을 느낀 투자자가 상환을 위해 보

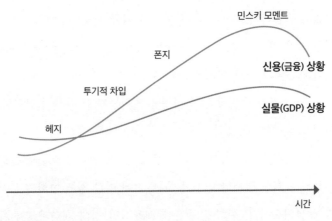

| 민스키 곡선 |

헤지, 투기적 차입, 폰지의 단계를 거쳐 금융시장의 붕괴가 시작되는 순간을 '민스키 모멘
트'라고 한다.

유하고 있던 건전 자산마저 팔아치우는데, 금융위기의 시발점이 되는 바로 그 순간을 민스키 모멘트라고 하는 것이지요. 민스키는 경제 위기가 헤지, 투기적 차입, 폰지의 세 단계를 거쳐 발생한다고 보았습니다.

- **헤지**Hedge: 헤지란 시장이 회복되어 안정을 되찾는 단계입니다. 이 단계에 개인과 기관은 투자에 신중한 자세를 보이며 위험을 회피합니다. 헤지 단계에서는 정책이 아직 엄격해 신용 등급이 높은 차입자만 대출을 받을 수 있으며, 대부분 상환 가능한 수준의 대출만 받습니다.

- **투기적 차입**Speculative Borrowing: 기업이 이윤을 얻고 주식시장이 호전되어 경제가 전반적으로 되살아나면 금융 기관의 지침도 느슨해집니다. 이때 차입자는 최대한 많이 대출을 받아 투기하려고 하지요. 이 단계에 차입자의 상환 능력은 종종 감당 가능한 수준을 벗어나지만, 아직 이자는 여유 있게 갚을 수 있는 상태입니다.

- **폰지**Ponzi: 경제 몰락을 앞둔 마지막 단계입니다. 점점 많은 사람이 투기를 시작하고, 앞으로도 지금처럼 좋을 것이라는 근거 없는 낙관적인 분위기가 형성되지요. 2013년 노벨경제학상을 수상한 로버트 실러Robert J. Shiller는 이를 가리켜 '비이성적 과열Irrational Exuberance'이라고 지칭하며 동명의 저서도 출간했습니다. 폰지 시점에는 주택 가격과 주식 등 자산 가치가 지속적으로 상승하고 개인과 기업이 많은 부채를 떠

안습니다. 결국 차입자가 채무를 상환하지 못해 사회 경제가 폭락하고 거품이 빠지며, 심하면 경기 침체로 이어집니다. 폰지 직후 경제가 급락하는 순간이 바로 '민스키 모멘트'지요.

신성장이론: 경제 성장의 핵심은 사람이다

신성장이론NGT, New growth theory은 경제 성장의 원동력이 무엇인지를 새로운 관점에서 분석하는, 비교적 최근에 등장한 이론입니다. 신성장이론에서 중요하게 여기는 경제적 원동력은 바로 '인간'입니다. 수요와 공급, 생산 비용, 수확체감의 법칙(다른 변화 없이 생산 요소가 한 단위 추가될 때 이로 인한 한계생산량은 감소한다는 법칙)에 주목했던 전통적인 신고전학파와 달리 신성장이론을 연구한 학자들은 '인간의 욕구와 필요'를 경제 발전의 핵심 동력으로 봅니다.

신성장이론을 이해하기 위해서는 우선 1980년대 후반에 등장한 '내생적 성장이론Endogenous growth theory'부터 알아야 합니다. 기존 신고전학파는 경제를 성장시킨 기술의 발전을 경제 체제 외부의 요인, 즉 '외생적 변수'로 생각했습니다. 그러나 케네스 애로Kenneth Arrow와 폴 로머Paul Romer 등 미국의 경제학자들은 기술 발전과 성장이 경제 체제 외부가 아니라 내부에서 발생했다고 보았는데, 이 이론을 '내생적 성장이론'이라고 불렀지요. 내생적 성장이론을 확대 보완해 탄생한 것이 바로 신성장이론입니다.

신성장이론의 핵심, 인적 자본과 지식 자본

신성장이론에서 가장 기본적이고 중요한 자산은 인간, 즉 인적 자본입니다. 여기서 말하는 인적 자본이란 노동자뿐만 아니라 노동자가 제공하는 지식과 기술을 두루 포함합니다. 신성장이론에 따르면 정부는 경제 성장을 위해 새로운 도전과 혁신을 지원해야 합니다. 인력 확충을 위해 양질의 교육을 제공하고 공공 분야뿐만 아니라 민간 분야의 연구도 장려해야 하지요.

인간의 경제 활동에는 네 가지 핵심 요소가 필요합니다. 지식, 기술, 기업가 정신, 그리고 혁신입니다. 먼저 '지식'은 경제적 판단의 기초가 됩니다. 시장 동향을 파악하고, 소비자의 니즈를 이해하며, 경쟁사의 전략을 분석하는 등 필요한 정보를 수집하고 해석하는 능력이 중요합니다. 예를 들어 빅데이터와 같은 새로운 형태의 지식을 활용하는 능력도 여기에 포함됩니다.

'기술'은 지식을 실제로 활용하는 도구입니다. 디지털 기술로 온라인 시장에 진출하거나, 생산 기술을 개선해 원가를 절감하고, 새로운 기술로 고객 서비스를 향상시키는 것이 그 예입니다. 현대에는 AI나 빅데이터 같은 첨단 기술 활용 능력이 중요해졌지요.

'기업가 정신'은 기회를 포착하고 도전하는 마인드입니다. 시장의 빈틈을 발견하고 새로운 사업 아이디어를 떠올리며, 위험을 감수하면서도 끊임없이 도전하는 정신이죠. 스타트업 창업자들이 불확실성 속에서도 새로운 사업을 시작하는 것이 대표적인 예입니다.

마지막으로 '혁신'은 더 나은 방법을 찾아내는 능력입니다. 기존 제품을 개선하거나 완전히 새로운 제품을 개발하고, 비즈니스 모델을 혁신하며, 더 효율적인 프로세스를 도입하는 것을 말합니다. 애플이 아이폰으로 스마트폰 시장을 창출하거나, 테슬라가 전기차로 자동차 산업을 변화시킨 것처럼 말이죠.

손실을 피하려는 심리가 우리의 결정을 좌우한다

1979년, 심리학자인 대니얼 카너먼Daniel Kahneman과 아모스 트버스키Amos Tversky는 인간이 불확실성 또는 위험을 수반하는 의사 결정에 직면했을 때 보이는 복잡한 행동을 설명하기 위해 가설을 세우고 '전망이론Prospect theory'이라고 이름 붙였습니다. 대니얼 카너먼은 이 이론으로 2002년에 심리학자로서는 최초로 노벨경제학상을 수상하기도 했지요.

전망이론은 실제로 무언가 전망한다는 뜻은 아니며, 대중의 이목을 집중시켜 널리 알리기 위해 붙인 이름입니다. 이전의 경제 이론이 인간 심리와 행동을 깊이 고려하지 않았다면, 전망이론은 이를 전면에 내세워 행동경제학의 발전에 중요한 역할을 했습니다.

전망이론을 이해하기 위한 핵심 개념은 '손실회피 성향'입니다. 사람들은 손실이 포함된 선택을 본능적으로 피합니다. 예를 들어 5만 원을 받을지, 10만 원을 받아 자선 단체에 5만 원을 기부할지 고르라고 하면 대부분 전자를 택하지요. 결과적으로 똑같이 5만 원을 받지만, 손실이 담긴 선택지는 고르지 않는 것입니다.

전망이론의 다른 주요 개념은 '확실성 편향'입니다. 인간은 확률상 비슷한 결론에 도달하더라도 확실한 것을 선호합니다. 예를 들어 확실히 10만 원을 받는 것과 50퍼센트의 확률로 20만 원을 받는 것, 둘 중 하나를 택하라면 대다수가 전자를 택하지요. 불확실한 것보다 조금 못하더라도 확실히 내 것이 낫다는 '남의 돈 천 냥이 내 돈 한 푼만 못하다'라는 옛말과도 통합니다.

전망이론에 따르면 인간은 두 단계를 거쳐 의사 결정을 하는데, 첫 번째가 '편집'이고 두 번째가 '평가'입니다. 편집 단계에서 여러 정보를 검토하고 우선순위를 매겨 결정에 이용할 정보를 추리고, 평가 단계에서 어떤 선택지가 가장 적합한지 따져 최종 결정을 내립니다. 이 과정에서 손실회피 성향과 확실성 편향이 정보 선별과 결정에 영향을 미쳐 합리적인 선택을 방해하는 것이지요.

전망이론의 핵심은 인간의 선택 성향에 있습니다. 사람들은 불확실하더라도 큰 이익을 추구하기보다, 작더라도 확실한 손실을 피하는 쪽을 선호한다는 것이죠. 쉽게 말해 도박보다는 저축을, 모험보다는 안전을 택하는 경향이 있다는 겁니다.

전망이론의 활용

전망이론은 우리의 선택이 어떻게 제시되느냐에 따라 크게 달라질 수 있음을 보여줍니다. 이 이론을 이해하면 더 현명한 의사결정이 가능해지죠. 예를 들어 투자 결정을 할 때, 단순히 손실을 피하려는 감정적 반응에서 벗어날 수 있습니다. '지금 주식을 팔면 100만 원 손해'라는 생각에 집착하는 대신, 해당 기업의 미래 가치와 시장 상황을 객관적으로 평가하여 판단할 수 있겠지요. 이는 주식뿐만 아니라 부동산이나 사업 투자에서도 마찬가지입니다. 당장의 손실에 대한 두려움보다는 장기적 관점에서의 가치를 보는 것이 중요하니까요.

기업들도 이를 마케팅에 활용합니다. "오늘까지만 할인"이라는 문구로 손실감을 자극하거나, "지금 구매하면 10만 원 절약"이라는 식으로 이득을 강조하는 것이 대표적이죠. 이처럼 전망이론은 인간의 선택을 이해하고 영향을 미치는 데 매우 유용한 도구가 됩니다.

> **한 걸음 더**
>
> ## 투자자의 성향 분석과 전망이론
>
> 우리 일상에서 종종 '손실회피 성향'이라는 단어를 들을 수 있습니다. 은행이나 증권사에서 투자나 재테크 관련 상담을 할 때 이 용어를 많이 사용하지요. 금융 기관은 투자자의 성향을 분석할 때 보통 위험회피형, 위험중립형, 위험추구형의 3단계로 나눕니다(여기에서 더 세분화해 5~6단계로 나누기도 합니다).
>
> 위험회피형이란 조금의 위험성이라도 있으면 더 나은 결과가 예상된다 해도 회피하는 투자자를 가리킵니다. 이들은 조금이라도 원금 손실이 날 수 있는 상품에는 투자하지 않습니다. 아무리 큰 이익을 얻을 수 있다고 해도 말이지요. 위험중립형이란 성장의 기회는 엿보지만 안정성에 무게를 두는 사람들을 말합니다. 리스크를 감수하거나 회피하지 않고 중립적인 태도로 결정을 내리는 것이지요. 위험추구형은 가진 돈을 모조리 잃을 수 있더라도 리스크를 감당하고 아주 작은 확률로 큰 이익을 노리는 사람을 가리킵니다.

2

화폐와 시장의
심리 게임

돈은 어떻게 세상을 지배하게 되었나

물물 교환과 화폐의 등장

#화폐의발전사 #샐러리맨의유래 #금본위제의역사

인류사를 통틀어 화폐는 가장 의미 있고 유용한 발명품 중 하나로 꼽힙니다. 하루라도 돈을 쓰지 않고 살 수 없고, 경제 활동을 하는 사람이라면 누구든 매일 어떻게 돈을 벌고, 어떻게 쓰며, 어떻게 생계를 유지하고, 어디에 투자할지 생각하지요. 돈 없이 살던 까마득한 시절은 상상하기도 어렵습니다. 어느 날 갑자기 세상에서 화폐가 사라진다고 하면 사회는 큰 혼란에 빠질 것입니다.

초기 인류의 거래 방식은 서로 필요한 물건끼리 바꾸어 가져가는 물물 교환의 형태였습니다. 그러나 얼마 지나지 않아 조개껍데기와 소금, 동전, 지폐, 더 나아가 오늘날의 디지털 화폐로 이어지는 온갖 종류의 화폐가 등장했습니다. 돈, 다른 말로 화폐는 인류의 경제사에서 결코 빼놓을 수 없는 중요한 부분을 차지합니다.

물물 교환의 비효율성

화폐가 등장하기 전과 아직 널리 쓰이기 전까지, 물물 교환은 필요하거나 원하는 것을 얻는 유일한 방법이었습니다. 물물 교환이란 어떤 사람이 가진 하나의 재화나 서비스를 상대방이 가진 다른 재화나 서비스와 바꾸는 행위입니다. 가령, 농부가 닭이 낳은 신선한 달걀 한 묶음을 들고 제빵사에게 가서 갓 구운 빵 한 덩어리와 바꾸는 것이지요. 과거에는 물물 교환이 아주 흔했지만 화폐가 등장하며 크게 줄었습니다(그래도 오늘날까지 여전히 존재하지요).

물물 교환에는 치명적인 단점이 있습니다. 당연한 이야기지만 양쪽 모두 상대방이 가져온 것을 원하지 않으면 거래가 성사되지 않습니다. 즉 '욕망의 이중적 일치Double coincidence of wants'가 전제되어야만 교환이 가능합니다. 제빵사가 달걀을 원하지 않으면 농부는 운 나쁘게 가족이 먹을 빵을 구하지 못하는 것이지요.

만약 농부가 마당발이고 동네 사람들과 친밀한 관계를 유지한다면 몇 단계를 거쳐 물물 교환에 성공할 수도 있습니다. 오믈렛을 먹고 싶은 방직공에게 계란을 주고 스웨터를 얻어 마을 대장장이에게 전달한 뒤, 대장장이로부터 빵을 구울 때 쓰는 받침대를 받아 마침 그 물건이 딱 필요했던 제빵사에게 건네주고 빵을 얻을 수도 있는 것이지요. 이렇게 물물 교환은 성사되기 쉽지 않고 대단히 비효율적이며 까다로운 단계를 거쳐야 했기 때문에 인간은 다른 방법을 찾아냈습니다.

소금, 금, 종이 그리고 디지털 머니: 돈의 변천사

사회가 발전하고 재화와 서비스가 다양해지며 물물 교환만으로 필요한 것을 구하기 어려워지자 인간은 더 효율적인 수단을 만들었습니다. 바로 '화폐'를 발명해낸 것이지요. 각기 다른 시대와 지역, 문화권마다 고유한 화폐를 발전시켰습니다. 물론 아무 물건이나 화폐가 될 수 있는 건 아니었습니다. 화폐는 형태와 상관없이 교환의 매개체가 되거나, 가치를 저장하거나, 가치의 척도가 될 수 있는 것이어야 했지요.

교환의 매개체란 재화나 서비스를 사고 팔 때 상호간 교환할 수 있는 기능을 말하고, 가치의 저장은 오늘 손에 넣은 것을 며칠이나 몇 달 뒤에도 다시 쓸 수 있다는 의미입니다. 가치의 척도는 재화와 서비스의 가치를 적절히 측정해 알맞은 것끼리 거래할 수 있도록 '기준'이 된다는 의미지요. 이런 역할을 수행하기 위해 화폐는 다음과 같은 다섯 가지 특징을 모두 갖추어야 합니다.

- **휴대성**: 화폐는 들고 이리저리 옮길 수 있도록 휴대가 용이해야 합니다. 들고 다니지 못하면 사용할 수도 없겠지요.
- **내구성**: 만약 화폐가 물에 젖는다고 사라지거나, 바람에 날아가는 것이면 안 되겠지요. 어떤 환경에서도 오래 보존할 수 있도록 내구성이 좋아야 합니다.
- **가분성**: 화폐의 가치는 나눌 수 있어야 합니다. 예를 들어 1,000원짜리 지폐 한 장은 500원짜리 동전 두 개로 나눌

수 있지요.

- **안정성**: 화폐 가치는 안정적이어야 합니다. 오늘 1,000원에 구매한 물건이 내일은 1만 원에 거래된다면 시장 혼란을 피할 수 없기 때문입니다.
- **수용성**: 모든 사람이 화폐의 가치를 인정하고 재화와 서비스를 기꺼이 그 화폐와 교환하기로 약속해야 비로소 화폐로 사용할 수 있습니다.

여러 문화권에서 다양한 화폐가 등장했습니다. 가장 대표적인 것을 몇 가지 꼽으라면 소금, 담배, 조개껍데기, 금붙이, 가죽 등이 있지요. 화폐는 그 자체로 상품이면서 상품의 대용물이고, 추상적인 가치도 담고 있습니다.

화폐가 된 물건

상대적으로 구하기 어렵고 희귀한 광물, 귀금속, 재배하기 어려운 농산물 등이 교환 수단으로 쓰일 때 이를 '상품 화폐Commodity money'라고 합니다. '물품 화폐'나 '실물 화폐'라고도 하며, 금과 은으로 주조한 동전, 담배, 소금, 쌀 등이 대표적입니다.

상품 화폐는 그 자체로 상품이기에 교환 수단이 아닌 다른 목적으로도 사용할 수 있다는 장점이 있습니다. 예를 들어 1980년대 중국에서는 많은 여성이 중국의 판다나 캐나다의 단풍잎을 새긴 기념 주화를 장신구 용도로 수집했다고 합니다. 미국을 비롯한 북아

메리카가 영국의 식민 지배를 받을 때 식민지 주민들은 담배를 화폐로 사용했을 뿐만 아니라 실제로 피우기도 했지요. 고대 로마 제국의 병사는 소금으로 급여를 받았는데, 이를 '살라리움Salarium' 이라고 불렀다고 합니다. 오늘날 월급, 급여를 뜻하는 영어 단어 'Salary'가 바로 여기에서 유래했지요. 상품 화폐는 생활에 필요한 재화의 생산과 소비에 직접 연관되어 있기 때문에 경제 활성화에도 도움이 됩니다.

반면 상품 화폐는 지폐나 동전보다 운반과 보관이 어렵다는 단점이 있습니다. 또한 가치가 변동할 수 있으며 상품의 생산량이 줄면 화폐까지 부족해진다는 치명적인 약점이 있지요.

> 한 걸음 더

야프 섬의 돌 화폐를 아시나요?

태평양의 작은 섬 야프Yap에는 세상에서 가장 특이한 화폐가 있었습니다. '페이Fei'라 불리는 거대한 돌 화폐입니다. 엽전처럼 가운데 구멍이 뚫린 이 돌은 무게가 수백 킬로그램에 달했는데, 원주민들은 이를 만들기 위해 400킬로미터나 떨어진 팔라우나 뉴기니까지 뗏목을 타고 가서 돌을 채취해왔다고 합니다. 야프섬 사람들은 이 거대한 돌을 자기 집 앞에 전시하며 부를 과시했죠. 크기가 클수록 가치가 높았기 때문입니다. 흥미롭게도 이 돌 화폐는 실제 거래 수단으로도 사용되었습니다. 지금은 이 섬에서도 미국 달러화가 주로 쓰이지만, 이 독특한 화폐 시스템은 화폐의 본질이 결국 '사회적 합의'에 있다는 것을 잘 보여줍니다.

종이에 기록한 가치, 대표 화폐

상품 화폐의 대안으로 발전한 것이 바로 '대표 화폐Representative money'입니다. 대표 화폐라는 용어는 경제학자 존 메이너드 케인스가 처음 사용한 말로, 화폐의 물질적인 고유 가치가 액면 가치로부터 분리된 화폐를 가리킵니다. 수표, 약속 어음 따위가 모두 대표 화폐에 속하지요.

17세기 영국에서는 금 보관증이 등장했습니다. 당시 금 세공업자들은 무겁고 부피를 많이 차지해 운반하기 어려운 금을 보관해주는 대신 증서를 발급했는데, 이 증서도 대표 화폐의 일종입니다. 증서만 있으면 언제든 적힌 만큼의 금을 찾을 수 있었기에 사람들은 금 보관증을 거래 수단으로 사용했습니다. 실제 금을 들고 나가서 거래하기 위해서는 어마어마한 무게와 부피를 감당해야 했는데, 그럴 필요가 없어진 것입니다. 이렇게 오랜 시간 금 보관증을

| 20세기 초 미국에서 사용된 태환 지폐 |

1882년부터 1933년까지 미국에서 유통된 태환 지폐로, 당시 이 지폐를 은행에 가져가면 곧바로 금화로 바꿀 수 있었다.

주고받은 끝에 사람들은 대표 화폐에 익숙해졌고, 대표 화폐는 점차 다른 모습으로 발전합니다.

신용에 기반해 발행하는 불환 화폐

모두가 가치를 종이에 기록한 대표 화폐에 익숙해지고, 대표 화폐로 물건을 거래하거나 필요한 경우 이를 들고 가서 금을 찾기도 했습니다. 정부에서 일정 용량의 금으로 태환兌換해주겠다고 보장하며 발행하는 대표 화폐를 다른 말로 '태환 지폐'라고 합니다.

그러나 전쟁을 비롯한 여러 위기 상황으로 화폐를 금으로 태환하지 못하는 일이 빈번히 발생하자 불환 화폐Fiat Money(불환 지폐)가 등장합니다. 불환 화폐란 한 나라의 기초가 되는 본위 화폐와의 교환이 보증되어 있지 않은 화폐를 말합니다. 앞서 언급한 태환 지폐와 정반대 개념으로, 중앙은행의 '신용'에 의해 유통되는 지폐라고 하여 '신용 지폐'라고도 불리지요.

1933년, 미국의 프랭클린 루스벨트 대통령은 금본위제 폐지를 선언하고 국가 경제를 불환 화폐 제도로 전환했습니다. 불환 화폐는 본질적으로 가치가 없고, 실제 상품이나 귀금속으로 태환할 수 없습니다. 그럼에도 화폐로 가치가 있는 이유는 정부와 국가에서 그렇게 정했고, 국민들이 기꺼이 받아들였기 때문이지요. 오늘날 미국의 달러화를 비롯한 유럽 연합의 유로화, 일본의 엔화, 한국의 원화를 비롯해 전 세계 대부분에서 사용되는 각국 통화가 불환 화폐에 속합니다.

그렇다면 불환 화폐는 대표 화폐나 태환 화폐와 달리 경제적으

| 오늘날 사용되는 전 세계의 화폐 |

20세기 중반 이후 미국을 시작으로 전 세계에서 금본위제가 폐지되며 각국은 신용에 기반한 불환 화폐 체제로 접어들었다.

로 아무런 문제나 위험에 처하지 않는, 안정적인 거래와 교환의 수단일까요? 안타깝게도 그렇지는 않습니다. 불환 화폐에도 관리하기 어려운 치명적인 문제점이 있지요. 국가에서 불환 화폐를 마구 찍어내 남발하면 물가가 급속히 상승하는 심각한 인플레이션과 이로 인한 경기 침체라는 부작용이 생길 수 있습니다. 때문에 불환 화폐, 즉 신용 화폐를 사용하는 대부분 국가의 정부는 화폐 가치를 유지하고 물가가 급상승하는 것을 막기 위해 애쓰고 있지요.

황금의 시대에서 신용의 시대로

현대의 화폐는 어떻게 탄생했을까요? 그 핵심에는 '금본위제'의 등장과 몰락이 있습니다. 한때 화폐는 금과 직접 교환할 수 있는 '금 보관증' 같은 것이었지만, 지금은 신용만으로 통용되는 불환 화폐가 되었죠. 이 극적인 변화의 중심에 금본위제가 있습니다.

금본위제는 화폐의 가치를 금에 고정시키는 제도입니다. 19세기부터 20세기 중반까지 세계 경제는 이 황금색 금속을 중심으로 돌아갔습니다. 1, 2차 세계대전으로 잠시 흔들렸지만, 1944년 브레턴우즈 회의에서 다시 금본위제가 세계 경제의 기준으로 채택되었죠.

금본위제의 가장 큰 장점은 안정성입니다. 국가가 보유한 금의 양만큼만 화폐를 발행할 수 있어서 무분별한 화폐 발행을 막을 수 있었죠. 하지만 이것이 오히려 발목을 잡았습니다. 경제가 성장하려면 더 많은 화폐가 필요한데, 금의 양은 한정되어 있으니까요. 마치 커다란 몸집을 작은 옷이 조이는 것처럼, 금본위제는 점점 경제 성장의 걸림돌이 되었습니다.

결국 1971년 8월, 미국의 닉슨 대통령이 금본위제 폐지를 선언했습니다. 이는 세계 경제의 패러다임을 완전히 바꾼 역사적 순간이었지요. 이후 각국 화폐의 가치는 금이 아닌 시장의 수요와 공급에 따라 결정되는 변동 환율제로 전환되었고, 이것이 바로 오늘날 우리가 사용하는 화폐 시스템의 시작입니다.

중앙은행이 하는 일

통화 공급량의 법칙

#신용의중요성 #화폐의실체 #통화량조절

오늘날 대부분의 국가가 따르는 불환 화폐 제도는 금본위제의 취약성을 해결합니다. 금본위제하의 통화량은 한정적일 수밖에 없어 국가 경제의 성장을 충분히 뒷받침하지 못합니다.

경제학의 아버지 애덤 스미스에 따르면 한 국가의 부는 그 나라에서 보유한 금과 은의 양이 아니라 경제 활동으로 생산한 모든 재화와 서비스의 합으로 결정됩니다. 따라서 한 국가의 통화량은 '부를 생산하는 능력'을 어느 정도 반영해야 합니다. 기업이 성장할수록 생산성을 늘리고 고객의 요구를 충족하기 위해 도구, 공장, 설비를 갖추어야 하므로 돈이 더 많이 필요합니다. 불환 화폐는 실물 자산으로 뒷받침되는 것이 아니고 '신용'이라는 무제한적인 개념에 기반한 것이므로 경제 성장에 따라 공급량을 늘릴 수 있습니다.

신뢰로만 존재하는 화폐의 신비

법정 불환 화폐는 경제 성장과 발전에 유연하게 대처하게 하는 수단입니다. 그렇지만 불환 화폐의 가치는 정부의 법과 제도, 국민적 동의에 기반하고 있다는 사실을 잊어서는 안 됩니다. 국가 경제를 안정적으로 유지하기 위해서는 갑자기 재난 상태에 빠져 화폐의 가치가 폭락하거나 나라에 큰일이 생겨 무정부 상태가 되지 않도록 해야겠지요. 화폐 공급에 대한 국민의 신뢰에 부응하기 위해 각국 중앙은행은 통화량이 너무 과하지도 부족하지도 않도록 세심히 조절합니다.

가만히 생각해보면 불환 화폐는 마치 SF 소설 속에나 존재할 법한, 뜬구름 잡는 이야기처럼 느껴지기도 합니다. 오늘날 통용되는 화폐에는 본질적인 가치가 없고, 오로지 국민의 합의와 약속에 기반해 기능하기 때문이지요. 돈의 가치를 보증하는 것은 오로지 신뢰뿐입니다. 계좌 이체, 온라인 공과금 납부, 체크 카드, 수표를 떠올려보면 돈과 화폐라는 개념이 더 기묘하게 느껴지지 않나요?

생각해보면 더 신기합니다. 월급이 통장에 입금되고, 스마트폰으로 공과금을 내고, 카드로 물건을 사지만, 실제로 우리가 '돈'을 보거나 만지는 일은 거의 없습니다. 결국 돈은 우리의 상상 속에만 존재하고, 은행 계좌의 돈도 단지 컴퓨터 화면 속 숫자에 불과하죠. 하지만 우리는 이 '가상의 돈'을 완벽하게 신뢰하며 살아갑니다. 이것이 현대 화폐의 가장 흥미로운 역설입니다.

통화 안정에 필요한 조건, 신용과 국가 안정

오늘날 화폐는 신용에 기반하므로 무엇이든 신용을 흔드는 사건은 화폐 공급에 영향을 끼칩니다. 화폐 가치를 가장 크게 뒤흔드는 요인 중 하나는 바로 물가 상승입니다. 물가가 오르면 궁극적으로 유통되는 화폐의 가치가 떨어집니다. 또한 시중에 유통되는 화폐가 너무 많으면 대부분의 물건이 비싸집니다.

금본위제에서는 화폐량에 한계가 있어 물가가 상승하지 않는데, 이는 가격뿐만 아니라 고용과 경제 상황 전반을 안정시키는 데에 기여합니다. 은행 어딘가에 있는 실제 금의 양만큼만 태환 지폐를 찍어내므로 화폐량이 지나치게 많아지지 않는 것이지요. 그러므로 금본위제에서는 물가 상승이 경제를 흔들어 정부가 개입해야 하는 상황을 조기에 막을 수 있습니다.

시중에 유통되는 화폐를 다른 말로 '통화Currency'라고 합니다. 통화 남발은 화폐의 가치를 떨어뜨리고 물가 상승을 일으키므로 위험합니다. 역사적으로 화폐를 너무 많이 찍어내 경제 위기를 겪은 아주 유명한 사례가 있지요. 제1차 세계대전 직후 바이마르 공화국(독일)입니다. 전쟁에서 패하고 막대한 전쟁 배상금을 지급하는 동시에 전후 복구 비용을 충당해야 했던 당시 정부는 화폐를 마구 찍어내기 시작했지만, 그러자 화폐 가치가 떨어지고 물가는 치솟았으며 국가 경제는 오히려 파탄났습니다. 한 끼 식사를 준비하기 위해 바구니 가득 돈을 채워 시장에 가도 충분한 식료품을 구할 수 없었다는 이야기도 있지요. 거듭 말하지만 불환 화폐는 금본위제가 보장하는 균형을 보장하지 못합니다.

　통화 남발뿐만 아니라 화폐 위조도 국가 경제에 심각한 위협을 가합니다. 위조 화폐가 시중에 흘러들어가면 통화 공급량이 증가해 경제에 영향을 미칠 뿐만 아니라 법정 화폐에 대한 신뢰까지 떨어뜨리기 때문입니다. 이런 위험에 맞서 각국 정부는 통화를 안정시키고 화폐 위조를 효과적으로 막을 방법을 끊임없이 고민하고 고안해내고 있지요.

통화 공급량을 측정하는 핵심 지표

미국에서 돈과 화폐를 관리하는 핵심 기관은 '연방준비제도Federal Reserve System'입니다. 줄여서 '연준Fed'이라고 부르지요. 경제 뉴스를 보다가 누구나 한 번쯤 들어보았을 것입니다(이 책 4부에서 연준의 통화 정책을 더 자세히 살펴볼 예정입니다).

　연방준비제도는 연방준비제도이사회와 연방공개시장위원회, 각 지역의 연방준비은행 등으로 구성된 미국의 중앙은행제도입니다. 연준에서 국가 통화 공급량을 분석할 때 사용하는 두 가지 핵심 지표는 'M1'과 'M2'입니다.

　통화 지표 M1은 '협의 통화'를 가리킵니다. '좁은 의미의 통화'라는 뜻으로, 시장 거래에 사용되고 있는 통화의 총합이라고 이해하면 쉽습니다. 시중에 유통되는 현금, 쉽게 현금화해 바로 사용할 수 있는 결제성 예금 등을 말하지요. 통화 지표 M2는 '광의 통화'로,

M1보다 넓은 범위의 통화를 아우릅니다. M1의 모든 항목에 추가로 정기 예적금, 시장성 금융상품, 양도성 예금증서 등을 더한 것을 뜻하지요. M1은 주로 교환과 거래의 수단으로 사용되는 반면, M2는 가치 저장의 수단으로 사용됩니다. 그래서 M2는 M1보다 규모는 더 크고 유동성은 떨어집니다.

연준은 M1과 M2의 변동을 주시하고 이를 중요한 지표로 활용합니다. M2 대비 M1의 비율이 급변하면 물가 상승이나 경기 침체가 임박했다는 신호일 수 있습니다. 대체로 M1이 경제 활동 인구의 증가율과 생산성의 증가율을 합한 것보다 빠르게 증가하면 물가 상승이 발생합니다. 그렇지만 사람들이 소비하지 않고 저축을 더 많이 해서 M1이 감소하고 M2가 갑자기 증가하면 그것 또한 경제가 침체기로 빠져든다는 적신호일 수 있습니다.

┌─ 한 걸음 더 ──→

은행 안에 있는 돈은 M1이 아니다

앞서 시중에 유통되고 거래에 쓰이는 현금, 즉 지폐와 동전은 M1에 포함된다고 설명했지요. 그러나 은행 안에 보관된 지폐와 동전은 M1에 포함되지 않습니다. 은행 밖으로 나오기 전까지는 시장에서 사용되는 '유통 화폐'가 아니기 때문입니다. 현금이 분명한데 통화로 인정하지 않는 것이 아이러니하지요.

이자율은 어떻게 정해질까

이자율을 결정하는 다섯 블록

#시간과이자율   #물가상승반영   #유동성보상

경제학에서 돈의 가치는 시간이 흐를수록 떨어진다고 말합니다. 즉 오늘 1만 원의 가치가 내일 1만 원의 가치보다 크다고 보는 것입니다. 이는 기회비용 그리고 물가 상승과 관련이 있습니다.

당신의 지갑에 5만 원이 있었는데 친구에게 급히 택시비가 필요해 빌려줬다고 합시다. 이때 기회비용은 그 5만 원을 당신이 당장 사용하는 것입니다. 친구가 다음 날 바로 돈을 갚으면 별 문제 없이 넘어가겠지만, 만약 뒤늦게 갚는다면 그 돈은 물가 상승으로 구매력을 잃어버립니다. 가령 돈을 빌려줄 때 5만 원이었던 의자가 2년 후 친구가 돈을 갚을 때에는 5만 5,000원으로 올랐을 수 있지요. 이는 처음 의자가 필요할 때 사지 못했을 뿐만 아니라 나중에 돈을 더 내고 사야 한다는 의미입니다. 그뿐만 아니라 친구가 다른 일로 바빠 깜빡 잊고 돈을 갚지 못할 위험도 있지요.

이렇게 시간이 지날수록 돈의 가치는 변동합니다. 결과적으로 은행이나 금융 기관에서 돈을 빌려줄 때 기회비용과 물가상승률을 고려해 추가 지급액, 즉 이자를 더해 갚으라고 요구합니다. 저축 계좌에 돈을 예치하는 것도 마찬가지입니다. 돈을 맡긴 만큼 이자가 붙는 것이지요. 만약 이자라는 보상이 없다면 우리는 돈을 은행 계좌에 넣을 필요 없이, 각자의 책상 서랍이나 침대 밑 상자 속에 보관할 것입니다.

이자를 결정하는 다섯 블록

이자율은 돈을 대출하거나 저축할 때 붙는 이자의 비율이지요. 쉽게 말해 돈을 빌리고 치르는 값이자 대가입니다. 이자율은 어떻게 정해질까요?

이자율을 층층이 쌓아올린 블록이라고 생각하면 이자율을 결정하는 요인을 쉽게 이해할 수 있습니다. 이자율은 기회비용, 물가상승률, 채무 불이행 위험 프리미엄, 유동성 프리미엄, 만기 위험 프리미엄 등이 모여 결정합니다. 각각을 더 자세히 살펴봅시다.

기본 이자율

첫 블록은 돈을 사용할 때 발생하는 기회비용을 말합니다. 어떤 사람은 지금 당장 소비할 수 있는 것을 포기하고 돈을 은행에 맡겨 이자를 받고자 합니다. 반면 다른 사람은 소비를 포기하지 못하지

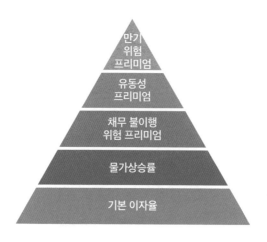

| 이자율을 결정하는 다섯 요소 |

기본 이자율, 물가상승률, 채무 불이행 위험 프리미엄, 유동성 프리미엄, 만기 위험 프리미엄 등 여러 요소가 모여 대출이나 저축, 투자의 최종 이자율을 결정한다.

요. 인플레이션이나 다른 위험 요소가 없는 경우, 저축과 대출이 적절히 균형을 이룰 때의 이자율을 '기본 이자율' 또는 '실질 이자율'이라고 합니다. 소비를 포기하고 그 돈을 투자하는 경우 '수익률'이라고도 부르지요.

다시 말해 2퍼센트의 이자를 받는 대가로 당신이 소비를 포기하고 돈을 빌려줄 의사가 있다면 그 2퍼센트가 바로 빌려준 돈에 대한 기본 이자율입니다. 기본 이자율은 지역과 상황에 따라 달라집니다. 사람들이 돈을 저축해 이자를 받는 쪽보다 지금 당장 소비하는 쪽에 더 관심이 있다면, 이자율을 더 높여 관심을 끌고 돈을 저축하거나 투자하게 할 수 있겠지요.

물가상승률

이자율을 구성하는 두 번째 블록은 바로 기대 '물가상승률'입니다. 만약 지난 수십 년간 물가상승률이 안정적으로 3퍼센트대로 유지되었다면 사람들은 앞으로도 이 추이가 계속될 것이라고 생각하겠지요. 그러면 은행 등 대출 기관이나 투자자는 기본 이자율 2퍼센트에 물가상승률까지 보상하기 위해 3퍼센트를 더해 5퍼센트의 이자율을 보장해줄 것입니다. 이를 '명목 이자율'이라고 합니다.

명목 이자율은 계약서에 적힌 숫자 그대로의 이자율입니다. 반면 실질 이자율은 명목 이자율에서 물가상승률을 뺀 값으로, 이자가 가진 구매력을 의미합니다. 명목 이자율이 5퍼센트이고 물가상승률이 3퍼센트라면, 실질 이자율은 2퍼센트가 됩니다.

한 걸음 더

이자율이 왜 이렇게 낮아졌을까?

1970년대 말에서 1980년대 초, 미국의 대출 이자율은 20퍼센트에 육박했습니다. 오늘날과 비교하면 믿기 힘든 수준이죠. 하지만 이 놀라운 차이는 당시의 급격한 물가 상승으로 설명할 수 있습니다.

1970년대 말 미국은 심각한 인플레이션을 겪었고, 이에 따라 이자율도 크게 올라갔습니다. 실제 구매력 측면에서 보면, 당시 20퍼센트의 이자율과 오늘날의 낮은 이자율의 차이는 생각보다 크지 않습니다. 물가가 안정적인 지금, 5퍼센트의 이자율은 실질적인 가치 면에서 당시 20퍼센트와 비슷한 수준일 수 있는 것입니다. 마치 임금이 두 배로 올랐더라도, 물가가 두 배로 올랐다면 실질 구매력은 그대로인 것과 같은 이치입니다.

채무 불이행 위험 프리미엄

대출이나 투자에 문제가 생길 소지가 있다면 금융 기관이나 투자처로부터 더 높은 이자를 받는 것이 당연합니다. 이자율을 결정하는 세 번째 블록을 '채무 불이행 위험 프리미엄Default risk premium'이라고 합니다. 리스크가 큰 대출이나 투자 상품의 경우 이자를 더 높게 쳐주는 것이지요.

채무 불이행 또는 지급 불능 위험이 클수록 이자도 높아지므로 서류에 적히는 전체 이자율이 커집니다. 은행 대출을 제때 갚은 이력이 있는 사람은 대출 상환이 들쭉날쭉한 사람보다 상대적으로 채무 불이행 위험이 낮다고 여겨 이자율이 상대적으로 낮아지는 것도 같은 원리입니다.

유동성 프리미엄

10년 만기 자동차 대출처럼 차입자가 투자나 대출을 다른 기관에 되팔기 어렵다면 또 다른 이자율 블록이 추가됩니다. 유동성이 부족한 자산에 붙는 가격 할인이나 추가 금리 따위의 보상과 혜택을 '유동성 프리미엄Liquidity premium'이라고 합니다. 대출은 그 자체로 사고팔아 수익을 낼 수 있는 상품인데, 자동차 등 비유동 자산에 대한 대출은 그것이 어렵기 때문입니다.

예를 들어 10년 이상 탄 자동차처럼 완전히 감가상각된 자산의 담보 대출을 굳이 사서 위험을 떠안는 사람은 거의 없을 것입니다. 즉 자산을 현금처럼 쓰기 어려울수록, 즉 유동성이 부족할수록 높은 이자율이 붙습니다.

만기 위험 프리미엄

마지막 이자율 블록은 '만기 위험 프리미엄Maturity risk premium'입니다. 대출이나 투자가 장기일수록 프리미엄을 주는 것입니다. 만기가 길수록 미래에 발생할 불확실성과 위험이 더 크기 때문이지요. 먼 미래일수록 금리를 예측하기 어려운데, 이 경우 투자 가치가 감소합니다. 앞으로 1년 내에 4퍼센트의 수익을 내는 투자 상품이 나올지도 모르는데 올해 2퍼센트의 수익률을 보장하는 투자 상품에 뛰어들 사람은 없겠지요. 그렇기 때문에 만기가 긴 상품일수록 이자율을 더 쳐주는 것입니다.

이자율의 계산 방식은 지금까지 살펴본 모든 블록의 총합을 구하는 것입니다. 기본 이자율이 2퍼센트이고 물가상승률이 3퍼센트라면 둘을 합친 5퍼센트가 명목 이자율입니다. 여기에 채무 불이행 위험 프리미엄이 4퍼센트, 유동성 프리미엄이 2퍼센트, 만기 위험 프리미엄이 1퍼센트라고 해봅시다. 그러면 총 이자율은 이 숫자들을 모두 더한 12퍼센트가 되는 것입니다.

은행은 어떻게 돈을 창출할까

모든 것의 시작, 대출

#최초의은행 #돈의증가원리 #지급준비제도

나직하게 상품을 설명하는 은행원의 목소리, 깔끔하고 깨끗한 대리석 바닥, 간간이 돌아가는 지폐 계수기, 한쪽 테이블에 놓인 각종 입출금 거래 신청서와 볼펜……. 은행에 들어서면 조용하고 차분한 분위기가 느껴지며 중요한 장소에 도착한 기분이 듭니다.

　은행은 도처에 있습니다. 심지어 거리를 걷다가 한 블록에서 여러 곳의 은행을 마주하기도 하지요. 작은 마을부터 대도시에 이르기까지 세상 구석구석에 은행이 있다는 것은 우리 삶에 꼭 필요한 중요한 장소라는 뜻이기도 합니다. 최근 다양한 금융 거래를 온라인으로 할 수 있게 되어 은행에 방문할 이유가 점점 줄어들고 있지만, 은행은 여전히 경제가 굴러가는 데 꼭 필요한 핵심 기관입니다. 은행이 없다면 자본주의도 멈출 것입니다.

은행의 탄생과 은행업 발전의 간략한 역사

은행의 뿌리를 찾아 거슬러 올라가면 초기 인류 문명에 도달합니다. 고대 메소포타미아 문명에서 은행 제도의 원형을 발견할 수 있지요. 메소포타미아인들은 국가에서 운영하는 창고에 시민들의 농작물을 보관해주고 찾아갈 때마다 점토판에 인출 기록을 남겼습니다. 점토판 기록을 해석해보면 그 판을 소지한 사람이 다음 추수 때 얼마만큼의 농작물을 받을 수 있는지가 새겨져 있습니다. 시간이 흘러 등장한 고대 그리스 도시국가와 로마 제국에서는 금, 은, 청동 등으로 만든 최초의 동전이 등장했습니다.

이후 중세 시대에는 장인과 상인들이 조직한 길드를 바탕으로 상공업이 크게 발달했고, 14세기 르네상스 시대 이탈리아에서 근대적인 형태의 은행이 탄생했습니다. 당시 이탈리아의 베네치아, 피렌체, 제노바 같은 거대 교역 도시가 성장하며 금융 업무가 크게 늘었기 때문입니다. 당대 예술가들을 물심양면 후원했던 것으로 잘 알려진 메디치 가문도 환전업과 대부업으로 은행 사업에서 크게 성공했지요.

당시 은행들은 상인의 무역 활동을 지원했을 뿐만 아니라 국가와 교회에도 자금을 댔습니다. 그러나 교황청에서 종교적인 이유로 이자를 받는 고리대금업을 금하자 은행가들은 '환어음Bill of exchange'이라는 수단으로 돈을 벌기 시작했습니다. 환어음이란 어음의 발행인이 지급인으로 하여금 일정 기일에 어음에 기재된 금액을 권리인에게 지급할 것을 무조건적으로 위탁하는 증권 서류를 가리킵니다. 쉽게 말해, 이탈리아 통화로 돈을 빌려주고 정해진 기일 내에 영국 통화로 돈을 돌려받게 한 것이지요. 이들은 대출 시점과 상환 시점의 환율 차이로 이윤을 얻었습니다.

이탈리아 반도에서 은행이 성행하자 곧 유럽 전역으로 은행업이 퍼져 나갔습니다. 영국에서는 금 세공업자가 보관증을 발급했을 뿐만 아니라 '지급준비제도'의 시초가 되는 제도를 발전시켰지요. 지급준비제도란 은행에 예치된 금액 중 일부만 지급을 위해 준비해놓고 나머지는 사람들에게 대출해줄 수 있도록 하는 법적 제도를 말합니다. 금 세공업자들은 보관하는 금의 양보다 더 많은 보

| 현존하는 가장 오래된 은행 |

이탈리아 시에나의 몬테 데이 파스키 은행Banca Monte dei Paschi은 1472년 설립되어 오늘날까지 운영 중인, 현존하는 가장 오래된 은행이다. 이탈리아에서 손꼽히는 대형 금융 기관이기도 하다.

관증을 발급하며 미래의 수익 잠재력을 높였습니다.

영국에서 발전한 은행업은 식민지 개척과 함께 아메리카 대륙으로 넘어갔습니다. 미국에서는 1770년대 독립전쟁부터 1860년대 남북전쟁 시기까지 전쟁 자금 조달을 위해 규제가 상대적으로 완화되며 은행업이 확장되었고, 은행들은 신생국인 미국의 성장을 재정적으로 뒷받침했습니다. 1863년에는 국립은행법National Bank Act이 제정되어 미국 내 은행업의 법적 근거도 마련되었지요.

돈이 돌고 도는 경제 흐름의 핏줄, 은행

오늘날 은행은 폭넓은 기능을 수행합니다. 자산을 안전하게 보관해줄 뿐만 아니라 대체 결제 수단을 제공해 시장을 활성화하기도 하지요. 그렇지만 무엇보다 중요한 기능은 저축하고자 하는 사람에게서 돈을 받고 대출이 필요한 사람에게 돈을 빌려주어 자산의 흐름을 만드는 것입니다. 즉 저축과 대출은 경제 활성화의 기본 요건입니다.

은행은 개인이나 기업에게 수표 발행 권한을 부여하고 체크카드와 신용카드를 발급해 거래를 용이하게 합니다. 현금은 무조건 들고 다니며 쓰고 거스름돈을 받아야 하는데, 은행에 보관된 자산은 카드 결제, 계좌 이체 등 다양한 방법으로 지출할 수 있어 소비와 거래가 훨씬 편리합니다.

그러나 은행의 가장 중요한 역할은 저축과 대출을 중개하는 것입니다. 은행은 이자를 지급해 사람들이 재산을 은행에 맡기도록 유도합니다. 이렇게 모은 돈을 저축 이자보다 높은 이자율로 필요한 사람들에게 대출해주고 이윤을 얻지요. 경제적 여유가 있는 사람은 안정적인 저축이나 투자로 이자를 얻고, 돈이 필요한 사람은 자금을 빌려 집이나 차를 구매하거나 사업을 시작할 기회를 얻는 것입니다. 특히 기업의 경우 은행 대출을 통해 사업의 기반이 되는 토지나 자본을 마련할 수 있습니다. 기업이 점차 성장해서 충분한 일자리를 창출한다면 고용도 늘어나게 되겠지요. 결국 은행이 제 역할을 잘 해내야 경제가 원활히 굴러가고 성장할 수 있습니다.

은행에서 돈이 생기고 사라지는 과정

일반적으로 돈은 각국 조폐공사나 조폐국 인쇄기에서 만들어진다고 착각하기 쉽지만 실제로는 그렇지 않습니다. 은행이 고객으로부터 목돈(예금성 자산)을 받고 필요한 이에게 대출해주는 순간 만들어지지요. 무슨 뜻인지 잘 모르겠다고요? 이 원리를 이해하기 위해서는 기본적인 회계 원칙을 알아야 합니다. 알아두면 도움이 될 아주 쉬운 회계학 개념을 잠시 살펴보고 지나갑시다.

대차대조표

대차대조표란 기업이나 은행에서 소유한 자산과 갚아야 할 부채를 기록한 표를 말합니다. 어느 기업의 재무 상태를 한눈에 확인하기 위해서는 대차대조표를 확인하면 되지요. 회계학 강의를 들어본 적 없는 사람이라면 '자산+부채=자기자본'이라는 등식이 낯설지도 모릅니다.

자산은 은행이 가진 모든 자본을 의미합니다. 은행 건물, ATM 등 장비, 고객에게 대출해준 자금, 증권, 지급준비금 등이 모두 여기에 해당하지요. 부채는 은행이 진 빚을 가리킵니다. 고객이 맡긴 예금, 중앙은행이나 다른 은행으로부터 받은 대출이 여기에 해당하지요. 자기자본이란 순수하게 은행이 소유한 지분을 말합니다. 부채와 자기자본을 더한 것을 전체 자산으로 간주하는 것이지요.

부채가 5억 원이고 자기자본이 5억 원인 은행의 자산은 10억 원입니다. 은행의 부채가 변하면 자산도 함께 변하겠지요. 예를 들어 고객이 은행에 1억 원을 맡기면(부채), 은행의 지급준비금이 1억 원 늘어납니다(자산). 반대로 고객이 2,500만 원을 인출하면 은행의 지급준비금도 2,500만 원 줄어드는 것이지요.

한 걸음 더

은행의 자본요건

은행은 법에 따라 특정한 조건을 유지해야 합니다. '자본요건'이란 은행이 정상적인 영업 활동을 위해 보유해야 하는 자금의 비율을 가리키며, 보통 대출의 위험도를 고려해 정합니다. 자본요건을 두는 목적은 차입자가 원금을 상환하지 못해도 은행이 예금 소유자에게 돈을 정상적으로 지급하도록 하기 위해서입니다. 연준은 은행의 최소 자기자본 요건을 4.5퍼센트로 규정하고 있습니다(2024년 10월 기준).

지급준비금

지급준비금이란 은행에서 고객에게 대출해주기 위해 또는 예금 인출에 대비해 준비해두는 자금을 말합니다. 대출해주기 위한 자금을 '초과지급준비금', 예금 인출에 대비해 보유하고 있는 자금을 '필요지급준비금'이라고 하지요. 필요지급준비금은 은행 금고에 현금으로 보관하거나 연준의 지급준비금 계좌에 예치해둡니다.

미국의 경우, 연준이 정한 필요지급준비율은 은행이 보유해야 하는 단기 예금액의 최소 비율을 의미합니다. 대형 은행의 경우 필요지급준비율이 수십 년간 10퍼센트였습니다. 그러다 코로나19 팬데믹이 터진 2020년 3월 필요지급준비율을 0퍼센트로 낮췄지요. 위기에 처한 경제를 살리고자 유연한 대출을 허용하기 위한 조치였습니다. 이 조치에 따르면 이론상 은행은 더 이상 현금을 보유할 필요가 없습니다. 그러나 실제로는 고객의 예금 인출 등에 대비해 최소한의 현금을 준비하고 있지요.

마법 같은 통화 창출

통화는 은행이 초과지급준비금을 반복해서 차입자들에게 대출해줄 때 만들어집니다. 어떤 고객이 은행에 1억 원을 예치하면 초과지급준비금도 1억 원 늘어납니다. 은행이 1억 원 전액을 다른 고객에게 대출해주고 고객이 그 돈으로 스포츠카를 구매하면, 차량 판매자는 받은 돈 1억 원을 다시 은행에 예치할 수 있겠지요.

그러면 은행의 예금 잔액은 어떻게 될까요? 초과지급준비금이 순식간에 1억에서 2억으로 증가합니다. 돈은 이런 식으로 만들어지는 것입니다. 이런 거래는 단 한 번으로 끝나지 않습니다. 이제 은행에 1억 원이라는 새로운 예금이 생겼으므로 차입자에게 대출해줄 자금이 증가했습니다. 이 과정은 초과지급준비금이 모두 대출될 때까지 끊임없이 계속될 수 있습니다.

돈이 사라지는 순간

돈은 쉽게 만들어지는 만큼 쉽게 사라지기도 합니다. 현금이 필요해진 고객이 예금을 인출하거나 수익이 생겨 대출금을 상환하는 순간 그렇게 되지요. 예를 들어 당신이 자동차 대출금을 갚기 위해 1,000만 원을 이체했다면, 당신의 예금에서 1,000만 원이 빠져나가며 은행의 지급준비금도 축소됩니다. 은행에서 차입자에게 대출해줄 돈이 줄어드는 것입니다. 이는 개인의 입장에서는 부채를 갚아 재정건전성이 개선되는 좋은 일이지만, 경제 전체로 보면 시중의 자금 흐름이 위축되는 결과를 가져올 수 있습니다.

실리콘밸리은행은 왜 무너졌나

세상을 떨게 한 뱅크런 사태

#뱅크런심리학 #연준의한계 #은행규제의이유

시중의 여러 은행은 저축하고자 하는 고객과 대출하고자 하는 고객을 이어주는 시스템으로서 서로 협력합니다. 고객이 맡긴 돈을 다른 고객에게 대출해줄 뿐만 아니라 은행끼리 서로 돈을 빌리고 빌려주는 방식으로 이를 달성하지요.

어떤 고객이 A 은행에 찾아와 돈을 빌리려고 하는데, A 은행에는 자금이 부족합니다. 반면 이웃 동네의 B 은행은 자금이 충분한데 해당 지역에 급하게 돈이 필요한 사람이 없습니다. 이때 A 은행이 B 은행에서 돈을 빌려 고객에게 대출해주면 통화 유통이 더 원활해지고 상호 이익을 볼 수 있지 않을까요? 그래서 은행들은 서로 돈을 빌리고 빌려주는 거래를 합니다. 그 결과 때로는 한 은행의 붕괴가 다른 은행의 연쇄 붕괴로 이어지기도 하지요. 이번 챕터에서는 은행 사이 거래와 뱅크런을 함께 살펴봅시다.

은행끼리 서로 돕는 법

미국의 어떤 은행에 지급준비금이 부족한 경우 연방준비은행을 통해 다른 은행으로부터 하루 동안 자금을 빌릴 수 있습니다. 예를 들어 영업 시간이 끝날 저녁 즈음 한 고객이 애크미은행에 들러 지금까지 모은 목돈을 한 번에 인출했다고 합시다. 고객의 예금을 인출해주고 나니 애크미은행에는 돈이 거의 남지 않았습니다. 다른 고객이 예금을 인출하러 왔을 때 줄 지급준비금이 없는 것이지요. 그런데 옆 동네의 로드러너은행이 연준의 지급준비금 계좌를 통해 최소한의 이자만 받고 돈을 빌려주겠다고 합니다. 왜일까요? 로드러너은행 입장에서는 돈을 그저 가지고 있는 것보다 애크미 은행에 빌려주고 연방기금금리에 따라 이자를 받는 편이 더 이익이기에 서로 상부상조하는 것이지요.

연쇄적인 뱅크런이 발생하는 이유

은행에 돈을 맡긴 고객들은 은행의 재정건전성에 문제가 있다고 비관적으로 인식하는 순간 은행이 망하고 문을 닫기 전에 그동안 저축해둔 돈을 잃지 않기 위해 앞다투어 인출합니다. 이런 사태를 '뱅크런Bank run'이라고 합니다. 미국 역사상 뱅크런은 수차례 발생했습니다. 은행은 100퍼센트에 훨씬 못 미치는 지급준비율을 유지하기 때문에(보통 1~10퍼센트), 고객의 예금 인출 요청이 빗발치면 감당하지 못하고 파산하기 쉽습니다. 비교적 최근에도 미국에서는 뱅크런 사태가 벌어졌지요. 2023년 3월, 미국 캘리포니아주에 본사를 둔 실리콘밸리은행이 부실한 경영과 막대한 영업손실로 위기에 놓일지도 모른다는 정보가 SNS를 타고 빠르게 퍼졌습니다.

이 소식을 접한 많은 고객이 해당 은행에서 돈을 인출했지요. 예금 인출이 막히자 캘리포니아 금융당국은 곧바로 실리콘밸리은행을 폐쇄했습니다. 그로부터 48시간이 채 지나지 않아 뉴욕시에 본사를 둔 시그니처은행의 고객들이 하루 만에 약 100억 달러의 돈을 인출하며 또 다른 뱅크런이 터졌습니다. 금융당국에서는 시그니처은행마저 폐쇄 조치했지요. 몇 주 후에는 퍼스트리퍼블릭은행역시 타격을 받기 시작했고, 5월 1일 이 은행 역시 파산 절차를 밟았습니다. 2023년에 있었던 세 번의 뱅크런 사태는 자산 규모가 꽤 크던 은행도 순식간에 무너질 수 있음을 가감 없이 보여주며 사람들에게 충격을 안겨주었지요.

고객들이 이렇게 한꺼번에 예금을 인출하는 원인은 무엇일까요? 진실과는 무관한 '두려움' 때문입니다. 뱅크런은 대부분 은행의 재정건전성에 대한 소문이나 추측 때문에 발생합니다. 대중 사이에 위기설은 빠르게 퍼져나가지요. 저축한 돈을 찾지 못할지도 모른다는 걱정이 들면 사람들은 돈을 빼 안전한 은행으로 옮기거나 자기 집 금고에 보관하려 합니다. 돈을 인출하려는 사람들로 은행 앞에 긴 줄이 생기면 다른 사람들도 덩달아 불안감에 줄을 서지요. 은행은 뱅크런을 피하기 위해 다른 은행으로부터 돈을 빌리려고 하지만 이미 소문이 퍼질만큼 퍼진 상태에서 다른 은행도 리스

| 2023년 뱅크런 사태로 문을 닫은 실리콘밸리은행 |

캘리포니아주 샌타클래라에 위치한 실리콘밸리은행 본사. 실리콘밸리은행은 지난 2023년 갑작스러운 뱅크런을 겪고 파산해 문을 닫았다.

크를 감당하려 하지 않습니다. 결국 뱅크런은 불안감과 소문 때문에 터지고, 한 곳에서 뱅크런이 일어나면 걷잡을 수 없이 번져 금융 시스템 전반이 마비되기도 합니다. 미국에서는 1929년 대공황 이후로 그런 위기는 없었지만, 다시 대형 은행이 파산하면 심각한 경기 침체에 빠질 수 있습니다.

1997년 IMF 외환위기 당시 한국도 이러한 금융 불안을 겪은 바 있습니다. 만약 대형 은행이 파산하면 심각한 경제 위기로 이어질 수 있기에, 정부와 금융당국은 뱅크런 방지를 위해 예금자 보호 제도 등 다양한 안전장치를 마련해두고 있습니다.

뱅크런의 역사와 은행 규제

노예제 폐지를 두고 한창 전쟁 중이던 1863년, 미국 의회는 전쟁 자금을 확보하기 위해 국립은행법을 제정하고 인가를 받은 은행들이 새로운 국가 화폐와 정부 채권을 발행할 수 있게 했습니다. 1913년 제정된 국립은행법은 오늘날 미국 은행 제도의 기반이 되는 연방준비제도법Federal Reserve Act의 전신이기도 합니다.

당시 대형 은행들은 위기에 대비해 평소 소형 은행으로부터 예금을 받아두었다가 소형 은행이 뱅크런을 겪으면 이를 인출하도록 했습니다. 그러나 역사는 소형 은행의 뱅크런이 눈덩이처럼 불어나 대형 은행의 파산까지 야기할 수 있음을 보여줍니다.

한 걸음 더

채권이란 무엇일까?

경제 뉴스를 보면 '채권'이라는 단어가 심심찮게 등장합니다. 채권이 도대체 무엇일까요? 채권은 국가 기관 또는 기업에서 정책 시행이나 사업 수행을 위해 자금을 조달하려고 돈을 빌렸다는 사실을 명시하고, 정해진 기한 내에 원금과 함께 상환할 이자율을 정해 작성한 증서입니다. 국가에서 발행한 채권은 '국채'라고 하죠.

종종 채권과 주식을 헷갈리는 사람이 있습니다. 쉽게 구분해 주식을 소유하는 것은 해당 기업의 자본에 일부 지분을 가지고 있음을 뜻하고, 채권을 가지고 있다는 것은 기업에 돈을 빌려주었으니 만기까지 갚으라고 요구할 수 있는 권리를 말합니다.

도마에 오른 은행 제도

1907년 은행가 공황 당시 전례 없는 뱅크런을 겪은 미국 의회는 1913년에 연방준비제도법을 통과시켜 오늘날의 연방준비제도, 즉 미국판 중앙은행을 창설했습니다. 연준은 미국 전역의 은행을 규제하고 감독하는 기관으로 연방준비제도이사회FRB, Federal Reserve Board에 의해 운영됩니다. 또한 연방준비제도는 산하에 12개의 연방준비은행을 둡니다. 연준이사회에서 통화 정책을 관리하고 연방준비은행을 감독하며, 지역별 연방준비은행에서 이사회의 규정을 집행하는 것이지요.

그러나 1929년부터 1939년까지 지속된 대공황기에 연준은 안타깝게도 뱅크런에 적절히 대처하지 못했습니다. 유동성이 필요한 시기에 화폐를 공급하기는커녕 오히려 통화량을 엄격히 관리해 이자율을 높이고 은행 대출을 제한함으로써 경제 활동을 위축시키고 대공황을 악화시켰다고 분석하는 학자가 적지 않지요.

연방준비제도는 1980년대 저축대부조합 위기를 겪으며 다시 한 번 시험대에 올랐습니다. 저축대부조합이란 한국의 상호저축은행과 비슷한 미국의 금융 기관으로, 지역민들의 소액 예금을 모아 주로 주택담보대출, 즉 모기지 대출을 해주는 곳이었습니다. 당시 저축대부조합들은 대출 심사 기준을 크게 완화해 신용도가 낮은 차입자에게도 적극적으로 대출을 실행했습니다. 그 결과 대규모 연체가 발생했고, 많은 저축대부조합이 채무 불이행 상태에 빠져 파산했습니다. 그러자 고객당 25만 달러까지 예금을 보호해주는 오늘날의 연방예금보험공사FDIC와 비슷한 역할을 하던 연방저축대부보험공사FSLIC에서 파산한 기관을 대신해 예금자에게 돈을 지급 했습니다. 결국 금융 혼란을 수습하고 예금자를 보호하는 데에 들어간 수십억 달러는 모두 납세자가 낸 세금으로 충당했지요. 이는 미국 경제를 휘청이게 한 큰 사건으로 기억되고 있습니다.

20세기 후반 내내 미국 경제는 발전했고 산업의 규모와 중요성도 커졌습니다. 지역 기업들이 전국 단위 기업으로 성장하면서, 미국 특유의 엄격한 은행 규제로 인해 다수의 소규모 은행이 설립된 반면, 다른 국가들은 소수의 대형 은행 중심으로 발전했습니다. 현재 미국의 은행들은 글로벌 경쟁력 확보를 위해 규제 완화를 적극적으로 요구하고 있는 상황입니다.

은행 규제를 완화한 이유

1970년대 이후 미국 내 은행 규제 완화로 은행의 전국 영업이 가능해졌고, 서비스 범위도 점차 확대되었습니다. 일부 규제가 폐지되며 은행은 투기적인 투자 활동에도 뛰어들었습니다. 전통적인 은행과 은행 아닌 금융 기관 사이의 경계가 흐려지면서 또 다른 금융위기가 발생할 수 있다는 우려의 목소리도 나왔지요. 정부와 국회에서는 모든 금융 기관의 활동을 포괄적으로 감시하기 위한 규제 장치를 마련해야 했습니다.

2008년 리먼브라더스 사태와 세계금융위기를 겪고 2년 뒤인 2010년, 오바마 대통령이 도드 프랭크법Dodd-Frank act에 서명했습니다. 이 개혁법으로 자산 규모가 500억 달러 이상인 대형 은행은 엄격한 규제를 받게 되었지요. 법안의 내용에는 주요 금융사 규제 강화 및 정리 절차 개선, 금융 감독 기구 개편 등이 포함됩니다. 많은 은행이 이에 반발했지요.

지난 2018년 트럼프 대통령은 소형 은행의 자산 기준을 500억 달러에서 2,500억 달러로 상향 조정해 규제를 완화했습니다. 그러자 미국 의회예산처는 새로운 기준이 자산 규모 1,000억~2,500억 달러 사이의 중형 은행을 보호하지 못해 파산 확률을 높일 것이라고 경고했습니다. 2023년에 일어난 실리콘밸리은행 뱅크런 사태로 경고는 곧 현실이 되었지요.

은행을 어느 수준으로 규제하고 풀어줄 것인지는 결정하기 어려운 문제입니다. 너무 빠듯하게 규제하면 통화의 흐름이 정체되어 경제 상황이 악화될 수 있고, 그렇다고 너무 느슨하게 풀어주면 채무 불이행으로 금융 기관이 위기를 겪고 국세를 낭비하게 되기 때문입니다. 미국 연방준비제도를 비롯한 각국의 중앙은행들은 여전히 규제 방식을 두고 고심하고 있지요.

왜 똑같은 물건인데 값이 다를까

한계효용과 수요의 법칙

#가격과수요의관계 #소득효과 #수요탄력성

경제학자는 언제나 인간의 선택과 행동에 대해 가정하고 분석합니다. 경제학의 기본 가정 중 하나는 인간이 최대의 편익을 누리고자한다는 것이지요. 이를 경제학 용어로 '효용극대화Utility maximization' 라고 합니다. 소비자의 효용극대화는 지출 가능한 금액에 달려 있습니다. 경제학자는 모든 소비자가 한정된 예산 내에서 효용극대화를 추구한다고 가정합니다.

소비자 행동을 관찰할 때는 한계분석에 따른 의사 결정에 주목해야 합니다. 예를 들어 좋아하는 사탕 한 봉지를 샀다고 합시다. 사탕 하나를 입에 넣을 때마다 느끼는 만족감을 경제학에서는 '한계효용'이라고 합니다. 사탕을 하나 먹었을 때는 정말 맛있지만 몇개 더 먹고 나면 처음만큼 맛있게 느껴지지 않지요. 경제학에서는 이런 현상을 '한계효용이 체감遞減한다'고 표현합니다.

가격과 수요는 항상 반비례한다

경매장에 가본 적이 있다면, 높은 입찰가보다 낮은 입찰가가 훨씬 많다고 느꼈을 것입니다. 사람들이 최대한 낮은 가격에 물건을 얻으려 하기 때문이지요.

어떤 재화나 서비스를 일정한 가격에 사려고 하는 욕구를 가리켜 '수요Demand'라고 합니다. 다른 모든 조건이 동일하다고 할 때 재화의 가격이 상승하면 수요가 감소하고 가격이 하락하면 수요가 증가하는데, 가격과 수요 사이의 이러한 반비례 관계를 '수요의 법칙'이라고 합니다. 가격과 수요가 반비례하는 이유는 크게 셋으로 분석할 수 있습니다. 바로 한계효용의 체감, 소득효과 그리고 대체효과 때문입니다.

한계효용의 체감

어떤 재화를 점점 더 많이 소비할수록 한 단위에서 얻는 효용이나 행복의 양은 이전 단위보다 줄어듭니다. 똑같이 사탕 한 개를 먹는다고 해도 처음 먹었을 때 가장 맛있고, 두 번째로 먹었을 때는 덜 맛있게 느껴지는 것처럼 말이지요.

인간은 한계효용이 한계비용과 같아질 때까지만 소비합니다. 즉 한계효용이 감소할수록 점점 소비하지 않으니 수요도 줄어드는 것이지요. 한계효용의 법칙 때문에 수요곡선은 점점 완만해지며 우하향하는 형태를 띠게 됩니다.

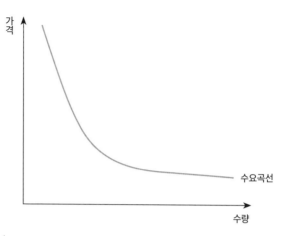

| 수요곡선 |

완전경쟁시장에서 가격이 상승할수록 수요가 감소하고, 가격이 하락할수록 수요가 증가하는 반비례 관계를 '수요의 법칙'이라고 한다.

소득효과

소득효과란 상품의 가격 변화로 인해 실질적인 구매력이 변하는 현상을 말합니다. 예를 들어 사과 가격이 개당 1,000원에서 500원으로 떨어지면, 같은 금액으로 두 배 많은 사과를 살 수 있게 됩니다. 이는 실질 소득이 증가한 것과 같은 효과를 내어 해당 상품의 수요를 증가시키게 되죠. 반대로 상품 가격이 오르면 실질 구매력이 감소하여 수요가 줄어들게 됩니다.

대체효과

대체효과는 평소 구매하던 상품이 비싸지거나 대체 상품의 가격이 저렴해지는 경우 그것을 선택하는 현상을 말합니다. 예를 들어 당신이 닭고기를 사러 마트에 갔는데 마침 소고기가 크게 할인해 더 저렴하다면 소고기를 구매하겠지요. 대체효과는 언제나 저렴해진 물건을 많이, 비싼 물건을 적게 사는 방향으로 작용합니다. 소득효과와 대체효과를 아울러 '가격효과'라고 합니다.

수요탄력성: 가격 변화에 대한 소비자의 반응

우리가 소비하는 다양한 상품과 서비스에 대해, 가격 변화에 민감하게 반응할 때도 있고 그렇지 않을 때도 있습니다. 경제학에서는 이처럼 가격 변화에 따른 수요의 변화 정도를 '수요탄력성'이라고 부릅니다.

수요가 탄력적이란 것은 가격 변화에 소비자들이 민감하게 반응한다는 뜻입니다. 보통 다음과 같은 경우에 수요가 탄력적입니다.

- 구매를 미룰 수 있는 경우
- 대체 상품이 많은 경우
- 소득에서 차지하는 비중이 큰 경우

의료 서비스를 예로 들어보겠습니다. 맹장 수술과 눈주름 제거술은 모두 의료 서비스지만, 수요탄력성에서 큰 차이를 보입니다. 맹장 수술은 응급 상황에서 이루어지고 의료보험이 적용되므로 가격에 덜 민감합니다. 반면 눈주름 제거술은 선택적 시술이고, 보톡스 등 대체 시술도 많으며, 개인이 전액을 부담해야 하므로 소비자들이 가격에 민감하게 반응합니다.

자동차 구매도 좋은 예시입니다. 비용이 크기 때문에 소비자들은 여러 매장을 돌아다니며 가격을 비교하고 할인 혜택을 꼼꼼히 살핍니다. 반면 응급실 방문과 같은 긴급 의료 서비스는 가격을 고려할 여유가 없죠. 이처럼 상품이나 서비스의 특성에 따라 수요탄력성은 크게 달라집니다.

생산자와 소비자의 줄다리기

공급량의 결정

#공급의법칙 #수요공급곡선 #균형상태의뜻

소비자가 재화나 서비스를 구매하려는 욕구를 수요라고 한다면 생산자가 일정 금액을 받고 교환하거나 판매하기 위해 시장에 재화나 서비스를 제공하는 일을 '공급Supply'이라고 합니다. 공급은 시장에서 형성되는 가격에 따라 생산자가 제품을 만들거나 판매할 의지와 능력이 어떻게 달라지는지를 잘 보여줍니다. 당신이 쿠키를 만들어 판매한다면 낮은 가격과 높은 가격 중 어느 쪽이 더 생산 의욕을 자극할까요? 당연히 높은 가격입니다. 애써 생산한 물건을 헐값에 판매하고 싶은 사람은 없을 테니까요(그랬다간 결국 파산하고 말 것입니다).

공급의 법칙에 따르면 상품의 가격이 높아질수록 생산자는 더 많이 공급하려고 합니다. 이렇게 가격과 공급량이 비례하는 이유는 생산량이 증가할수록 한계비용(단위당 생산 비용)도 낮출 수 있기 때문입니다. 시장에서 판매자(공급자)는 합리적으로 사익을 추구하는 개인이므로 비용을 감당할 수 있고 이익을 얻는 선에서만 재화와 서비스를 생산합니다.

공급탄력성: 가격 변화에 대한 생산자의 대응력

공급탄력성이란 가격 변화에 따라 생산자가 공급량을 얼마나 민감하게 조정하는지를 의미합니다. 공급탄력성의 핵심은 재화나 서비스를 생산하는 데 걸리는 비용과 시간입니다. 생산자가 가격 변동에 바로 대응할 수 있다면 공급탄력성은 상대적으로 높습니다. 그러나 생산자가 가격 변동에 대응하기 위해 오랜 시간이 필요하다면 공급탄력성이 낮다고 보지요.

두 가지 상품을 비교해보면 이해가 쉽습니다. 옥수수 토르티야의 경우, 원재료 확보가 쉽고 공장에서 즉시 대량 생산이 가능합니다. 따라서 시장 가격이 오르면 생산자는 신속하게 생산량을 늘릴 수 있죠. 이처럼 가격 변화에 빠르게 대응할 수 있는 상품은 공급탄력성이 높다고 합니다.

반면 와인, 특히 피노누아 와인은 상황이 다릅니다. 포도 재배에 긴 시간이 필요하고, 수확 후에도 와인 숙성이라는 과정을 거쳐야 합니다. 따라서 시장 가격이 올라도 생산자가 즉각적으로 공급량을 늘리기 어렵죠. 이처럼 생산 과정이 복잡하고 시간이 오래 걸리는 상품은 상대적으로 공급탄력성이 낮습니다.

가격이 정해지는 곳, 수요와 공급의 교차점

시장 가격은 수요와 공급이 만나는 지점에서 정해집니다. 중앙 정부나 시장을 지켜보는 계획자에 의해 의도적으로 가격이 형성되고 물자를 배급하는 것이 아니라 수요와 공급이라는 눈에 보이지 않는 소비자와 생산자의 욕구와 의도에 따라 가격이 정해지고 재화와 서비스가 분배됩니다. 쉽게 말해 효용을 극대화하려는 소비자와 이윤을 극대화하려는 생산자가 서로 겨루며 상품의 시장 가격이 결정되고 거래량도 정해지는 것이지요.

  가격은 시장 참여자 대다수에게 열려 있기에 효율적입니다. 초등학생 정도 된 아이에게 5,000원 지폐를 쥐여주고 사탕 가게에 보

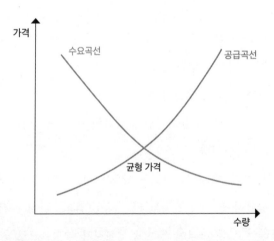

| 수요공급곡선 |

수요는 가격과 반비례하고 공급은 가격과 비례한다. 수요와 공급이 서로 맞닿는 교차점에서 균형 잡힌 가격이 정해진다.

내면 아이는 남의 도움 없이도 살 수 있는 물건을 알아냅니다. 가격이 명시되어 있기 때문이지요.

가격은 많은 정보를 담고 있습니다. 재화 가격을 보고 소비자는 구매 여부를, 생산자는 생산 여부를 결정합니다. 가격은 소비자와 생산자 둘 중 어느 편도 들지 않고 중립적이기에 공정합니다. 이렇게 해서 수요와 공급은 재화와 서비스를 효율적으로, 공정하게 배분합니다.

'균형 상태에 있다'의 의미

지금 형성된 가격에서 재화와 서비스의 수요와 공급이 균등하게 이루어져 넘치지도 부족하지도 않을 때의 상황을 두고 '시장 균형 상태에 있다'고 합니다. 이 조건이 충족될 때의 가격을 '균형 가격' 또는 '시장 청산 가격'이라고 하지요. 시장 균형은 소비자의 효용과 생산자의 이윤을 극대화하는 가장 바람직한 상태입니다.

그러나 시장은 균형 상태가 아닐 때가 더 많습니다. 때때로 시장 가격은 균형 가격보다 높아집니다. 이런 일이 발생하면 공급 과잉 상태가 되지요. 즉 생산자의 공급량이 소비자의 수요량보다 많아집니다. 백화점에서 스웨터가 수북하게 쌓인 할인 매대를 지나가며 '저걸 누가 다 사서 입을까?'라고 생각해본 적 있지요? 그런 생각을 하는 것은 당신만이 아닙니다. 이미 수많은 사람이 같은 생각을 하며 그 매대를 지나쳤지요. 이들이 그냥 지나친 이유는 소비자로서 스웨터의 비용이 그로 인해 얻을 수 있는 편익보다 높다, 즉 비싸다고 느꼈기 때문입니다. 재고 할인을 하는 이유는 스웨터의 가격을 낮추어 누군가 이를 구매하게 하고, 공급 과잉을 해소하기 위해서입니다.

한편 시장 가격이 너무 낮으면 공급 부족에 빠질 수 있습니다. 공급 부족은 수요량이 공급량을 넘어서는 상황을 뜻합니다. 시장이 공급 부족에 빠지면 소비자들은 경쟁적으로 물건을 구매합니다. 경쟁이 붙을수록 가격은 점점 올라가겠지요. 경매는 이런 현상을 이용해 가장 간절히 원하는 소비자가 최대의 값을 지불하고 물건을 얻게 합니다. 그 소비자가 가장 간절히 원했다는 것은 어떻게 알 수 있냐고요? 바로 제시한 금액으로 판단할 수 있지요. 이런 식으로, 가격은 대부분의 재화와 서비스를 소비자와 생산자의 욕구와 의도에 따라 공정하고 효율적으로 배분합니다.

마스크는 왜 품절되었을까

코로나 팬데믹과 공황 수요

#수요와공급   #기펜재   #사재기심리학

수요와 공급이 변하면 가격도 변화합니다. 가격이 변하면 생산자는 생산량을 늘리거나 줄이려고 하지요. 가격은 공급량에 영향을 주지만 공급 자체에는 영향을 미치지 않습니다. 예를 들어 커피 공급은 날씨, 지대, 경쟁 생산자, 사전 거래, 보조금, 수확량 등에 영향을 받지만 커피의 현재 가격에 영향을 받지는 않지요. 공급이란 생산자가 각각의 가격대에서 얼마만큼의 상품을 제공할 '의향'이 있는지를 보여주는 개념이기 때문입니다.

가격이 변하면 소비자들의 소비 패턴과 습관도 변합니다. 때때로 소비자들은 대체재, 보완재 등 다른 상품을 구매하기도 합니다. 필요한 물건이 감당하기 어려울 정도로 비싸져서 다른 것으로 대신하기 위해서지요. 이번 챕터에서는 수요와 공급을 변화시키는 요인과 그 결과를 살펴봅시다.

공급에 영향을 미치는 것들

공급은 자연, 투입 요소와 생산비, 경쟁자, 기대 가격, 연관재, 정부 정책, 기술 발전, 자본심화 등 다양한 요소에 영향을 받습니다. 커피 공급을 예시로 각 요소가 어떻게 작용하는지 살펴봅시다.

- **자연 환경**: 특히 농작물의 공급을 결정하는 데 결정적인 역할을 합니다. 강수량, 일조량, 기온을 비롯해 병충해까지 모든 것이 커피 수확에 영향을 주는 중요한 변수입니다.
- **투입 요소와 생산비**: 공급량을 직접적으로 결정합니다. 토지, 종자, 비료, 살충제, 수확 장비, 노동력, 보관 시설 등 다양한 투입 요소가 필요한데, 이러한 비용이 상승하면 농가의 생산 능력이 제한되어 공급이 감소합니다. 반대로 생산비가 하락하면 공급이 늘어납니다.
- **경쟁자**: 경쟁자가 많으면 공급이 증가하고 적으면 공급이 감소합니다. 커피의 인기가 높아지면서 많은 생산자가 커피 시장에 진입했습니다. 경쟁이 치열해지며 시장에 공급되는 커피의 양은 증가했지요.
- **기대 가격**: 가격 상승이 예상되면 공급이 감소하고 가격 하락이 예상되면 공급이 증가합니다. 생산자는 가격이 오를 것이라는 전망이 나오면 공급을 줄이려고 합니다. 가령 커피 가격이 더 오르면 판매하기 위해 생산을 중단할 수도 있지요. 그러나 가격이 떨어질 것이라는 전망이 나오면 생산

자는 당장 많이 판매하기 위해 공급을 늘립니다.

- **연관재**: 연관재란 서로 대용하거나 보완할 수 있는 재화를 가리킵니다. 연관재의 생산량과 이윤율도 상품의 공급에 영향을 줍니다. 예를 들어 커피와 카카오는 서로 비슷한 조건 하에서 잘 자라는데, 코코아를 재배하는 것이 커피 재배보다 이윤이 크다면 시간이 지날수록 카카오 농사로 옮겨가는 생산자가 많아지겠지요. 연관재에 대해서는 뒤에서 수요와 관련해 더 자세히 살펴보겠습니다.

- **정부 정책**: 정부는 커피 생산 농가에 과세를 하거나 보조금을 지급하는 등의 방식으로 규제합니다. 예를 들어 브라질 정부에서 커피 생산량을 줄여 삼림을 보호하고 싶다면 세금을 부과하면 됩니다. 그러면 농가에서 투입해야 할 생산비가 증가해 커피 공급이 감소할 것입니다. 반대로 정부가 커피 생산과 공급을 늘리고 싶다면 농가에 보조금을 주어 장려하면 됩니다.

- **기술 발전**: 기술의 혁신 덕분에 같은 비용으로 더 많은 커피를 생산할 수 있게 되었습니다. 자본과 기술의 변화에 따라 공급도 변하는 것이지요.

- **자본심화**: 노동자 1인당 자본량이 증가하면 기업의 생산량이 증가합니다. 이를 경제학 용어로 '자본심화Capital deepening'라고 합니다. 농가에서 자본심화가 진행되면 커피 공급이 증가합니다(자본심화는 4부에서 더 자세히 살펴보겠습니다).

수요가 늘어나는 이유

시간이 흐르면 재화와 서비스에 대한 소비자의 취향도 바뀌기 마련입니다. 사람들이 원하는 것이 달라지면 수요도 달라지지요. 수요가 달라지는 원인은 다양합니다. 어느 제품에서 문제가 발견되면 해당 제품을 기피하며 대안이 되는 다른 제품이 인기를 끌기도 하고, 입소문을 타고 수요가 급격히 늘기도 합니다. 오늘날에는 SNS의 파급력으로 인해 과거보다 사람들의 수요가 더 빠르게 변합니다. 가령 스타벅스에서 새로운 시즌 메뉴가 나오면 해당 메뉴에 대한 게시물과 광고가 폭발적으로 늘어나지요. 때로는 그저 소득이 줄었기 때문에 수요가 줄어들기도 합니다. 한 재화의 수요에 영향을 미치는 여러 원인을 살펴봅시다.

연관재의 가격

연관재는 공급뿐만 아니라 수요에도 영향을 미칩니다. 연관재는 흔히 보완재와 대체재로 나뉩니다. 보완재는 한 재화와 함께 수요가 증가하는 재화, 대체재는 한 재화를 대신할 수 있는 재화를 말합니다. 예를 들어 영화 티켓과 팝콘은 보완재입니다. 티켓값이 오르면 영화관에 가는 관객이 줄기 때문에 팝콘에 대한 수요도 함께 줄어듭니다. 반대로 티켓값이 내리면 다시 관객이 늘며 팝콘 수요도 늘어나겠지요.

비행기 항공권과 기차표는 대체재입니다. 항공권 가격이 내려가면 더 많은 사람들이 항공권을 끊을 테니 기차표를 구매하는 사람은 줄어들 것입니다. 반면 항공권 값이 오르면 사람들이 대체재인 기차를 이용하겠지요. 이처럼 어떤 재화와 그 대체재에 대한 수요 는 주로 반비례 관계를 보입니다.

정상재, 열등재, 기펜재

소비자의 소득에 변화가 생기면 수요도 함께 변화합니다. 소득 이 늘수록 수요도 비례해 증가하면 그 재화는 정상재입니다. 그러 나 소득이 늘수록 반대로 수요가 감소하면 그 재화는 열등재로 봅 니다. 가령 소비자의 소득이 증가했을 때 유기농 과일에 대한 수요 는 늘고 과일 통조림에 대한 수요는 줄었다면 유기농 과일을 정상

| 불황에도 수요가 느는 열등재, 기펜재 |

19세기 영국의 경제학자 로버트 기펜Robert Giffen은 아일랜드 대기근 당시 감자값이 올라도 소비가 줄지 않고 오히려 늘어나는 현상을 발견했다. 감자 아닌 다른 식재료의 값이 더 비 싸서 서민들은 어쩔 수 없이 감자값이 올라도 소비할 수밖에 없었던 것이다. 이처럼 열등 재이면서 수요의 법칙에 위배되는 특이한 재화를 그의 이름을 따 '기펜재'라고 한다.

재, 과일 통조림을 열등재라고 할 수 있겠지요.

열등재 가운데 가격이 상승함에도 불구하고 수요가 증가하는(앞에서 살펴봤듯이 일반적으로 가격과 수요는 반비례 관계를 형성하지요) 특이한 재화를 가리켜 '기펜재Giffen good'라고 합니다. 예를 들어 감자값이 지속적으로 올라도 가난한 사람은 감자보다 더 비싼 다른 식재료를 포기하고 어쩔 수 없이 감자를 소비할 수밖에 없지요. 보통 기펜재의 소비는 소득효과가 대체효과를 압도할 때 지속된다고 보며, 이는 특수한 상황에만 관찰할 수 있는 드문 경제 현상입니다.

구매자 수와 기대 가격

어떤 상품을 찾는 구매자 수가 많으면 수요가 증가하고 반대로 구매자 수가 적으면 수요가 감소합니다. 코로나19 팬데믹 기간에는 사회적 거리두기로 인해 여러 사람이 함께 이용하는 피트니스 센터를 방문하기 어려웠습니다. 이 기간에 집에서 운동하고자 하는 수요가 늘며 홈 트레이닝 기구 시장은 호황을 누렸지요. 그러나 팬데믹이 끝나고 사람들이 다시 피트니스 센터에 다닐 수 있게 되자 홈 트레이닝 기구에 대한 수요는 다시 크게 감소했습니다.

미래에 대한 긍정적인 전망, 즉 기대 가격과 가치의 상승도 재화와 서비스의 수요에 직접적인 영향을 미칩니다. 전문 투자자들이 미래에 어떤 회사의 주가가 상승할 것이라고 분석하고 발표하면 해당 회사의 주식에 대한 수요가 증가하지요. 마찬가지로 주가가 하락할 것이라는 예측이 많아지면 수요는 감소합니다.

공황 수요가 낳은 공급 부족

2020년, 코로나바이러스로 인한 봉쇄 기간에 심각한 물자 공급 부족 사태가 발생하자 생산자는 적절한 생산 원료를 구하지 못했고 이것이 소비자 수요를 충족하지 못하는 생필품 부족으로 이어졌습니다. 공포심이 확산되며 사재기도 여러 차례 있었고 바가지 가격이 판을 쳤지요. 공급 부족 문제는 더 극심해졌습니다.

'제로코로나'를 내세운 중국의 엄격한 봉쇄 조치로 전 세계에서 부품과 자재 생산이 중단되었고 공급망 곳곳에 지연이 발생했습니다. 팬데믹이 끝나고 모두가 일상으로 돌아간 뒤에도 미국의 제조업체들은 예전처럼 제품을 생산하지 못했습니다. 회복하는 데에 꽤 오랜 시간이 필요했지요.

코로나19 팬데믹 내내 특히 방호복이나 고글, 마스크 등 감염을 차단하는 개인 보호 장비, 인공호흡기, 의약품, 자동차 부품, 가전제품 등의 상품이 부족했습니다. 공황 수요Panic demand, 즉 물량이 부족하다는 두려움 때문에 소독제, 휴지, 기저귀 같은 생필품을 사재기하는 사람도 많았습니다. 이는 다시 물품 부족을 낳았고, 공급이 수요를 따라가지 못해 상당수 필수품의 가격이 올랐습니다.

이러한 사례는 글로벌 위기 상황에서 안정적인 공급망 구축과 효과적인 수요 관리의 중요성을 다시 한번 일깨워주었습니다.

회계학 VS 경제학

이윤을 따지는 서로 다른 관점

#수익성계산 #명시적이윤 #효율적선택

흔히 사람들은 경제학과 회계학을 같은 학문, 또는 유사한 분야로 착각하곤 하지만 둘은 엄연히 다릅니다. 경제학과 회계학의 주된 차이는 총비용과 이윤을 측정하는 방식에 있습니다. 회계에서 총비용이란 생산량과 관계없이 일정하게 나가는 고정비용과 생산량에 따라 달라지는 가변비용을 모두 합한 값, 즉 명시적 비용을 가리키지요. 예를 들어 당신이 세라믹 냄비 공장을 운영한다면 월세는 고정비용, 재료 구매비는 가변비용에 속합니다.

회계학에서 이윤이란 총수입에서 총비용을 뺀 것을 말합니다. 가령 당신이 사업을 해서 10억 원의 수입을 거두어들였는데 그중 8억 원이 월세나 인건비 등으로 나갔다면 이윤은 2억 원입니다. 이때 당신의 관심사는 수입을 극대화하고 생산비를 줄이는 방법입니다. 그래야 이윤이 늘어나기 때문이지요.

그러나 경제학에서 총비용은 명시적 비용뿐만 아니라 기회비용까지 모두 더한 값입니다. 기회비용은 암묵적 비용으로, 명시적 비용보다 정의하거나 정량화하기가 어렵습니다. 경제학에서 말하는 이윤은 총수입에서 '기회비용을 포함한' 총비용을 뺀 값입니다. 기회비용까지 고려해야 그 선택의 수익성 여부와 자원을 최적으로 활용했는지 명확히 알 수 있는 것이지요.

회계학과 경제학의 이윤은 다르다

한 달 급여가 500만 원인 교사가 있다고 해봅시다. 이 사람이 가르치는 일을 그만두고 디저트 카페를 차리려고 합니다. 목 좋은 자리를 알아보고, 카페 내부 인테리어를 마치고, 영업신고증까지 발급을 받았습니다. 초기 비용이 많이 들었지만 이는 차치하고 카페 월세와 재료비, 세금 등 첫 달 운영비로 200만 원을 지출했다고 합시다. 부지런히 영업을 해서 입소문을 탔고 손님도 많이 와서 첫 달 매출은 600만 원이었습니다.

이 사람의 이윤을 회계학과 경제학의 기준에서 각각 계산해봅시다. 우선, 회계상 이윤은 수입 600만 원에서 지출 200만 원을 뺀 400만 원입니다. 이렇게 몇 달간 더 일하면 이윤이 착실히 쌓일 테니 디저트 카페를 계속 운영해도 되겠지요. 그렇다면 경제적 이윤은 어떨까요? 총수입 600만 원에서 명시적 비용인 200만 원과 기회비용(교사 일을 그만두지 않았다면 받았을 급여) 500만 원을 더한

700만 원을 빼면, 오히려 100만 원 손해가 납니다. 즉 경제학적으로 봤을 때는 오히려 손실이 났지요.

이 예시에서는 교사로 일할 때의 월급이 정해져 있어 기회비용 계산이 비교적 쉽습니다. 그러나 기회비용은 명시적 비용만으로 따질 수 없습니다. 하나의 선택을 함으로써 포기하게 되는 다른 선택지를 가리키기에 정확히 측정하기가 거의 불가능하지요. 특히 교사로서 심리적 자부심이나 방학과 같은 복지는 금액으로 딱 떨어지지 않습니다. 바로 여기에서 경제학과 회계학의 차이가 드러납니다. 회계학이 숫자에 집중해 사업의 수익성을 분석하는 학문이라면 경제학은 그보다 훨씬 넓게, 개개인의 선택을 연구해 행복하고 만족스러운 삶을 추구하는 방법을 연구합니다.

한 걸음 더

수입과 이윤

간혹 수입과 이윤 개념을 혼동하는 사람이 있습니다. 수입이란 한 개인이나 기업이 벌어들이는 모든 소득을 말합니다. 한 제품을 단일한 가격에 파는 회사가 있다면 수입은 판매량에 가격을 곱한 값입니다. 예를 들어 농구공만 만들어 판매하는 공장에서 1년에 1만 개의 공을 생산하고 개당 3만 원에 판매한다면, 총수입은 1만 곱하기 3만, 즉 3억 원이 되겠지요. 여기에 공장 월세, 사람을 고용해 공장을 가동하는 인건비, 재료비 등으로 총 1억이 들어갔다고 합시다. 이 공장이 1년간 얻은 이윤은 3억에서 1억을 제외한 2억 원입니다.
"수입 - 비용 = 이윤"이라는 공식을 기억하세요.

경제학에서 '효율성'을 판단하는 기준

한 산업의 경제적 이윤은 다른 산업에 영향을 미칩니다. 한 산업에 사용되던 토지, 노동, 자본, 기업가 정신 등이 경제적으로 수익성이 높은 다른 산업으로 이어지거나 옮겨갈 수 있기 때문입니다.

'경제적 이윤'은 자원이 가장 효율적으로 사용될 수 있도록 분배하는 중요한 기준이 되어줍니다. 장기적으로 경쟁은 경제적 이윤을 제거하지요. 사실 논리적으로 보면 산업은 경제적 이윤이 0에 수렴할 때 가장 효율적입니다. 경제적으로 이익도 손해도 없이 유지되는 상태라면 어느 기업도 그 시장에 진입하려 하지 않을 것입니다. 그 시장에 있는 기업도 현상을 유지할 수 있으므로 이탈하지 않겠지요.

예를 들어, 교사가 운영하는 디저트 카페에서 발생하는 100만 원의 경제적 손실은 그의 지식과 기술이 교육 분야에서 더 가치 있게 활용될 수 있다는 신호입니다. 반면, 뛰어난 디저트 개발 능력을 가진 사람이라면 카페 운영이 그의 재능을 가장 효율적으로 활용하는 방법일 것입니다. 이처럼 경제적 이윤은 개인의 능력과 자원이 가장 효율적으로 활용될 수 있는 방향을 제시합니다.

최적의 생산량을 계산하는 법

장기와 단기의 생산함수

#생산량결정　#비용의종류　#감가상각법칙

기업은 분기별로 시장 상황을 분석하고 생산과 공급에 관한 중요한 결정을 내립니다. 온갖 전문가가 모인 기업에서도 최선의 선택을 하기란 쉬운 일이 아닙니다. 차茶 가격이 오르면 티백 상품의 수요가 감소할 수 있으니 차 회사 입장에서 생산라인 인원을 감축하는 것이 좋을까요? 지난달에 갑자기 태블릿 PC 주문이 크게 늘었다면 전자기기 회사들은 미래의 대량 주문에 대비해 생산 설비를 늘려야 할까요, 아니면 그저 일시적인 현상으로 판단하고 넘겨야 할까요?

　미시경제학과 거시경제학 모두 단기의 생산 결정과 장기의 생산 결정을 구분합니다. 이 구분은 실제 기간보다는 기업에서 주어진 기간 내에 투입 요소에 얼마나 크게 변화를 줄 수 있는지에 달려 있습니다.

단기와 장기에 따른 생산량의 변화

'단기Short-run'란 기업이 생산에 투입하는 요소 중 일부만을 바꿀 수 있는 기간입니다. 모든 요소를 바꾸기엔 너무 짧기 때문이지요. 기업은 단기간에도 노동력이나 자원 투입을 최적화해 이윤을 극대화하려고 합니다. 보통 단기에는 노동력을 줄이거나 늘립니다. 반면 '장기Long-run'는 기업이 생산에 투입하는 모든 요소를 바꿀 수 있는 기간입니다. 단기보다 장기에 큰 변화를 줄 수 있습니다.

당신이 식당을 운영한다고 해봅시다. 단기에 생산 수준을 조정하기 위해서는 직원 수를 늘리거나 줄일 수 있습니다. 연말연시에 손님이 늘면 직원을 새로 뽑아 더 많이 배치했다가, 새해가 지나 손님이 줄고 한가해지면 계약직 직원은 내보내는 것이지요. 이런 변화가 모두 단기에 진행됩니다.

장기에는 좀 더 큰 변화를 도모할 수 있습니다. 주방을 넓혀 새로운 냉장고나 조리대를 마련하고 신메뉴도 개발할 수 있으며, 잠시 문을 닫고 테이블과 의자, 벽지 등 식당 내부 인테리어를 바꿀 수도 있지요. 즉 영업이 잘되면 단기에는 직원을 늘릴 수 있지만 장기에는 사업을 확장할 수 있습니다.

생산함수

기업의 단기 생산 결정은 '생산함수'를 토대로 합니다. 생산함수란 기업이 생산 요소의 투입에 변화를 주었을 때 생산량이 어떻게 변하는지를 보여주는 함수를 말합니다. '한계생산'이란 노동이나 자원 등 생산 요소를 한 단위 늘릴 때마다 늘어나는 생산량을 가리키지요. 즉, 생산함수는 한계생산을 분석하는 함수입니다. 생산은 기업의 한계생산이 변화하는 양상에 따라 세 단계로 나뉩니다.

- **1단계는 수확체증의 단계입니다.** 생산 요소를 추가 투입할수록 생산량이 급격히 증가하는 시기로, 주로 사업 초기에 나타납니다. 이 단계에서는 생산 요소가 효율적으로 활용되어 생산량 증가에 따라 평균 생산비는 감소하고 한계생산은 증가합니다. 예를 들어 양초 공장에서 첫 번째 노동자가 하루 평균 10개를 생산할 때, 두 번째 노동자 고용으로 각각 15개씩 생산하게 되는 경우가 이에 해당합니다.

- **2단계는 수확체감의 단계입니다.** 생산 요소 추가 투입으로 생산량은 계속 증가하지만, 그 증가 속도는 점차 둔화됩니다. 평균 생산비는 여전히 감소하나 그 폭이 1단계보다 작아져 효율성이 저하됩니다. 양초 공장에서 100번째 직원을 고용했을 때 총생산량은 늘지만, 90번째 직원 고용 시보다 증가폭이 작아지는 상황이 여기에 속합니다.

- **3단계는 한계생산 감소 단계입니다.** 생산 요소를 추가로 투입하면 오히려 생산량이 감소하고 평균 생산비가 상승하여 전반적인 효율성이 떨어집니다. 이 단계에서는 생산 요소 투입을 줄이는 것이 바람직합니다. 중간 관리자가 과다한 대기업에서 인원 감축을 단행하는 경우가 대표적인 예시입니다.

수입을 극대화하는 방법

기업은 수입을 늘리고 비용을 줄여 가능한 한 많은 이윤을 얻으려고 합니다. 그러나 경쟁이 치열한 시장에서 어떻게 수입을 극대화할 수 있을까요? 기업들은 끊임없이 경쟁합니다. A마트에서 두루마리 화장지 30개 묶음을 2만 원에 팔고 있다면, 경쟁사인 B마트에서도 같은 두루마리 화장지 묶음을 비슷한 값에 팔아야 합니다. 즉이들 마트에는 가격 결정력이 없습니다. 하지만 비용을 통제할 능력은 있으므로 이윤 극대화를 위해 화장지 업체로부터 가능한 한 낮은 비용에 공급을 받고자 하겠지요.

이러한 경제적 메커니즘은 개인의 재무 관리에도 동일하게 적용됩니다. 대다수 직장인은 고정된 급여 체계 안에서 수입이 결정되며, 이는 마치 기업이 시장 가격을 받아들여야 하는 것과 유사합니다. 더 높은 소득을 위해서는 탁월한 업무 성과나 전략적 이직이 필요하지만, 이는 단기간에 실현하기 어려운 목표입니다.

따라서 기업과 개인 모두 통제 가능한 영역에서의 비용 최적화가 핵심 전략이 됩니다. 기업은 공급망 효율화, 운영 비용 절감, 프로세스 개선을 통해, 개인은 일상적 소비 패턴의 합리화를 통해 실질적 수익을 극대화합니다. 이는 현대 경제에서 기업과 개인이 공통적으로 직면하는 경제적 도전과 그 해결 방식을 보여주는 전형적인 사례입니다. 이러한 접근은 단순한 비용 절감을 넘어, 장기적 관점에서 지속가능한 성과 창출을 위한 체계적 전략의 중요성을 시사합니다.

감가상각의 법칙

기업이 건물, 기계, 차량 등 특정 자산을 매입해 사용하면 그 자산은 시간이 지나면서 점점 낡아 가치가 감소합니다. 이렇게 시간 경과에 따라 자산 가치가 감소하는 것을 경제학 용어로 '감가상각'이라고 합니다. 감가상각은 자산의 경제적 수명과 잔존 가치를 종합적으로 따져 계산하지요.

감가상각을 고려하는 이유는 자산의 실질적인 가치를 회계에 반영하기 위해서입니다. 다만 토지는 시간이 지날수록 좁아지거나 닳지 않아 영구적으로 이용 가능한 자산이기에 감가상각을 적용하지 않습니다. 또한 건설 중인 자산도 추후 완공되면 가치가 상승하기 때문에 감가상각을 적용하지 않습니다.

직접비용과 간접비용, 가변비용과 고정비용

경제학에서는 물건 생산 과정에 발생하는 비용을 성격과 특징에 따라 분류합니다. 각 용어의 정확한 정의를 알아둡시다.

- **직접비용**: 제품 생산에 직접적으로 기인하는 비용을 말합니다. 농구공 공장에서는 농구공 원자재비, 공장 노동자 인건비 등이 직접비용입니다.
- **간접비용**: 제품의 생산과 직접적인 관련이 없는 여러 경비를 가리킵니다. 농구공 공장에서 매달 지불하는 공장 임대

료, 수도세와 전기세 등 각종 세금이 간접비용입니다.

- **가변비용**: 기업의 생산량 변화에 따라 함께 변하는 비용을 말합니다. 일반적으로 생산량을 줄이면 가변비용도 줄어듭니다. 가변비용의 대표적 예로 원재료 구입비가 있습니다.
- **고정비용**: 가변비와 반대로 생산량 변동에 관계없이 고정적으로 지출하는 비용입니다. 기업에서 건물이나 기계 등 기존 시설을 유지하기 위해 매달 들어가는 비용이 여기에 속합니다. 공장 임대료가 대표적인 고정비용이지요.
- **총비용**: 고정비용과 가변비용을 합한 값입니다. 수입에서 총비용을 뺀 값을 가리켜 그 기업의 이윤이라고 합니다.

앞에서 임대료 등 고정비용은 변하지 않는다고 설명했지만, 장기로 갈수록 모든 비용은 변하기 마련입니다. 시간이 흐르면 기업은 상황에 따라 자본을 늘리거나 줄이고, 건물주와 임대료를 재협상하며, 직원들의 임금을 조정하지요. 즉 장기로 갈수록 고정비용과 가변비용의 구분은 사라지기 마련입니다.

한계비용과 이윤 극대화

한계비용은 생산량을 한 단위 증가시킬 때 발생하는 추가 비용을 의미하며, 이는 경제학의 핵심 연구 주제입니다. 기업이 제품을 추가로 생산할 때마다 원자재, 노동력 등의 가변비용이 증가하므로 총비용과 한계비용도 함께 상승합니다. 예를 들어 맥도날드에서 빅맥 세트를 추가로 생산할 때마다 재료비와 인건비가 추가로 발생합니다.

기업이 이윤을 극대화하기 위해서는 한계수입이 한계비용과 같거나 더 큰 수준에서 생산량을 결정해야 합니다. 즉 추가 생산에 따른 비용 증가분이 추가 수입과 일치하는 지점까지 생산을 확대하는 것이 최적의 전략입니다.

구체적인 예시를 들어보면, 빅맥 세트 한 개를 추가 생산하는 데 드는 비용이 5,000원이고 판매 가격도 5,000원이라면, 이는 한계비용과 한계수입이 일치하는 균형점입니다. 반면 추가 생산 비용이 5,000원인데 판매 수입이 3,000원이라면 손실이 발생하므로 경제적으로 비효율적입니다. 이런 상황에서 기업은 가격 인상이나 생산 중단과 같은 전략적 의사 결정을 내리게 됩니다.

이처럼 한계비용 분석은 기업의 생산량 결정과 가격 책정에 있어 핵심적인 경제적 지표로 활용되며, 이를 통해 기업은 최적의 생산 전략을 수립할 수 있습니다.

가장 이상적인 시장

완전경쟁이라는 롤모델

#효율성의조건 #시장의원리 #소비자의이익

텔레비전으로 저녁 뉴스를 보는데 경제 전문 기자가 이렇게 말합니다. "유가가 오르면 수요가 줄어듭니다." 과연 맞는 말일까요?

상황에 따라 맞을 수도, 틀릴 수도 있습니다. 공영방송 뉴스나 대형 일간지 등 공신력 있는 매체에서 경제 용어를 사용하면 모두 맞는 말처럼 들리지만, 이로 인해 잘못된 경제 개념이 퍼지는 경우도 있습니다.

경제학을 제대로 이해하기 위해서는 수요와 공급을 비롯해 시장이 작동하는 원리를 반드시 이해하고 넘어가야 합니다. 누구나 한 번쯤 들어봤을 법한 개념들이지만 복잡한 경제 논쟁의 소재가 되기도 하고, 자칫 잘못 이해하기 쉬운 주제이지요. 이번 장에서는 수요와 공급 법칙의 기반이 되는 '완전경쟁시장' 개념과 작동 원리를 알아봅시다.

완전경쟁시장의 이상과 현실

수요와 공급에 따른 가격 변동을 이해하기 위해 우선 '시장'의 개념을 짚고 넘어갑시다. 시장이란 구매자와 판매자가 모이는 공간을 말합니다. 시장이 꼭 물리적인 공간일 필요는 없지요. 실제 장소뿐만 아니라 우편, 인터넷 등 구매자와 판매자가 서로 교류하면 언제 어디서든 시장이 형성됩니다.

경제학에서는 시장이 효율적으로 기능하기 위해 몇몇 조건을 충족해야 한다고 봅니다. 일반적으로 '다수의 생산자와 소비자'가 이익에 따라 독립적으로 경쟁하고, 거래 대상에 대한 '완벽한 정보'에 접근할 수 있으며, '자유롭게 진입하거나 이탈할 수 있다'는 조건하에서 시장이 잘 작동하지요.

시장 참여자가 다수라면 한 명의 생산자나 소비자가 가격과 거래량에 크게 영향력을 행사하지 못합니다. 다른 생산자 또는 소비자와 경쟁해야 하기 때문이지요. 그러나 생산자나 소비자가 하나뿐이라면 가격에 상당한 영향력을 행사할 수 있습니다. 예를 들어 미국의 대형 할인점인 월마트는 여러 공급업체에 대한 수요독점력을 가지고 있습니다. 월마트가 이들 공급업체의 유일한 납품 업체이므로 가격을 마음대로 정할 수 있는 것이지요. 월마트 입장에서는 공급업체에서 가격을 맞춰주지 않으면 구매하지 않겠다고 해버리면 그만입니다. 실제 시장에서는 어떤 생산자나 소비자도 이런 영향력을 행사하지 못합니다.

완벽한 정보란 소비자와 생산자 모두 생산 비용이 얼마인지 알 수 있고, 제품에 대해 충분히 이해하며, 한 곳에서 싸게 사서 다른 곳에서 비싸게 되파는 차익거래의 기회가 없는 상황을 가리킵니다. 자동차 시장을 떠올려봅시다. 생산자와 판매자는 차량 비용과 사양에 대해 상당히 많은 정보를 가지고 있지만 소비자는 제한된 정보를 놓고 구매 여부를 결정할 수밖에 없습니다. 차를 만드는 데 정확히 어느 정도의 비용이 들어갔는지, 차량의 상태나 품질은 어떤지 잘 모르지요.

자유로운 진입과 이탈은 다수의 생산자와 소비자가 참여하게 해 시장 효율성을 높입니다. 간혹 자격을 갖춘 사람만이 판매할 수 있는 상품이 있습니다. 예를 들어 보험을 설계하고 판매하기 위해서는 자격이 필요합니다. 이런 경우 잠재적 판매자의 수가 제한되므로 시장에 진입장벽이 생겨 경쟁이 줄고 가격이 상대적으로 오르기도 하지요.

시장의 숨겨진 나비효과

어느 한 상품의 시장에 변화가 생기면 다른 상품 시장에도 변화가 생깁니다. 시장을 규제하거나 구조에 변화를 줄 때는 이런 흐름을 반드시 고려해야 합니다. 그렇지 않으면 예측 못한 부작용이 발생하기 때문입니다.

예시로 휘발유 가격이 어떻게 전 세계 농작물 시장에 영향을 미치는지 살펴봅시다. 유가가 인상되면 기름값이 부담스러운 운전자

| 유가가 쌀값에 미치는 영향 |

다양한 상품과 재화는 서로 영향을 주고받기에 한 시장의 수요 변화가 다른 시장에도 영향을 미친다. 기름값이 오르면 이를 대체할 바이오에탄올의 수요가 늘고, 바이오에탄올 수요가 늘면 옥수수 수요도 늘어난다. 수요에 맞춰 농가들이 옥수수 생산량을 늘리면 상대적으로 밀 공급이 줄어 대체재인 쌀값이 오를 수 있다.

들은 대체 연료를 찾게 됩니다. 대체 연료로 많이 쓰이는 것은 '바이오에탄올'이지요. 바이오에탄올의 대표 원료는 우리가 흔히 식재료로 소비하는 옥수수입니다. 바이오에탄올에 대한 수요가 늘면 농가들은 바이오에탄올의 원료인 옥수수를 더 많이 생산합니다. 국가에서는 휘발유 가격에 대응하기 위해 사람들에게 대체 연료 사용을 권하고 옥수수 농가에 보조금을 지급하겠지요. 그렇게 되면 보조금을 받기 위해 밀을 재배하던 농가도 옥수수를 재배하기 시작합니다. 결국 밀의 공급이 줄고, 대체 작물인 쌀의 수요가 늘며 가격도 오르게 됩니다. 시장은 이런 식으로 서로 영향을 주고받습니다. 처음 휘발유 가격이 상승했을 때는 아무도 옥수수와 쌀값까지 영향을 미칠 것이라 예측하지 못했지만, 의도하지 않은 결과가 발생하는 것이지요.

이상적 경제의 모델, 완전경쟁시장

학창 시절, 처음 원자를 배우던 과학 시간을 떠올려봅시다. 선생님이 칠판에 태양계와 비슷한 무언가를 그렸을 겁니다. 중앙에 태양과 같은 큰 핵이 있고, 그 주위를 작은 전자가 도는 원자 구조 모형이지요. 조금만 더 공부하면 모든 원자가 그림과 똑같이 생기지는 않았다는 사실을 알게 되지만, 칠판에 그려진 단순한 모형은 원자라는 아주 작은 세계를 이해하는 데 도움이 됩니다. 경제학에서 시장을 연구할 때도 마찬가지입니다. 다소 비현실적이고 불가능해 보이는 '완전경쟁' 모델을 알면 현실 세계의 조건을 이해하는 데에 도움이 되지요.

앞에서 시장이 효율적으로 작동하기 위해서는 다수의 구매자와 판매자, 거래 대상에 대한 완벽한 정보, 자유로운 시장 진입과 이탈이라는 조건이 모두 충족되어야 한다고 했습니다. 여기에 모든 기업이 대체 가능한 제품을 생산한다는 조건을 추가하면 완전경쟁시장이 탄생합니다.

대체 가능한 제품이란 각 기업에서 만든 생산품에 실질적인 차이가 없다는 뜻입니다. 모든 기업이 비슷한 수준의 제품을 만들어 판매하는 것이지요. 밀, 옥수수 등 시리얼에 들어가는 곡물을 떠올려보세요. 한 농부가 재배한 밀은 다른 농부가 재배한 밀과 크게 차이가 없습니다.

경제학적 관점에서 완전경쟁시장은 생산자와 소비자가 시장의 가격 결정에 아무런 영향을 미칠 수 없어 효율성이 극대화되고, 경제적 잉여가 최대인 이상적인 상태입니다. 자원의 배분이 최적화되어 사회 전체가 두루 이익을 볼 수 있고, 특히 소비자가 저렴한 가격에 품질 높은 상품을 구매할 수 있는 시장이지요. 하지만 현실에서 완전경쟁시장을 형성하기는 불가능에 가깝습니다. 사람에 따라 접근할 수 있는 정보의 수준이 다르고, 기업들이 저마다 개성 있고 차별화된 제품들을 내놓고 있기 때문이지요.

스타벅스는 왜 값을 자주 올릴까

독점적 경쟁의 약점

#불완전경쟁 #독점적경쟁 #트러스트기업

'완전경쟁시장'은 근대 경제학에서 보는 이상적인 모델입니다. 특정 경제 주체가 단독으로 가격을 움직일 수 없을 만큼 생산자와 소비자가 많고, 각자가 시장에 대해 완벽한 지식을 지니고 자유롭게 거래할 수 있는 상태를 상상해보세요. 모든 제품을 분석하고 비교해 현명한 소비를 할 수 있을 것 같은 자신감이 솟지 않나요?

그러나 완전경쟁은 유니콘과 용이 나오는 동화 속 세상처럼 비현실적이고 실존할 수 없는 허상에 가깝습니다. 이론적으로만 가능한 완벽한 상황이지요. 경제학자는 사람들의 행동에 따라 어떤 일이 발생하는지 설명하기 위해 완전경쟁이라는 비현실적인 모형을 고안해냈을 뿐입니다. 이어지는 내용에서는 단기와 장기에서 나타나는 완전경쟁의 특성과, 보다 현실에 가까운 독점적 경쟁의 개념을 살펴보겠습니다.

시간에 따른 완전경쟁의 변화

공정한 경쟁의 장은 어떻게 형성될까요? 완전경쟁시장의 조건을 다시 한번 확실히 정리하고 넘어갑시다.

- 소비자와 생산자는 상품과 시장에 대한 완벽한 정보에 접근할 수 있으며 합리적인 결정을 내립니다.
- 기업들은 아무런 장벽 없이 자유롭게 시장에 진입하고 이탈할 수 있습니다.
- 모든 생산자는 동일한 생산 요소를 사용해 유사한 생산품 또는 제품을 생산합니다.
- 많은 생산자가 같은 영역에서 경쟁하기에 어떤 생산자도 가격 결정력이 없습니다. 즉 가격을 좌우하는 거대하고 지배적인 독점 기업은 존재하지 않습니다.

완전경쟁시장이란 단어 그대로 모든 생산자가 어떤 유리한 점이나 불리한 점도 없이 완전히 공정하게 겨루는 시장을 말합니다. 경제학적으로 완전경쟁이 실현되면 개별 기업이 아니라 산업 현장과 시장에서 가격이 정해지고, 수요는 굉장히 탄력적으로 변합니다.

단기의 완전경쟁

기업은 단기간에 새로운 시장에 진입하거나 기존 시장에서 이탈하기 어렵습니다. 단기란 생산의 3요소 중 고작 노동만 변화시킬 수 있을 정도의 짧은 기간이기 때문이지요. 즉 기업은 수요가 급감해도 재빨리 고정비용을 줄이지 못하고, 수요가 급증해도 빠르게 생산량을 늘리기 어렵습니다. 단기에 기업들은 전체 시장의 수요와 공급이 변동함에 따라 경제적 이윤이나 손실을 겪게 됩니다.

글로벌 커피 시장의 사례로 단기 시장 변동을 살펴보겠습니다. 브라질에서 예상치 못한 한파로 아라비카 커피 작황이 매우 부진하다고 가정해봅시다. 세계 최대 생산국의 공급 충격으로 국제 커피 가격이 급등하면서, 완전경쟁시장의 소규모 스페셜티 커피 로스터리들은 단기적으로 높은 경제적 이윤을 얻을 수 있습니다.

그러나 6개월 후 베트남과 콜롬비아의 풍작으로 상황이 반전됩니다. 공급 과잉으로 인한 가격 폭락은 로스터리들의 수입을 급감시키고, 고가에 확보한 원두 재고와 고정 운영비로 인해 상당한 단기 손실이 발생합니다. 이처럼 완전경쟁시장에서는 외부 충격에 대한 기업의 단기 대응이 제한적일 수밖에 없습니다.

장기의 완전경쟁

장기에서는 기업의 시장 진입과 퇴출이 자유롭게 이루어집니다. 앞서 살펴본 글로벌 커피 시장의 예시를 확장해보면, 브라질의 한파로 인한 고가격 국면에서 발생한 경제적 이윤은 새로운 로스터리들의 시장 진입을 유도합니다. 이러한 신규 진입이 증가할수록 경쟁이 심화되고 공급이 늘어나면서, 결과적으로 균형 가격과 경제적 이윤은 점차 감소합니다.

반대로 베트남과 콜롬비아의 공급 과잉으로 인한 가격 폭락 국면에서는, 수익성 악화를 견디지 못한 일부 로스터리들이 시장에서 퇴출됩니다. 이는 과도한 경쟁을 완화하고 공급을 감소시켜 시장 가격을 점진적으로 정상화시킵니다. 결과적으로 커피 로스팅 산업은 경제적 이윤이 0인 장기 균형 상태에 도달하며, 최적의 기업 수와 경쟁 구조가 확립됩니다.

불완전경쟁의 세 형태: 독점적 경쟁, 과점, 독점

현실에 완전경쟁은 존재하지 않습니다. 완전경쟁의 조건을 모두 갖춘 산업은 찾기 어렵습니다. 그럼에도 경제학자들이 완전경쟁시장을 끊임없이 연구하는 이유는 현실에 존재하는 시장 구조와 비교할 수 있는 하나의 예시이자 적절한 기준점이기 때문입니다.

대부분의 기업은 시장에 진입할 때 비용 문제 또는 정부 정책(규제나 세금 등)이라는 진입장벽을 마주합니다. 또한 많은 기업이 거액을 투자해 경쟁사와 차별화된 상품을 개발하므로 동일한 제품으로 경쟁하는 경우는 드뭅니다. 차별화된 제품을 갖춘 기업은 어느 정도 가격에 영향력을 행사할 수 있지요. 게다가 미국처럼 시장이 발전한 국가에서는 개별 기업의 규모가 크고 수가 많아 독자적으로 행동하기 어렵습니다. 마지막으로 모두가 평등한 정보 접근성을 누리지 못하므로 완벽한 정보라는 조건도 맞추기 어렵습니다. 결국 현실 세계에서 완전경쟁은 불가능하고, 시장은 불완전경쟁 속에 굴러가는 것입니다.

경제학에서는 경쟁 수준에 따라 시장을 분류합니다. 시장 스펙트럼의 한쪽 끝에는 허구적이기는 하지만 완전경쟁시장이 있습니다. 반대쪽 끝에는 독점이 있지요. 그 중간에 우리에게 아주 익숙한, 현실에서 마주하는 시장 구조가 있습니다. 바로 '독점적 경쟁'과 '과점' 그리고 '독점'입니다.

한 걸음 더

기업들의 독점적 결합, 트러스트

경제사를 살펴보면 처음에는 치열한 경쟁으로 시작해 시간이 흐를수록 독점 형태로 흘러가는 산업이 종종 보입니다.

19세기 말 미국에서는 '트러스트Trust'라는 특수한 기업 형태가 등장했습니다. 트러스트란 같은 분야의 기업들이 독점적으로 결합하는 것으로, 흔히 말하는 '카르텔'보다 강력한 협력체이자 한 산업을 휘어잡는 지배적인 경제 주체로 기능했지요.

카르텔이 기업끼리 맺은 '연합'이라면 트러스트는 '병합'에 가까웠습니다. 심지어 당시 사회 일각에서는 파괴적인 경쟁의 종식을 요구하며 트러스트라는 새로운 기업 형태를 지지하기도 했습니다. 그러나 1890년 셔먼 반독점법이 제정되며 트러스트는 점차 사라졌습니다.

독점적 경쟁과 스타벅스의 가격 전략

독점적 경쟁은 완전경쟁과 독점의 중간 형태로, 다수의 기업이 차별화된 제품으로 경쟁하는 시장 구조입니다. 이러한 시장에서 기업들은 제품의 고유한 특성을 강조하여 소비자를 유인합니다.

카페 산업이 대표적인 예시인데, 특히 스타벅스는 이러한 차별화 전략을 통해 빈번한 가격 인상에도 강력한 시장 지위를 유지하고 있습니다.

스타벅스는 단순한 커피 판매를 넘어 '제3의 공간'이라는 독특한 가치를 제공합니다. 고급스러운 매장 인테리어, 일관된 서비스 품질, 시즌별 특별 메뉴 등을 통해 프리미엄 브랜드 이미지를 구축하고 이를 바탕으로 경쟁사 대비 높은 가격 정책을 실현하고 있습니다. 비교적 잦은 가격 인상도 모두 확실한 브랜드 파워가 있기에 가능한 현상입니다.

그러나 이러한 차별화 전략은 상당한 비용을 수반합니다. 기업들은 브랜드 이미지 강화를 위해 막대한 광고비를 지출하며, 이는 생산에 투입될 수 있는 자원을 감소시킵니다. 더구나 장기적으로는 경쟁 심화로 인해 이윤이 감소하는 경향을 보입니다. 스타벅스의 경우에도 새로운 프리미엄 커피 체인들의 등장으로 지속적인 차별화와 가격 조정이 필요한 상황에 직면해 있습니다.

결과적으로 독점적 경쟁 시장에서는 초기의 높은 수익성이 장기적으로는 경쟁 심화로 인해 감소하며, 기업들은 과잉 설비와 높은 생산비용이라는 도전에 직면하게 됩니다. 스타벅스의 가격 인상은 이러한 시장 구조 속에서 수익성을 유지하기 위한 전략적 선택으로 볼 수 있습니다.

넷플릭스는 어떻게
OTT시장을 점유했나

과점 시장의 명과 암

#소수의지배자 #가격결정력 #시장집중도

우리가 아는 많은 기업이 완전경쟁은 물론이고 독점적 경쟁조차 하지 않습니다. 자동차 제조사, 항공사, 통신사, 방송사, 할인 소매업체, 식품 생산업체 등 많은 기업이 독점적 경쟁이 아니라 독점이나 과점, 즉 생산자가 소수인 시장에서 최소한의 경쟁만을 하고 있습니다. 이러한 독과점 시장은 왜 그리고 어떻게 형성될까요?

지역 차원에서 보면 사람들이 이용하는 공공서비스 중 상당수가 독점 기업에 의해 운영되고 있습니다. 과점과 독점은 생각보다 흔한 시장 구조입니다. 앞에서 불완전경쟁의 한 형태로 독점적 경쟁을 살펴봤다면, 이번에는 과점을 살펴볼 차례입니다. 현실에서 경제가 어떻게 작동하는지 파악하기 위해서는 다양한 시장 형태와 구조를 충분히 알고 있어야 합니다.

소수의 거인이 지배하는 시장, 과점

과점이란 소수의 대형 생산자가 시장을 지배하는 형태를 뜻합니다. 그렇기 때문에 생산자가 상당한 가격 결정력을 지닙니다. 또한 과점 시장은 기업의 규모가 크고, 이로 인해 진입장벽이 높다는 특징이 있습니다. 과점 시장에서 재화와 서비스는 대체적으로 유사하나 경우에 따라 조금씩 차별화되기도 합니다.

과점은 한때 경쟁적이던 시장이 발전하면서 등장하기도 합니다. 독점적 경쟁이 지속되며 기업이 성장해 다른 기업과 합병할수록 소수의 기업만 살아남겠지요. 과점은 활발한 시장 경쟁을 유지하려는 정부와 규제 기관에게 골칫거리이자 우려의 대상입니다.

허핀달-허쉬만지수

서로 경쟁하던 기업들이 합병되어 소수가 지배하는 과점 시장으로 나아가는 것이 왜 문제가 될까요?

경쟁이 감소하면 여러 부작용이 생기기 때문입니다. 어떤 산업이 과점 형태로 변화하면 시장 가격이 상승하고, 사회에 유익한 생산과 배분의 효율성이 사라집니다. 이런 시장에서는 소비자가 생산자를 불신하고 부정적으로 생각하기 마련입니다.

경제학자들은 시장이 과점 상태인지 판단하기 위해 허핀달-허쉬만지수HHI, Herfindahl-Hirschman Index를 계산합니다. 이는 한 산업에서의 시장 집중도를 측정하는 지표로, 시장을 형성하고 있는 개별 기업 시장 점유율의 제곱끼리 더해 측정합니다. 그 값이 클수록 해당 산업의 시장 집중도가 높다는 뜻이지요. HHI가 낮으면 경쟁 시장, 높으면 과점 시장이라고 볼 수 있습니다. 미국 연방거래위원회와 법무부는 HHI를 기준점으로 삼아 동일 산업 내 기업의 합병을 승인할지 여부를 판단하기도 합니다.

시장 점유율

규제 기관과 경제학자들은 시장이 과점 상태인지를 시장 점유율로 판단하기도 합니다. 소수 기업의 시장 점유율이 높아지면 시장 집중도도 올라가기 때문이지요. 예를 들어 넷플릭스와 아마존프라임 등 동영상 스트리밍 서비스OTT 분야의 상위 4대 기업에서 전체 점유율의 70퍼센트 이상을 차지한다면, 소수의 기업이 시장을 장악한 과점 상태라고 볼 수 있지요. 완전경쟁시장이라면 소수 기업의 시장 점유율이 그렇게 높지 않을 것이고, 반대로 독점 기업이 장악한 시장에서는 한 기업의 점유율의 100퍼센트를 차지할 것입니다.

과점 기업의 시장 점유율은 과점 기업이 시장을 지배하는 방식에 영향을 미칩니다. 치열한 시장에서 서로 독립적으로 경쟁하는 기업들과 달리, 과점 기업들은 상호 의존적인 관계를 맺습니다. 가령 넷플릭스는 전 세계 곳곳으로 진출해 현지 방속국 등 콘텐츠 미디어 기업과 파트너십을 체결하고 몸집을 불려나가고 있습니다. 이런 식으로 하나의 기업이 점유율을 계속 높인다면 과점 시장이 형성되기 마련이지요.

산업의 경계가 흐려진다

시장 집중도 분석에서 가장 도전적인 과제는 산업 분류의 경계 설정입니다. 전통적으로 '유사한 재화와 서비스군'을 기준으로 산업을 구분해 왔지만, 디지털 혁신이 가속화되면서 이러한 경계가 급속히 허물어지고 있습니다.

대표적인 예가 미디어 생태계의 변화입니다. 과거 방송과 신문은 완전히 다른 산업으로 취급되었지만, 현재는 '미디어 & 엔터' 산업군으로 통합되어 분석됩니다. 특히 흥미로운 점은 지역 신문사의 사례입니다. 해당 지역에서 100퍼센트 점유율을 보이더라도, 틱톡부터 유튜브까지 다양한 뉴미디어 플랫폼의 등장으로 전체 미디어 시장에서의 실질적 영향력은 미미한 수준에 그치고 있습니다.

이처럼 산업 분류는 더 이상 고정된 틀이 아니며, 기술 혁신과 소비자 행동 변화에 따라 지속적으로 재정의되는 동적인 개념으로 진화하고 있습니다.

우체국에서만
편지를 보낼 수 있는 이유

국가 독점의 순기능

#국가독점산업 #특허의필요성 #독점의이면

독점이란 개인이나 하나의 기업이 다른 경쟁자를 배제하고 전체 시장을 지배해 경제적 이익을 독차지하는 형태를 뜻합니다. 정의만 듣고 보면 시장을 지배하는 추악하고 이기적이며 독재적인 방식처럼 보이지만 독점이 항상 나쁜 것은 아닙니다. 독점이 허용되는 데에는 항상 그럴 만한 이유가 있지요. 큰 비용이 들거나, 국가가 나서서 독점적으로 관리하는 것이 더 효율적인 산업도 분명 존재합니다.

그러나 독점은 항상 시장에 예상치 못한 부작용을 가져올 수 있다는 사실을 기억해야 합니다. 지금까지 세계 각국의 경제사를 통해 알 수 있듯이, 정부의 통제를 전혀 받지 않는 완전한 독점은 경제에 크나큰 해악을 끼칩니다. 특히 독점 기업은 혁신을 저해하며 시장의 건전한 경쟁을 왜곡할 수 있습니다.

시장에서 독점이 필요한 경우

독점이 필요한 대표적인 상황이 있습니다. 대규모 초기 자본이 필요하고 규모의 경제를 통해서만 수익을 창출할 수 있는 산업의 경우, 한 기업의 독점 운영이 가장 효율적인 선택일 수 있습니다. 또한 특정 상황에서는 독점적 권리의 보장이 오히려 경제 발전의 원동력이 되기도 합니다.

자연 독점

법으로 독점권을 인정하지는 않았지만 산업의 성질, 특징으로 인해 단일 공급자가 재화와 서비스를 공급하는 것이 가장 효율적인 경우를 '자연 독점'이라고 합니다. 철도, 가스, 전기, 수도 사업과 같이 초기 진입장벽이 높고 규모의 경제가 필요한 산업 분야가 주로 자연 독점에 속합니다.

발전소는 규모가 클수록 전력 생산비가 감소하기 때문에 자연 독점이 유리합니다. 가령 집에 소형 발전기가 있다고 해봅시다. 전기 수요에 맞춰 발전기를 돌리는 데 들어가는 비용을 계산해봅시다. 거실, 주방, 침실, 심지어 화장실까지, 꽤 많은 전력량이 필요합니다. 도시의 모든 가정이 소형 발전기를 돌리면 얼마나 많은 비용이 발생할까요? 상상할 수 없을 정도로 어마어마한 천문학적 비용이 들어갈 것입니다.

개별 가정에서 소형 발전기를 돌리는 것보다 거대한 원자력 발전소에서 도시 전체에 전기를 공급하는 것이 비용을 따졌을 때 훨썬 저렴합니다. 그렇기 때문에 전기 회사가 전력 생산과 공급을 독점하는 것이지요. 그런데 전기 회사에서 전기 요금을 마음대로 인상하거나 인하하지 못하는 이유는 무엇일까요? 바로 국가와 정부에서 규제하기 때문입니다. 정부는 독점 기업을 적절히 통제하고 필요에 따라 보조금을 지급해 재화와 서비스가 안정적으로 공급될 수 있도록 합니다.

기술 독점

기술 독점은 특정 기업이 기술이나 노하우를 배타적으로 보유하고 시장을 지배하는 형태를 의미합니다. 이는 규모의 경제 등으로 인해 자연스럽게 발생하고 때로는 장려되는 자연 독점과는 다른 성격을 지닙니다. 대표적인 예로, 기업이 자체 개발한 혁신적인 제품이나 공정에 대해 특허권을 획득하면서 해당 기술에 대한 독점적 권리를 확보하게 됩니다.

미국 특허청에 따르면 특허권의 존속 기간은 특허 출원일로부터 20년입니다. 이 기간에는 다른 어떤 기업도 해당 기술을 사용하지 못합니다. 특허 보유자는 합법적인 독점 업체에 기술 개발권을 판매할 수 있습니다. 특허 존속 기간 동안, 기술 독점자로서 독점 가격을 부과해 경제적 이윤을 얻을 수 있는 것이지요.

독점 가격은 경쟁 가격보다 높기 마련인데 미국 정부는 왜 기술 독점을 장려할까요? 특허권의 보호는 혁신과 발명, 연구개발을 자극하기 때문입니다. 기술을 개발했는데 아무런 권리를 인정받지 못하고 경쟁 기업에서 같은 기술을 싼값에 구매해 사용할 수 있다면 아무도 앞장서서 신기술을 개발하려 하지 않을 것입니다. 미국과 유럽의 제약사가 끊임없이 의약품을 개발하는 이유도 독점적으로 이윤을 얻을 수 있기 때문입니다. 특허권을 보호하지 않으면 각 분야의 기업이 연구개발에 매진할 동기가 사라집니다. 이런 이유로 기술 독점을 인정하는 것입니다.

국가 독점 사업: 우정 사업과 행정부

때로는 국가나 정부가 시장에 개입해 독점적으로 재화와 서비스를 제공합니다. 국가 독점의 한 예는 바로 우정 사업입니다. 우정청 USPS, United States Postal Service은 미국 내 유일한 배송사가 아니지만, 종이에 써서 봉투에 넣은 '편지'는 오직 우정청을 통해서만 배달할 수 있습니다. UPS나 페덱스FedEx 같은 업체들도 서류 봉투를 배송할 수는 있으나, 이들은 우편업체가 아닌 배송업체로 구분되어 일반 편지 배달 권한이 없습니다.

정부 독점의 다른 예시로 행정부 부서와 산하 기관이 있습니다. 이들이 맡은 업무와 제공하는 서비스는 민간에서도 충분히 제공할 수 있지만, 효율성과 공정성을 이유로 정부가 독점하고 관리하는 고유한 권한이자 기능이 된 것이지요.

정부가 특정 사업을 독점하는 것이 바람직한지에 대해서는 여전히 갑론을박이 오갑니다. 자원 낭비와 비효율성, 과도한 관료제 등을 이유로 국가가 각종 서비스를 제공하는 것에 반대하는 의견이

| 미국 우정청 |

미국에는 다양한 배송업체가 있지만 편지 배송 즉, 우편 업무는 우정청에서 독점한다. 국가 독점이 효율적인지에 대해서는 오늘날까지 끊임없이 논쟁이 계속되고 있다.

있는 반면, 정부가 개입해 오히려 자원을 더 효율적으로 적절히 활용하고 있다는 주장도 있지요. 정해진 답은 없습니다. 다만 국가 독점 사업은 효율적이고 모두에게 이익이 돌아가는 방식으로 발전해야겠지요.

독점 실패 사례: 드비어스와 다이아몬드

국가나 정부의 규제 없는 순수 독점은 시장경제에 해악이 됩니다. 순수 독점이란 한 기업이 어떤 산업을 차지하고 자신들에게 가장 유리하게 생산량을 조절할 수 있는 상태를 가리킵니다. 재화나 서비스를 단독으로 공급하는 기업은 경쟁자의 위협을 받지 않으며, 원하는 가격을 부과할 결정력이 있습니다. 이는 사회에 가장 해로운 독점 형태입니다. 한때 여러 기업이 경쟁하던 산업군에서 경쟁자가 하나둘씩 빠지고 한 곳의 기업만 남으면 이 기업을 규제하거나 다시 여러 기업으로 나누어야 합니다. 재화와 서비스를 경쟁 가격으로 시장에 내놓는 것이 사회적으로 유익하기 때문입니다.

1888년 설립되어 약 100년간 다이아몬드 산업을 지배해온 드비어스De Beers 그룹은 부패한 독점의 전형적인 사례입니다. 드비어스는 '다이아몬드는 영원히A Diamond is forever'라는 유명한 슬로건을 만들어 결혼식이나 프로포즈에서 신부에게 다이아몬드 반지를 선물하는 관행을 널리 정착시킨 회사입니다. 20세기 내내 드비어스는 전 세계 다이아몬드 유통의 80퍼센트를 차지하고 물량을 조절하면서 다이아몬드를 '희소하고 가치 높은 것'으로 포장해 오랜 시간 경제적 이윤을 얻었습니다. 사실상 독점 기업으로 전 세계 다이아몬드 시장을 제패했던 것이지요.

다이아몬드 기업이 대부분 독점 기업이라고 불매하거나 수중의 다이아몬드를 팔아치울 필요는 없습니다. 우리는 그 다이아몬드를 강요에 못 이겨 산 것이 아니라 비용보다 편익, 즉 심리적 만족감이 컸기 때문에 구매했을 뿐입니다. 구매자로서 한 가지 안타까운 점은, 내가 지불한 다이아몬드 가격 중 독점 기업의 이윤이 얼마나 되는지 정확히 알 방법이 없다는 것입니다.

석유를 둘러싼 검은 그림자

카르텔과의 전쟁

#기업들의공모　#반독점법의탄생　#현대의카르텔

경쟁의 순기능은 소비자가 합리적인 가격에 재화와 서비스를 구매할 수 있다는 점입니다. 그러나 생산자에게 경쟁은 피하고 싶은 저주와 같지요. 경쟁으로 가격이 낮아질수록 이윤도 감소하기 때문입니다. 그러므로 경쟁과 협력 중 하나를 택해야 할 때, 이윤 극대화를 목표로 하는 기업은 보통 협력을 선호합니다.

그러나 소비자에게는 생산자가 서로 경쟁하며 저렴한 값에 상품을 공급하는 것이 가장 이득입니다. 근대 경제학의 아버지라 불리는 애덤 스미스는 생산자에게 가장 큰 이익을, 소비자에게 가장 큰 만족을 가져다주는 시장 가격의 자연스러운 흐름을 '보이지 않는 손Invisible Hand'이라고 했습니다. 그의 이론은 종종 국가가 시장에 개입해서는 안 된다는 뜻으로 해석되지만, 깊이 들여다보면 기업끼리 힘을 모으면 시장에 전혀 이로울 것이 없다는 쪽에 가깝습니다.

반독점법의 등장

담합이란 기업들이 서로 공모해 경쟁을 인위적으로 줄이고 소비자를 기만하는 불법 행위를 말합니다. 때로 기업들은 법에 위배되더라도 담합을 합니다. 담합을 통해 시장을 유리하게 나누고 경쟁을 피하며 가격을 높이거나 비용을 줄일 수 있기 때문이지요.

그러나 오늘날 미국을 비롯한 대다수 국가는 기업들이 서로 협력해 가격이나 생산량을 정하는 행위를 법으로 금지합니다. 19세기 말, 트러스트 기업이 끊임없이 등장하자 시어도어 루스벨트 대통령은 트러스트 해체를 추진했지요. 1890년에는 셔먼 반독점법 Sheman Antitrust Act이, 1914년에는 클레이턴 반독점법Clayton Antitrust

| 존 셔먼과 헨리 클레이턴 |

클레이턴 반독점법을 발의한 미국의 두 정치인. 이들이 발의한 반독점법 덕분에 대기업이 시장을 독점하고 중소기업을 압박하거나 거래를 강요하는 관행이 크게 줄었다.

Act이 제정되었습니다. 전자는 독점의 형성과 유지를 금하고, 후자는 특정한 경쟁 저해 행위를 명시하고 이를 금하는 법이었지요. 특히 클레이턴 반독점법 덕분에 대기업의 문어발식 확장 관행이 줄고 중소기업의 성장 기회가 늘었습니다.

카르텔: 협력과 배신의 경제학

동일 업종의 기업이 경쟁의 제한 또는 완화를 목적으로 가격, 생산량, 판로 따위에 대해 협정을 맺어 형성하는 산업 독점체 형태를 '카르텔Cartel'이라고 합니다. 카르텔은 각 기업의 독립성이 유지된다는 점에서 앞서 살펴본 트러스트와는 다르며, 참여 기업들이 자율적으로 의사결정을 할 수 있는 것이 특징입니다.

카르텔은 네덜란드어 'Kartel'에서 유래한 단어로 본래는 서로 적대적인 국가 사이에 체결된 서면 조약을 의미했습니다. 이후 이 용어는 벨기에로 건너가 '서로 다른 정당이 공동의 목표를 달성하기 위해 구성한 연합체'를 뜻하는 말로 쓰였고 오늘날 자주 사용되는 경제 용어로 이어졌습니다.

카르텔을 형성한 기업들은 이윤을 높이기 위해 집단적으로 생산량을 줄여 시장 가격을 올립니다. 영화를 보면 마약 카르텔, 범죄 카르텔 등이 많이 등장하지만 카르텔은 특정 분야에 국한되지 않고, 온갖 산업 분야에 형성된 이권 그룹을 두루 가리킵니다.

현대의 대표적인 카르텔, 석유수출국기구

현대 사회에서 가장 널리 알려진 국제 규모의 이권 집단, 카르텔을 꼽으라면 석유수출국기구OPEC, Organization of the Petroleum Exporting Countries를 들 수 있습니다. 2024년 12월 기준 12개 석유 수출국이 가입해 있으며, 이들은 석유를 독점하고 가격을 원하는 대로 조정합니다. 각 회원국은 생산량을 줄여 유가를 올리고 이익을 꾀하지요. 이들에게는 다른 나라의 반독점법도 적용할 수 없습니다.

그러나 카르텔은 견고하지 못합니다. 개별 기업이나 회원국이 협정을 등질 가능성이 높기 때문입니다. 제품의 시장 가격이 낮아 이윤이 낮을 때 카르텔 회원국은 서로 협력해 생산을 제한합니다. 카르텔의 성공은 아이러니하게도 배신과 분열의 동기가 됩니다. 가령 석유의 시장 가격이 오르면 자국의 이익을 꾀하는 OPEC 회원국 중 하나가 공급의 법칙에 따라 할당량을 초과해 석유를 공급하고 이익을 얻을 수도 있습니다. 대부분의 회원국이 이런 식으로 자국 이익을 추구하고, 결국 집단적으로 생산 할당량을 지키지 못하면 유가는 떨어집니다. 이런 일이 일어날 때마다 OPEC의 종주국이자 석유 최대 생산국인 사우디아라비아는 종종 석유를 증산하거나 비축량을 풀어 저렴하게 판매하는 식으로 배신한 국가에 제재를 가합니다.

주유소의 기름값이 매일 변하는 이유

게임이론과 가격 전쟁

#상호의존의문제 #딜레마해결법 #가격조절

'게임이론Game theory'이란 한 사람의 행위가 다른 사람의 행위에 영향을 미치는 상호 의존적인 상황에서 행위자들이 어떻게 전략적으로 의사 결정을 하는지 연구하는 이론입니다.

게임이론의 중요한 조건 중 하나는 의사 결정자들이 각자 자신의 이익에 따라 합리적인 판단을 내린다는 것입니다. 이는 경제학의 기본 가정과도 일부 일치하지요.

게다가 게임이론에서는 한 행위자가 타인의 행위와 반응까지 충분히 고려해 결정을 내린다고 봅니다. 이것이 바로 게임이론의 핵심인 '상호 의존적인 상황에서의 전략적인 의사 결정'입니다. 이를 세심하게 분석하면 최선의 경제적 선택을 내리는 데 필요한 통찰을 얻을 수 있습니다. 경제학자들은 게임이론이 특히 과점 시장에서 기업의 행위를 이해하는 데 유용하다고 봅니다.

죄수의 딜레마

과점 연구에 적합한 게임이론 중 하나가 바로 '죄수의 딜레마 Prisoner's Dilemma'입니다. 죄수의 딜레마는 경제학뿐만 아니라 심리학, 정치학 등 다방면에 활용되는 유명한 개념입니다.

톰과 카를이라는 두 남성이 보석상 절도 혐의로 경찰에 체포되었습니다. 보석과 금품은 이미 어딘가에 잘 숨겼고, CCTV도 없는 상황에 이들의 혐의를 입증할 증거는 자백뿐입니다. 만약 경찰이 이들에게 자백을 받아내지 못하면 절도죄는 성립하지 않고 불법 침입 혐의만 적용되지요. 수사관은 자백을 받아내려고 두 사람을 경찰서에 데려가 각기 다른 방에 격리하고 취조를 시작합니다.

톰과 카를이 처한 상황은 다음과 같습니다. 만약 두 사람이 모두 자백하면 각각 징역 3년을 받습니다. 그러나 한 사람이 자백하고 다른 사람이 자백하지 않으면 자백한 사람은 징역 2년, 자백하지 않은 사람은 10년을 받습니다. 둘 다 자백하지 않고 버티면 절도죄가 성립하지 않아 각각 불법 침입죄로 징역 1년만 살고 나올 수 있지요. 두 사람은 각각 머릿속으로 경우의 수를 따질 것입니다.

만약 두 사람이 공모할 수 있다면, 둘 다 침묵을 지켜 각각 1년형을 받는 것이 최선의 선택입니다. 그러나 격리되어 공모가 불가능하므로 각자 선택을 내리겠지요. 톰과 칼 둘 다 이렇게 생각할 것입니다. '자백하면 징역 2년이나 3년을, 침묵하면 1년이나 10년을 받을 텐데, 어떻게 해야 하지?'

서로 무슨 생각을 하는지 알 수 없는 상황에서 둘 다 징역 10년

		톰	
		침묵	자백
카를	침묵	톰: 징역 1년 카를: 징역 1년	톰: 징역 2년 카를: 징역 10년
	자백	톰: 징역 10년 카를: 징역 2년	톰: 징역 3년 카를: 징역 3년

| 죄수의 딜레마 |

딜레마에 빠진 톰과 카를은 상대방의 선택까지 고려해 자신이 할 수 있는 가장 합리적인 결정을 내릴 것이다.

을 피해 자백할 확률이 높습니다. 최선의 상황은 상대방도 나도 자백하지 않아 징역 1년을 받는 것인데, 그 선택은 하지 않는 것이지요. 이런 논리적 결론을 일컬어 경제학에서는 '우월전략Strategic dominance'이라고 합니다. 상대방의 선택이나 결정과는 관계없이 나의 이익을 극대화하는 결정을 내리는 전략을 가리키지요.

기업의 전략: 가격을 어떻게 책정할까?

기업도 비슷한 논리로 상황을 분석하고 의사 결정을 합니다. 어느 한적한 소도시에 A와 B 두 곳의 주유소가 있다고 해봅시다. 법적으로 이들은 하루에 한 번만 가격을 변경할 수 있고, 유가는 어느 정도 정해져 있어 높은 가격과 낮은 가격 둘 중에 하나만 선택할 수 있다고 합시다. 과거 매출 추이를 분석했을 때, 두 곳 모두 높은 가격을 책정하면 각각 하루에 100만 원의 이익을 얻습니다. 그러나 한 곳이 높게, 다른 곳이 낮게 가격을 책정하면 높게 매긴 쪽은 30만 원, 낮게 매긴 쪽은 수요가 몰려 120만 원의 이익을 얻습니다. 두 곳 모두 낮은 가격을 책정하면 똑같이 75만 원의 이익을 얻습니다.

만약 두 주유소가 서로 공모하거나 담합할 기회가 있다면 이들은 어떤 전략을 선택할까요? 당연히 둘 다 높은 가격을 책정하고 100만 원의 이익을 얻을 것입니다. 그러나 만약 서로 공모할 수 없는 상황이라면 어떻게 행동할까요? 둘 다 '우리 주유소에서 가격을 높게 정하면 100만 원 또는 30만 원을, 가격을 낮게 정하면 120만 원이나 75만 원을 벌 테니 가격을 낮게 정하는 것이 안전하겠군'이라고 판단할 확률이 높습니다. 서로 어떤 선택을 할지 알아낼 방법이 없는 한, 최선의 행동 방침이자 우월전략은 가격을 낮추는 것이지요. 죄수의 딜레마와 마찬가지로, 공모가 어려운 상황에서 기업들은 반드시 최대 이익을 얻는 전략만을 택하지 않습니다.

죄수의 딜레마는 일회적이고 제한적인 상황을 상정하지만, 현실에서 기업들은 매일 경쟁합니다. 게임을 반복할 기회가 생기면 '암묵적 담합' 현상이 발생합니다. 기업들이 서로 맞대응 전략을 펼치면 결국 둘 다 가격을 높게 정해 최대의 이윤을 얻는 지점에 도달할 수 있지요. 가령, 다음과 같은 과정으로 말입니다.

첫째 날에는 A 주유소와 B 주유소 모두 높은 가격을 책정해 100만 원의 이윤을 얻었습니다. 둘째 날, A 주유소는 높은 가격을 유지했지만 B 주유소는 몰래 가격을 낮췄고 각각 30만 원, 120만 원의 이윤을 얻었지요. 셋째 날, A 주유소는 보복성으로 가격을 낮췄고, 두 곳 모두 75만 원의 이윤을 얻었습니다. 이런 식으로 두 주유소는 가격을 높게 정하고 낮추지 않을 때 장기적으로 높은 이윤을 가져갈 수 있다는 사실을 깨닫습니다. 중요한 것은 독단적으로 가격을 결정하는 것이 아니라, 경쟁사의 반응을 살피고 고려한다는 점입니다. 기업의 가격 책정은 이렇게 복잡한 연구와 분석에 따른 결과물입니다.

맥주 회사가 계속해서
새로운 광고를 찍는 이유

계속되는 가격 전쟁과 떠오르는 비가격 경쟁

#가격책정   #차별화전략   #가격차별의종류

기업은 이윤을 극대화하기 위해 여러 방식으로 가격 전쟁에 뛰어듭니다. 가격을 대폭 낮추기도 하고, 가격은 유지하되 제품의 품질을 크게 개선하기도 하지요. 앞장서서 가격을 정하는 기업이 있는 반면 다른 기업의 가격에 맞추는 기업도 있습니다. 또한 일부 기업들은 프리미엄 전략을 통해 높은 가격대를 유지하며 시장에서의 위치를 공고히 하기도 합니다.

기업이 택하는 가격 설정 방식은 그들이 속한 시장의 구조, 즉 완전경쟁인지 독점적 경쟁인지, 과점인지 독점인지에 따라 달라집니다. 각각의 시장 구조는 기업의 가격 결정력과 경쟁 전략에 중요한 영향을 미칩니다. 이번 장에서는 기업들이 가격을 설정하는 다양한 방식과 그 원리를 알아봅시다.

과점 시장의 가격 책정법

과점 기업들은 상호 의존성을 바탕으로 전략적으로 행동합니다. 과점 시장에서 일어나는 가격 경쟁 방식에는 '가격 선도'와 '가격 전쟁'이 있습니다. 과점 기업은 가격 경쟁 외에 비가격 경쟁도 합니다. 제품의 품질 향상이나 차별화, 기업 이미지 상승 등 가격 외적인 요소로 시장에서 소비자의 선택을 받기 위해 경쟁하는 것이지요. 가격 경쟁과 비가격 경쟁은 모두 기업의 이윤 극대화를 위한 전략이며, 이는 결과적으로 시장의 역동성과 혁신을 이끌어내는 원동력이 됩니다.

가격 선도

가격 선도란 한 기업 또는 몇몇 기업이 다른 기업보다 앞장서 시장 가격을 결정하는 것을 말합니다. 주로 시장을 지배하는 큰 기업이 가격 결정권을 쥘 때 가격 선도가 발생합니다. 이들은 보통 새로운 가격을 적용하기 전에 미리 정해 공개합니다. 일종의 암묵적인 담합에 해당하지요. 선도 기업에서 가격을 정하면 비슷한 재화나 서비스를 제공하는 후발 기업들도 이에 맞춰 가격을 조정할 수밖에 없습니다.

가격 선도 상황에서는 기업들이 카르텔을 형성했을 때보다는 낮은 가격이 형성되지만, 치열한 경쟁 시장보다는 높은 가격이 형성됩니다. 즉 가격 선도의 장점을 꼽자면 기업들이 경쟁할 때보다 상대적으로 높은 가격을 확보할 수 있다는 것이지요.

가격 전쟁

기업들이 가격 선도에서 벗어나 서로 가격을 낮추기 시작할 때 가격 전쟁이 발생합니다. 전쟁이라는 단어가 치열하고 부정적인 어감을 주지만, 그 과정에서 경쟁이 붙고 가격이 낮아지므로 보통 소비자에게는 유리합니다.

일부 기업들은 전략적으로 한 제품의 가격을 내리는 대신 다른 제품의 가격을 크게 올려 손해를 막기도 합니다. 때로는 이런 사실이 밝혀져 소비자로부터 비판을 받기도 하지요. 가격 전쟁은 기업들이 다시 암묵적 담합에 도달해 가격 선도 방식으로 돌아갈 때까지 계속됩니다.

제품 차별화

가격 선도가 지속되면 기업들은 다른 전략을 세우기도 합니다. 가격이 아니라 제품으로 경쟁력을 키우는 것이지요. 각 기업은 자사 제품을 차별화하고 장점을 강조해 고객의 선택을 받고 시장 점유율을 높이려고 합니다.

독점적 경쟁과 마찬가지로 비가격 경쟁에 뛰어든 과점 기업도 광고에 막대한 비용을 지출합니다. 예를 들어 버드와이저나 쿠어스 등 미국의 주요 맥주 브랜드들은 가격 경쟁이 아니라 광고를 통한 브랜드 이미지 메이킹 등 비가격 경쟁으로 시장 점유율을 높이려고 하지요. 맥주 기업들의 이러한 브랜드 광고는 단순한 마케팅을 넘어 소비자의 충성도를 높이고 안정적인 시장 지위를 확보하는 핵심 전략으로 자리 잡았습니다.

독점 시장의 가격 책정법

시장 구조 스펙트럼을 보면 완전경쟁의 정반대에 '독점'이 있습니다. 그 이름에서 알 수 있듯이 독점은 단일 판매자가 지배하는 시장입니다. 각국 정부와 규제 기관은 독점을 허용하지 않으며, 독점 기업이 등장하는 것을 방지하기 위해 시장 감시 등 온갖 노력을 기울입니다. 독점을 금지하는 이유는 독점이 시장에서 소비자와 잠재적 경쟁자 모두에게 심각한 피해를 입히기 때문입니다. 독점 시장의 가격 설정 방식에는 '가격 인상'과 '가격 차별'이 있습니다.

가격 인상

독점 기업에게는 경쟁 상대가 없습니다. 이들은 정부나 국가의 규제가 없는 한 거리낌 없이 가격을 인상할 수 있습니다. 독점 기업에서 보여주는 전형적인 가격 설정 방식은 이윤을 극대화하기 위해 가격을 최대한 올리는 것입니다.

존 록펠러가 1870년에 설립한 석유 생산 및 운송사 스탠더드오일Standard Oil은 대표적인 독점 기업이었습니다. 20세기 초 전성기까지 스탠더드오일은 자원을 통제하고, 경쟁사를 인수하고, 정치적 영향력까지 행사하며 미국 내 석유 시장을 사실상 독점해 가격을 좌지우지했습니다. 소비자와 경쟁 업체는 높은 생산가를 비롯한 진입장벽에 막혀 어찌할 도리가 없었지요. 결국 1890년에 제정된 셔먼 반독점법으로 인해 스탠더드오일이 1911년 34개의 회사로 분리되며 미국 내 석유 독점의 역사가 막을 내렸습니다.

최근에는 메타(구 페이스북)의 독점적인 성향을 두고 논의가 오가고 있습니다. 2020년 12월, 미국 연방거래위원회에서 이 초거대 소셜미디어 기업이 독점적 지위를 남용한 혐의로 소송을 제기했지만 기각되었습니다. 규제 기관들은 여전히 인스타그램, 왓츠앱 WhatsApp, 스레드Threads 등을 거느린 메타가 수많은 사용자의 개인정보를 남용하거나 경쟁사의 시장 진입을 방해하지 않는지 우려하며 주시하고 있습니다.

가격 차별

독점 기업은 가격 차별을 통해 다른 기업의 경제 활동을 방해할 수 있습니다. 가격 차별이란 동일한 재화나 서비스를 고객에 따라 다른 가격에 판매하는 것을 뜻합니다. 예를 들어 어느 철도 운송 기업이 시장을 독점하고 있다면 고객사별로 같은 양의 화물을 다른 비용에 운송해주는 등의 차별 대우를 할 수 있지요. 1914년에 제정된 클레이턴 반독점법은 이러한 차별적인 가격 책정을 원천 금지했습니다.

그러나 일부 가격 차별은 오늘날에도 여전히 존재합니다. 시간에 따른 수요 변화, 연령이나 신분에 따른 복지 등 용인할 만한 이유가 있기 때문이지요. 가격 차별의 한 예시로 영화 티켓이 있습니다. 영화관에서는 보통 노인과 미성년자 학생, 군인에게 반값 또는 30~40퍼센트가량 할인된 값에 표를 판매합니다. 또한 몇 달 전에 항공권을 끊어둔 여행객과 오늘 급히 출장이 결정된 회사원은 같은 좌석을 두고도 다른 비용을 지불합니다.

| 1·2·3급 가격 차별 |

가격 차별이란 동일한 재화나 서비스를 고객에 따라 다른 가격에 판매하는 것을 가리킨다.
1급 가격 차별은 경매장 등에서 소비자가 지불할 수 있는 가장 높은 가격에 판매하는 것을,
2급 가격 차별은 마트나 백화점에서 구매 수량이 늘수록 저렴한 값에 판매하는 것을, 3급
가격 차별은 특정 집단에게 더 저렴한 비용을 받는 것을 의미한다.

가격 차별은 1급, 2급, 3급의 세 가지 유형으로 구분됩니다. 1급 가격 차별은 '완전 가격 차별'이라고도 하며, 각 소비자가 지불할 의사가 있는 최대 금액인 '유보 가격'으로 가격을 책정하는 방식입니다. 그러나 실제 시장에서 개별 소비자의 지불 용의를 정확히 파악하기는 어려워, 1급 가격 차별은 주로 경매 시장에서나 볼 수 있습니다.

2급 가격 차별은 '수량 의존적 가격 차별'로, 구매 수량에 따라 단위당 가격을 차등 적용하는 방식입니다. 이는 일상에서 흔히 볼 수 있는데, 예를 들어 마트에서 고기 500그램은 1만 원이지만 1킬로그램은 2만 원이 아닌 1만 7,000원에 판매하는 경우가 이에 해당합니다. 편의점의 원 플러스 원, 투 플러스 원 행사도 이러한 2급 가격 차별의 예시입니다.

3급 가격 차별은 '집단적 가격 차별'로 불리며, 특정 소비자 집단에 차별적인 가격을 적용하는 방식입니다. 연령, 직업 등 다양한 기준으로 소비자를 구분하여 동일한 재화나 서비스를 다른 가격에 제공하는 것으로, 지하철 경로 우대나 영화관의 청소년 할인이 대표적인 사례입니다.

편의점 알바생의 월급은 누가 정하나

최저임금제의 두 얼굴

#닉슨행정부 #미국메디케어 #최저임금의원리

현대 사회에서 많은 국가가 정부 개입을 최소화한 시장경제를 따릅니다. 그러나 시장이 재화를 충분히 공급하지 못하거나 가격을 적절히 조절하지 못하면 정부가 적극적으로 개입하기도 하지요. 이때 정부는 주로 시장 가격을 통제하는 방식으로 문제를 바로잡습니다. 이는 국가 경제가 원활히 돌아가게 하기 위해서이지만 종종 예기치 못한 결과를 낳기도 합니다.

아무리 좋은 경제 정책이라도 소비자와 기업 등 각 경제 주체의 반응을 충분히 고려하지 않고 시행하면 의도하지 않은 부작용으로 이어질 수 있습니다. 정부의 시장 가격 통제는 크게 최고 가격을 제한하는 '가격상한제'와 최저 가격을 보장하는 '가격하한제'로 나눕니다. 전자는 주로 물가 안정에, 후자는 노동자의 최저 임금 보장에 활용됩니다.

가격상한제의 문제점

1970년대 초, 미국에서는 소비자 물가가 연일 치솟았습니다. 지속적인 인플레이션에 경기 침체까지 겹치자 국민들은 국가에 대책 마련을 요구했고, 1971년 8월 닉슨 행정부는 90일간 물가와 임금 등을 동결한다는 사상 초유의 정책을 발표했지요. 90일 후부터는 가격을 올릴 수 있었지만 정부 위원회에서 상한선을 정해두어 그 이상 올리지는 못하게 했습니다.

가격상한제란 재화와 서비스, 자원에 대한 최고가를 정해두는 정책을 의미합니다. 당시 미국 정부는 가격에 상한선을 두면 인플레이션을 통제하고 안정적인 서민 물가를 유지할 수 있다고 전망했습니다. 그러나 이는 인간이 이성적이고 합리적으로 판단하고, 수요와 공급이 맞닿는 곳에서 균형 가격이 형성된다는 경제학의 기본 원리를 무시한 처사였지요. 가격상한제는 소비자의 구매욕은 자극한 반면 생산자의 생산 의욕은 떨어뜨려 결국 시장 혼란만 낳았습니다.

만약 당신이 정육점 주인이고 최근 삼겹살 가격이 500그램에 5,000원 정도 한다고 해봅시다. 그런데 정부에서 국가 경제 위기를 극복하기 위해 삼겹살 500그램을 최고 3,000원에 팔라고 합니다. 말이 되지 않는 조치지만 법으로 정해졌으니 당신은 어쩔 수 없이 상한가에 삼겹살을 팝니다. 평소 5,000원에 팔던 것을 3,000원만 받고 판매하니 이윤이 줄어들 수밖에 없고, 정육점의 이윤이 줄어드니 당연히 도축업자나 생산자에게 가는 이윤도 줄어들겠지요.

공급의 법칙에 따라 생산자인 도축업자가 공급을 줄이면, 곧 시장에서 삼겹살을 찾아보기 어렵게 됩니다. 즉 가격상한제를 실행하면 소비자들의 수요는 늘지만 생산자의 공급은 줄어듭니다. 운 좋은 소비자는 싼 값에 생필품을 구매할 수 있지만 수요량이 공급량을 크게 초과해 많은 소비자가 필요한 것을 구매하지 못하게 되지요. 비슷한 일이 1970년대 미국에서 벌어졌습니다. 정부에서 육류 가격의 상한선을 정하자 농장주들이 도축을 중단한 것입니다.

그래도 가격 상한제의 시행으로 일시적인 효과는 있었습니다. 1970년에는 5.8퍼센트에 달했던 물가상승률이 1972년에는 3퍼센트대로 떨어졌고, 닉슨 대통령은 재선에 성공했습니다. 그러나 1973년 1월에 가격 통제를 해제하자마자 물가는 다시 급등했습니다. 결국 미국 정부는 가격 통제를 포기할 수밖에 없었고, 이후 인플레이션과 경기 침체의 원인을 파악해 대처하기까지는 훨씬 오랜 시간이 걸렸습니다.

최근 미국에서는 일부 품목에 다시 가격상한제를 적용하자는 목소리가 나오고 있습니다. 그러나 이는 쉽게 결정할 일이 아닙니다. 가격상한제는 시장 가격을 일시적으로 통제할 수 있을 뿐이며, 최악의 경우 어마어마한 인플레이션을 동반합니다. 또한 수요와 공급의 균형이 맞지 않아 암시장이 형성되거나 필요한 사람이 해당 재화를 구하지 못하는 등의 부작용을 불러옵니다. 정부가 시장을 재단하고 통제하는 것은 의도하지 않은 결과로 이어질 수 있다는 사실을 늘 기억해야 합니다.

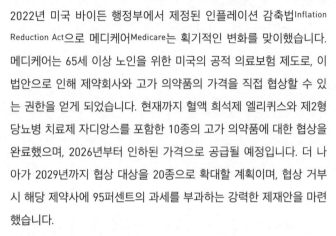

한 걸음 더

미국 메디케어의 가격상한제

2022년 미국 바이든 행정부에서 제정된 인플레이션 감축법Inflation Reduction Act으로 메디케어Medicare는 획기적인 변화를 맞이했습니다. 메디케어는 65세 이상 노인을 위한 미국의 공적 의료보험 제도로, 이 법안으로 인해 제약회사와 고가 의약품의 가격을 직접 협상할 수 있는 권한을 얻게 되었습니다. 현재까지 혈액 희석제 엘리퀴스와 제2형 당뇨병 치료제 자디앙스를 포함한 10종의 고가 의약품에 대한 협상을 완료했으며, 2026년부터 인하된 가격으로 공급될 예정입니다. 더 나아가 2029년까지 협상 대상을 20종으로 확대할 계획이며, 협상 거부 시 해당 제약사에 95퍼센트의 과세를 부과하는 강력한 제재안을 마련했습니다.

이 법안은 또한 메디케어 가입자의 연간 본인 부담금을 2,000달러로, 인슐린 월 구입비를 35달러로 제한하는 상한선을 도입했습니다. 이는 의약품 가격 개혁을 통해 메디케어 예산 절감과 정부 재정 적자 축소를 동시에 달성하려는 조치입니다. 2023년 기준 메디케어는 연간 2,000억 달러 이상을 의약품 비용으로 지출하고 있으며, 상위 10종의 의약품이 전체 비용의 22퍼센트를 차지하고 있습니다. 이 법안의 실질적인 효과는 향후 수년간의 시행 과정을 통해 검증될 것으로 예상됩니다.

최저임금 인상의 숨은 논리

정부는 가격의 상한선뿐만 아니라 하한선을 두는 방식으로 물가를 조절하기도 합니다. 가격하한제란 특정 재화나 서비스, 자원을 일정 가격 이하에 거래하지 못하도록 통제하는 정책을 뜻합니다. 가격하한제의 대표적인 사례는 최저임금제입니다. 노동시장에서는 노동자가 생산자, 기업이 소비자입니다. 선거철마다 정치인들은 국민을 위해 최저임금을 올리겠다는 공약을 내걸지요.

최저임금이 오르면 사실상 실업이 증가한다고 주장하는 학자가 있는가 하면, 그런 효과는 없다고 보는 학자도 있습니다. 그러나 최저임금 인상이 반드시 노동자의 실질 임금 인상으로 이어지지는 않습니다. 가령, 근무 시간이 줄어들면 최저임금은 올라도 급여가 줄어들 수 있지요. 직원 5명이 일주일에 40시간씩 일하는 대신, 직원 8명이 일주일에 25시간씩 일하게 하는 것입니다. 이 경우 실업률이 늘지는 않지만 개별 노동자의 노동 시간과 총급여가 줄어들어 생계는 더 어려워질 수도 있습니다. 그뿐만 아니라 건강보험이나 퇴직연금 등 직원 혜택을 받지 못하게 될 수도 있지요.

해마다 최저임금 결정 시기가 되면 국회의원들은 평균 균형임금보다 낮은 선에서 최저임금 인상안을 통과시킵니다. 평균 균형임금이란 노동의 공급과 수요가 일치할 때의 임금을 가리키지요. 예를 들어 비숙련 노동자의 평균 균형임금이 시급 14,000원이어도 국회에서는 기존 최저임금인 시급 9,000원에서 9,500원으로 인상합니다. 수요와 공급의 법칙에 따른 균형 잡힌 임금이 아니라 고용 기업에 이익인 임금이지만, 이렇게 법안을 통과시키고 최저임금을 '인상'했다고 생색을 내는 것이지요.

바우처보다 현금이 인기 있는 이유

보조금의 역기능

#세금의종류 #보조금의형태 #시장부작용

정부는 특별한 권한을 가지고 있습니다. 바로 세금을 매기고 거둘 수 있는 '과세권'입니다. 보통 개인과 기업이 낸 세금으로 정부가 나라 살림을 운영한다고 생각합니다. 하지만 반대로 정부에서 기업에 주는 돈도 있습니다. 세금의 반대 개념인 보조금이지요. 보조금은 정부가 특정 산업이나 기업을 지원하기 위해 지급하는 금전입니다.

가령 미국 정부에서는 필요에 따라 반도체 기업이나 농가에 보조금을 지급하지요. 정부는 세금과 보조금을 적절히 거두고 지급해 세수를 늘리고 소득을 재분배할 뿐만 아니라 시장 경쟁을 장려하고 조정합니다. 그러나 다른 모든 정책과 마찬가지로 세금과 보조금도 예기치 못한 부작용을 불러일으킬 수 있습니다. 바로 불법 거래입니다.

정부가 부과하는 세금의 종류

효율적인 정부 운영에 있어 과세권은 필수적인 요소입니다. 정부는 세금을 미시경제 정책의 수단으로 활용하는데, 예를 들어 특정 제품이나 서비스의 공급을 조절하기 위해 생산자에게 세금을 부과하거나 감면할 수 있습니다. 높은 세율은 생산을 위축시키고, 반대로 세금 감면은 기업의 투자와 성장을 촉진하는 효과가 있습니다.

2017년 미국 정부는 감세 및 일자리법TCAJ, Tax Cuts and Jobs Act을 제정해 법인세 최고세율을 35퍼센트에서 21퍼센트로 대폭 인하했습니다. 이는 기업의 세금을 공제해 고용과 임금 인상을 촉진하기 위한 법안입니다. 이 법안이 통과된 후 기업의 재정 여건이 개선되고 투자가 늘었다는 긍정적인 관점도 있지만, 본래 취지였던 고용이나 임금 인상에 미친 영향은 아주 미미하다는 비판도 있습니다. 동시에 미국 연방 정부의 재정 적자가 늘어 장기적으로 국가 부채 증가를 초래한다는 비판도 제기되었지요.

정부는 공급 조절 외에도 세수 확보를 위해 다양한 과세 제도를 운영합니다. 고가품에 부과되는 '사치세Luxury tax'는 소비자의 구매 결정에 큰 영향을 미치지 않으면서도 세수를 늘릴 수 있는 방안입니다. 예컨대 고가 스포츠카 구매자는 세금으로 인한 약간의 가격 상승에 크게 영향을 받지 않기 때문입니다.

술, 담배, 도박처럼 사회에 부정적인 영향을 주는 재화나 서비스에 부과되는 세금은 '죄악세Sin tax'라고 부르는데, 이는 세수 확보뿐만 아니라 국가나 사회 전체의 바람직하지 않은 소비를 줄이려는 목적도 있습니다. 단, 이런 서비스에 높은 세금이 붙으면 세금을 피해 암시장이 형성될 수도 있습니다. 적절한 과세는 안정적인 국가 경제 유지에 필수적입니다.

보조금의 양면성: 경제 지원인가, 시장 왜곡인가?

보조금은 세금과 반대로 특정 재화나 서비스의 생산과 공급을 장려할 때 주로 사용하는 방식입니다. 보조금을 지급하면 해당 재화와 서비스의 공급은 늘고 가격은 낮아집니다. 예를 들어 농가에 보조금을 주면 충분한 식량을 확보할 수 있는 것은 물론이고 농산물 생산비가 줄어 수출에 가격 경쟁력이 생깁니다.

그러나 보조금이 항상 생산 증대를 목적으로 하는 것은 아닙니다. 농산물 가격이 지나치게 하락했을 때는 오히려 생산 자제를 조건으로 보조금을 지급하여 공급량을 조절하고 가격을 안정화하기도 합니다. 한편에서는 보조금 정책이 시장의 효율성을 저해하고 자원 배분을 왜곡한다는 비판적 시각도 존재합니다.

보조금의 형태는 다양합니다. 어떤 보조금은 세금 감면, 저금리 대출과 같이 간접적인 형태를 띠고, 직접적으로 바우처나 현금을 지급하는 형태의 보조금도 있습니다. 어떤 형태든 보조금은 경제적 변화를 유도하기 위한 지원 비용입니다. 코로나 팬데믹 시대에는 정부가 각종 보조금을 지급해 시장을 활성화하고 저소득층과 자영업자, 소상공인 등 경제적 취약 계층을 지원하기도 했지요.

어떤 보조금은 암거래를 유발한다?

앞에서 세금을 과하게 거두면 암시장이 형성될 수도 있다고 했는데, 보조금도 마찬가지입니다. 우리가 상상도 못하는 온갖 영역에 암시장이 존재합니다. 저소득층을 대상으로 하는 정부 주도 식권 지원 사업조차 암거래 대상이지요.

정부에서 지급하는 2달러짜리 식권을 받은 일부 시민은 식권을 현금 1달러와 선뜻 거래할 것입니다. 식권은 제휴를 맺은 음식점에서만 사용 가능하지만 현금으로 바꾸면 필요한 물건을 자유롭게 살 수 있기 때문이지요. 현금 1달러에 식권을 구매한 사람은 2달러짜리 식사를 할 수 있으니 이득이고요. 즉 식권보다 현금을 지급하는 것이 암거래를 막고 수혜자에게 더 이득이 될 수 있습니다.

한 걸음 더

선진국의 이중 잣대

동남아시아의 열대 과일, 적도 아프리카의 커피 등 개발도상국의 주요 수출품은 농산물입니다. 이들 국가가 농산물 수출에 집중하는 것은 타 산업의 발전이 상대적으로 미흡하기 때문입니다.

그러나 국제 무역 구조에서 모순적인 상황이 발생합니다. 선진국들이 개발도상국에 시장 개방과 자유 무역을 요구하면서도, 정작 자국의 농업 보조금은 유지하기 때문입니다. 이는 개발도상국이 자유 무역 체제를 수용하기 어려운 원인이 됩니다. 예를 들어, 미국 정부의 보조금 지원으로 자국 농가의 밀 가격이 인위적으로 낮아진다면, 개발도상국의 밀은 미국 시장에서 가격 경쟁력을 잃게 되어 실질적인 자유 무역이 불가능해집니다.

정부는 언제 시장에 개입하는가

시장 실패의 원인

#공공재의분배 #외부효과 #암시장의탄생

생산자와 소비자가 만나는 시장은 적절한 가격을 형성하고 수요와 공급을 맞추어 경제가 효율적으로 굴러가게 합니다. 그러나 간혹 시장에서 필요한 재화나 서비스를 제공하지 못하거나 수요와 공급 사이 괴리가 너무 커 적절한 가격을 형성하지 못할 때가 있습니다. 이런 상황을 경제학 용어로 '시장 실패'라고 합니다. 시장이 실패하면 정부가 개입해 다양한 대책을 마련합니다.

시장 실패의 원인

시장이 실패하는 원인은 크게 넷으로 나눌 수 있습니다. 공공재 문제, 외부효과, 불완전경쟁, 정보의 비대칭성 때문이지요.

공공재

공공재란 사회 전체가 공동으로 이용하는 재화나 서비스로, 단순히 정부나 공공 기관에서 공급하는 것이 아니라 비경합성과 비배제성을 지닌 재화를 뜻합니다.

비경합성은 한 사람의 소비가 다른 사람의 소비 기회를 감소시키지 않는 특성을 말합니다. 비배제성은 대가를 지불하지 않은 사람이라도 사용을 제한할 수 없는 성질을 뜻합니다. 가로등이나 고속도로가 대표적인 공공재로, 여러 사람이 동시에 이용할 수 있고 비용을 지불하지 않은 사람의 사용을 막기 어렵습니다.

공공재는 비경합성과 비배제성이라는 특징으로 인해 구체적인 가격을 매기기 어려울뿐더러 이윤을 내기도 어렵습니다. 시장에 맡기는 것만으로는 적절한 수준으로 생산되기 어렵기 때문에 정부나 공공 기관에서 직접 생산하고 공급하는 것이지요. 공공재는 비용을 지불하지 않고도 이용할 수 있다는 비배제성 때문에 항상 무임승차자가 나타나기 마련입니다.

	배제성	비배제성
경합성	사유재 (음식, 옷, 자동차 등)	공유 자원 (물, 숲, 석유 등)
비경합성	클럽재 (유료 TV 채널, 구독 서비스 등)	공공재 (국방, 과학 지식, 인터넷 등)

| 경합성과 배제성에 따른 재화의 유형 |

재화는 경합성과 배제성의 여부에 따라 사유재, 공유 자원, 클럽재, 공공재로 나뉜다.

외부효과

'외부효과'란 특정 경제 주체의 생산이나 소비 활동이 시장을 벗어나 다른 주체에게 미치는 영향을 가리킵니다. 재화나 서비스를 생산할 때 소비자가 아닌 제3자에게 의도치 않게 혜택이 가는 경우가 있는데, 이를 긍정적 외부효과라고 합니다. 예를 들어 어떤 사람이 집을 리모델링하면 주변 집값이 올라 이웃들도 혜택을 보게 되지요. 그러나 무료로 남 좋은 일을 하고 싶은 사람은 없으므로 이런 재화나 서비스는 과소 생산되는 경우가 많습니다. 그래서 정부는 긍정적 외부효과를 낳는 생산 활동에 보조금을 지급합니다. 예컨대 공립학교 지원은 교육을 통해 사회 전체에 긍정적인 외부효과를 제공하기 위한 정책이지요.

반대로 부정적 외부효과는 재화나 서비스를 생산하거나 소비하면서 제3자에게 피해를 전가하는 경우를 말합니다. 대표적인 예는 공장의 대기 오염입니다. 어떤 공장이 신발을 생산하며 오염 물질을 배출하면, 그 피해는 주민들에게 향하지만 신발 가격에 반영되지 않습니다. 이 경우 사회적 비용을 유발하는 재화나 서비스가 과잉 생산될 수 있습니다. 이를 막기 위해 정부는 세금을 부과해 생산량을 억제하고 오염물질 배출을 줄이는 방안을 사용합니다.

불완전경쟁

시장 실패를 불러오는 또 하나의 원인은 불완전경쟁입니다. 현실에 완전경쟁은 존재할 수 없으며 시장은 다양한 이유로 독점, 과점, 독점적 경쟁 등 소수에게 이익인 형태로 존재하기 마련입니다.

불완전경쟁 시장에서는 공급자가 가격 결정권을 가지게 됩니다. 특히 독점이나 과점 시장의 기업들은 자신들의 이윤을 극대화하기 위해 생산량은 줄이고 가격은 높게 책정하는 경향이 있습니다. 이처럼 기업이 시장의 효율성보다 사적 이익을 우선시하는 행태가 지속되면, 결과적으로 시장 실패로 이어지게 됩니다.

정보의 비대칭성

시장의 여러 주체 사이에 정보가 균등하게 제공되지 않는 것도 시장 실패의 원인이 됩니다. 정보가 부족할 경우 생산자는 적절한 생산량을 유지하거나 가격을 정하기가 어렵고, 소비자는 거래를 꺼리기 때문이지요. 더 많은 정보를 지닌 쪽이 자신에게만 유리한 행동을 취하므로 정보의 비대칭성은 곧 도덕적 해이로 이어집니다. 정보의 비대칭성으로 인한 역선택도 시장에 저품질의 상품만 남게 해 결국 시장이 효율적으로 자원을 분배하지 못하고 붕괴하게 만들지요.

정부의 개입이 불러온 부작용, 암시장

시장이 실패하고 정부가 시장에 개입해 가격이나 수요와 공급을 통제하고 하면 불법 거래가 오가는 암시장이 형성되기도 합니다. 시장을 규제하니 이를 피하려는 움직임이 생기는 것입니다.

정부의 개입으로 공급 과잉이나 공급 부족이 생기면 자주적이고 진취적인 개인이 나서서 정부를 우회해 수요와 공급이 완벽히 일치하는 지점을 찾을 것입니다. 이들은 때때로 교묘하게 이익을 얻으려고 암거래를 시도하기도 합니다.

가격상한제가 암시장을 형성한다?

정부에서 가격의 상한선을 설정하면 해당 재화나 서비스의 공급은 감소하기 마련이고, 곧 부족해집니다. 이 공급 부족 현상은 고스란히 시장에 반영되고, 급기야 법을 피해 암시장이 형성되기도 합니다. 예시로 미국 뉴욕의 임대료 규제 정책을 살펴봅시다.

미국 내에서도 뉴욕은 특히 집값이 비싸기로 유명합니다. 가장 비싼 지역인 맨해튼에서는 방 1개짜리 아파트 매매가가 평균 10억 원, 월세는 평균 420만 원에 달합니다. 상대적으로 저렴한 지역인 퀸즈의 경우 평균 매매가는 7억, 월세는 240만 원입니다(2020년 기준). 이렇게 비싼 뉴욕에 사는 시민들은 모두 어마어마한 부자이거나 고소득층일 것 같지만, 실상은 그렇지 않습니다. '렌트 컨트롤Rent Control'과 '렌트 스테빌라이제이션Rent Stabilization'이라는 임대료 규제 정책 때문이지요.

렌트 컨트롤은 1947년 이전에 지어진 빌딩에 적용됩니다. 그중 1971년 이전에 세 들어 살기 시작한 거주민의 경우 본인이 원할 때까지 입주 당시 가격에 임대해 살 수 있도록 보장하는 제도이지요. 또한 렌트 스테빌라이제이션은 1974년 이전에 지어진 건물에 적용되는데, 임대료를 시에서 정한 상한선 이상으로 올리지 못하게 하는 정책입니다. 뉴욕 시 아파트의 절반 가까이가 두 정책의 기준에 부합해 영향을 받지요.

이러한 규제는 고소득자라 하더라도 정해진 임대료 이상을 지불할 수 없게 만들었고, 이는 재임대 암시장 형성으로 이어졌습니다. 규제 혜택을 받는 세입자가 더 높은 임대료를 지불하려는 사람에게 아파트를 재임대하기 시작한 것입니다. 이러한 거래는 원 세입자에게는 추가 수입을, 새로운 세입자에게는 시세보다 저렴한 주거 기회를 제공하며, 집주인도 별다른 손해를 보지 않습니다. 그럼에도 뉴욕 정부는 이러한 불법 재임대를 적극 단속하고 있습니다. 향후 주거난이 심화된다면, 기존 세입자의 권리를 보호하면서도 신규 세입자와 부동산 사업자의 참여를 촉진할 수 있는 균형 잡힌 새로운 정책 마련이 필요할 것으로 보입니다.

다른 암거래의 예시로 축구나 야구 등 스포츠 경기 티켓이 있습니다. 특히 유명 팀의 경기 티켓은 경기일이 다가올수록 암시장에서 비싼 가격에 판매되지요. 공식 사이트에서는 5만 원에 예매할 수 있던 티켓이 경기 당일에는 암암리에 100만 원 이상에 판매되는 경우도 드물지 않습니다.

가격하한제로 인한 초과 공급

가격상한제뿐만 아니라 가격하한제로 인해 암시장이 형성되기도 합니다. 자격이 되지 않아 일을 구하지 못하거나 마약 밀거래 등 불법적인 일에 몸담은 이들이 주로 암시장의 경제 주체가 되지요. 개인적인 사정으로 장기적인 일자리를 구하지 못하거나 최저임금보다 더 적은 돈을 받고서라도 일할 생각이 있는 사람은 일시

계약을 맺어 용역을 제공하고 현금을 받으며 법망을 피하기도 합니다.

가격하한제로 재화나 상품이 초과 공급되었을 때도 암시장이 형성됩니다. 생산자는 합법적인 시장에서 모두 판매하지 못한 제품을 가격 하한선보다 더 낮은 가격에 암시장에 내놓아 판매를 시도할 수도 있지요.

3

당신이 몰랐던
금융의 숫자들

대출 금리는 누가 정하는가

대부자금설과 유동성 선호 이론

#이자율결정론 #대부자금시장 #투자VS저축

경제 뉴스를 보면 환율과 기업 주가 등 온갖 숫자를 비롯해 각종 금리와 지수를 발표합니다. 다음과 같은 앵커의 말을 듣고 무슨 뜻인지 궁금했던 적이 한 번쯤은 있지 않나요?

"오늘 다우존스 산업평균지수는 활발한 거래로 30포인트 상승 마감했습니다. S&P500 지수도 소폭 상승했습니다. 나스닥 지수는 혼조세를 보였습니다. 연준이 당분간 제로 금리 수준을 유지할 것이라는 소식에 해외 시장은 하락세로 개장했습니다. 신용등급이 하락한 채권이 많아지면서 회사채 가격이 전반적으로 하락했고, 10년 만기 국채 수익률도 하락세로 마감했습니다."

온갖 경제 소식지와 뉴스 방송을 챙겨보는 사람이라면 이런 경제 용어들을 쉽게 이해하겠지요. 그러나 상당수의 사람들에게 금융시장은 불가사의한 미지의 영역입니다. 하지만 어렵게 생각할 없습니다. 금융시장은 복잡해 보이지만 아주 기본적인 하나의 목적에 충실합니다. 바로 돈을 가진 사람과 돈이 필요한 사람을 연결해주는 일이지요.

장기 이자율의 변동을 설명하는 대부자금

경제학은 금융시장의 작동 원리와 이자율이 결정되는 방식을 이해하는 데 도움이 되는 다양한 이론을 제시합니다. 2부에서 실질 이자율이란 명목 이자율에서 물가상승률을 뺀 것이라고 설명했지요. 경제학자들이 제시하는 여러 경제 모델과 마찬가지로 이자율 관련 이론도 순전히 가상의 아이디어일 뿐이지만, 금융시장에서 일어나는 일을 이해하는 데 도움이 됩니다.

　사람들이 상황에 따라 재원 마련을 목적으로 저축하거나 대출하며 오가는 돈을 가리켜 '대부자금'이라고 합니다. 저축자는 자금을 공급하고 차입자는 자금을 요구합니다. 저축자와 차입자가 모여 형성된, 대부자금이 오가는 시장을 대부자금시장이라고 하지요. 대부자금시장에서 실질 이자율은 저축량과 차입량이 일치하는 지점에서 결정됩니다. 이를 '대부자금설'이라고 합니다. 대부자금설은 고전 경제학파가 주장하는 이자율 결정 이론입니다.

　공급의 법칙에 따르면 생산자는 가격이 오를수록 많이 공급하려고 합니다. 대부자금시장에서 가격은 실질 이자율입니다. 저축자, 즉 대부자금을 공급하는 사람은 이자율이 오르면 자금을 더 공급하고 이자율이 내리면 덜 공급합니다. 반면 대부자금이 필요한 차입자는 수요의 법칙에 따라 이자율이 오르면 대출을 피하고, 이자율이 내려가면 대출을 더 받으려고 합니다.

대부자금설을 확장하면 저축자와 차입자는 개인을 넘어 가계, 기업, 정부, 해외 부문으로 확대됩니다. 경제의 여러 부문에서 저축과 차입 행위에 변화가 생기면 실질 이자율이 변하고, 거래되는 대부자금의 양에도 변화가 생깁니다. 예를 들어 해외 저축자가 미국 은행에 자금을 저축하면 미국 내의 대부자금 공급이 늘고 실질 이자율이 낮아지며 거래량이 증가합니다. 미국 정부가 대부자금을 차입해 재정 적자를 해소하고자 하면 대부자금 수요가 늘어 실질 이자율이 오릅니다. 이는 다시 저축을 촉진해 대부자금 거래량이 늘어납니다. 대부자금설은 장기 이자율의 변동을 이해하는 데 유용한 이론입니다.

이자율의 두 얼굴: 대부자금설 VS 유동성 선호 이론

고전 경제학파의 대부자금설이 장기 실질 이자율을 설명한다면 존 메이너드 케인스의 유동성 선호 이론은 단기 명목 이자율을 설명합니다. 케인스는 이자율의 결정 요인을 저축과 차입 행위보다 소비자의 유동성 선호, 즉 현금을 보유하려는 성향으로 설명합니다. 그의 이론에서 이자율을 결정하는 핵심은 대부자금시장이 아닌 화폐시장입니다.

화폐시장은 중앙은행이 화폐를 공급하고 가계, 기업, 정부의 화폐 수요가 이루어지는 곳입니다. 대부자금시장에서의 가격이 실질 이자율이었다면, 화폐시장에서의 가격은 명목 이자율입니다. 미국의 연방준비제도를 비롯해 각국 중앙은행은 정부의 규제를 받는 동시에 국가 경제의 핵심이 되는 독점체로서 이자율과 무관하게 화폐를 발행합니다.

유동성 선호는 사람들이 재산의 일부를 화폐나 현금으로 보유하고 싶어하는 성향을 가리킵니다. 이는 대부자금설이 말하는 저축과 투자의 균형과는 다른 관점입니다. 사람들은 이자율이 높으면 수익을 얻기 위해 채권이나 예금 같은 금융상품을 선호하고, 이자율이 낮으면 굳이 돈을 묶어두지 않고 현금으로 보유하려 합니다. 중앙은행은 이러한 사람들의 심리를 이용해 경제를 조절합니다. 경기를 활성화하고 싶을 때는 시중에 돈을 더 풀어 이자율을 낮추고, 경기를 진정시키고 싶을 때는 돈을 거둬들여 이자율을 올립니다. 또한 중앙은행이 공급하는 돈의 양이 일정할 때, 사람들이 현금을 더 많이 보유하고 싶어하면 이자율은 올라가고, 현금 보유 욕구가 줄어들면 이자율은 내려갑니다.

정리하면, 대부자금시장과 화폐시장에서 가격에 대한 관점은 각각 실질 이자율과 명목 이자율로 다릅니다. 둘 중 어느 이론이 더 현실을 잘 반영하는지에 대해 학자들은 끊임없이 논쟁을 계속하지요. 이렇듯 경제학에서는 다양한 현상을 설명하는 이론들이 서로 대립하고 경쟁합니다. 이자율 결정 이론은 여러 경제학자가 서로 다른 관점을 보이는 논쟁적인 개념 중 하나입니다.

한 걸음 더

미국의 3대 증권시장 지수

다우존스 산업평균지수, S&P500 지수, 나스닥 지수를 묶어 미국 증권시장을 대표하는 3대 주가지수라고 합니다.

다우존스 산업평균지수(다우지수)는 1884년에 시작된 가장 오래된 주가지수로, 뉴욕증권거래소에 상장된 대표적인 30개 우량 기업들로 구성됩니다. 애플, 마이크로소프트, 골드만삭스, 맥도날드 등이 포함되어 있습니다(2024년 기준). 비록 30개라는 제한된 기업 수로 1만 개가 넘는 미국 주식시장 전체를 대변하기에는 한계가 있다는 지적도 있지만, 시장을 주도하는 핵심 기업들로 구성되어 있어 전반적인 흐름을 파악하는 중요한 지표가 됩니다.

S&P500지수는 1957년부터 발표하기 시작한 주가지수로, 500개 우량 기업으로 구성되어 있습니다. 다우지수에 비해 훨씬 많은 기업을 포함하기에 미국 주식시장의 변화를 보다 잘 반영하고, 리스크가 분산되어 상대적으로 안전하다는 평가를 받습니다.

나스닥지수는 뉴욕증권거래소와 쌍벽을 이루는 세계 최초의 전자주식거래소인 '나스닥시장'에 상장된 모든 종목들로 구성된 주가지수로, 1971년부터 산출하기 시작했습니다. IT 기술 관련 벤처 기업이 다수 포함되어 기술 산업의 전반적인 강세를 가장 잘 보여주는 지표이지요.

국가와 기업에 급전이 필요할 때

두 종류의 단기 채권, 기업어음과 단기채

#어음투자 #국가단기채 #기준금리의뜻

앞서 설명했듯이 화폐시장은 중앙은행이 화폐를 공급하고 명목 이자율에 따라 가계, 기업, 정부의 자금 수요가 이루어지는 곳입니다. 화폐시장을 다른 말로 단기금융시장, 단기자본시장, 자금시장이라고도 하지요. 기업, 은행, 정부는 화폐시장에서 단기 자금을 조달할 수 있습니다. 만기가 1년 미만인 유가증권(채권 같은 금융상품)도 화폐시장에서 거래됩니다.

기업 자금 조달을 위한 단기 채권, 어음

신용등급이 우수한 기업은 단기 자금 조달을 위해 차용증인 '기업어음CP, Commercial Paper'을 발행하고 돈을 빌릴 수 있습니다. 예를 들어 어느 대기업이 월말에 거래 업체로부터 대금을 받기로 했는데 그보다 앞서 직원들의 급여일이 있다고 해봅시다. 이 경우 해당 기업은 어음을 발행해 급여를 마련할 수 있습니다. 일단 어음을 판매하고 받은 돈으로 급여를 주고, 월말에 거래 업체가 대금을 치르면 곧바로 기업어음을 소지한 자에게 원금과 이자를 상환합니다.

기업어음은 기업과 투자자 모두에게 이익이 됩니다. 기업은 장기 부채를 질 때보다 저렴한 비용으로 현금을 얻을 수 있고, 투자자는 여유 자금을 유동성 있고 비교적 안전한 곳에 투자해 이자까지 얻을 수 있기 때문입니다.

기업어음은 무담보 부채입니다. 어떠한 유형의 소유권도 보장하지 않으며 담보로 제공하는 것도 없지요. 투자자는 미래에 만기상환금을 받을 뿐입니다. 앞서 든 예시에서 월말에 거래 업체가 기업에 대금을 지급하면 기업이 바로 투자자에게 원금과 이자를 돌려주는 것처럼 말이지요. 그러나 만약 기업이 약속한 채무를 이행하지 못하는 상황이 발생하면, 투자자는 담보물 없이 손실을 감수해야 하는 위험에 처하게 됩니다.

신용등급이 높지 않은 기업이 높은 위험을 감수하고 큰돈을 지급하는 투자자를 찾으려면 높은 이자율을 제시해야 합니다. 반면 신용등급이 높은 기업의 어음은 수요가 많기에 상대적으로 낮은 이자율을 제시하기도 합니다. 기업어음은 발행 단위가 일반적으로 고액이고(1억 원 이상), 이자 소득에 세금이 부과되며, 판매할 때 증권거래위원회의 규제를 받지 않습니다.

이러한 기업어음에 투자할 수 있는 대표적인 상품으로 머니마켓펀드MMF, Money Market Fund가 있습니다. 이는 다양한 단기금융상품에 투자해 시장 금리 변동이 수익률에 즉각 반영되는 초단기 금융상품입니다. 머니마켓펀드는 여러 기업어음에 분산 투자해 잠재위험을 낮추고, 자유로운 입출금이 가능하다는 장점 때문에 소액개인 투자자들 사이에서 널리 활용되고 있습니다.

정부에서 현금이 필요할 때

기업처럼 정부도 원활한 국가 운영을 위해 자금이 필요할 때가 있으며, 이때 채권을 발행하여 자금을 조달합니다. 대표적인 예로 미국 정부의 채권 발행을 살펴보겠습니다.

미국 정부는 재정 수요가 있을 때 재무부 단기채T-bills, Treasury Bills를 경매 방식으로 발행합니다. 1년 이하의 만기를 가진 이 단기채권은 다양한 종류로 발행되며, 투자자들에게 인기가 높습니다. 투자자 입장에서는 안전성이 높으면서도 필요시 현금화가 용이하고 이자 수익도 얻을 수 있기 때문입니다. 정부 입장에서도 필요한 자금을 신속하게 조달할 수 있어 유용한 재정 수단이 됩니다.

단기채의 독특한 특징은 할인 발행 방식에 있습니다. 예를 들어 액면가 1,000달러의 52주 만기 단기채를 950달러에 매입하면, 만기시점에 액면가인 1,000달러를 받게 됩니다. 매입가격과 액면가의 차액인 50달러가 실질적인 이자 수익이 되는 것입니다. 이는 연간 수익률로 환산하면 약 5.26퍼센트에 해당하며(50달러÷950달러

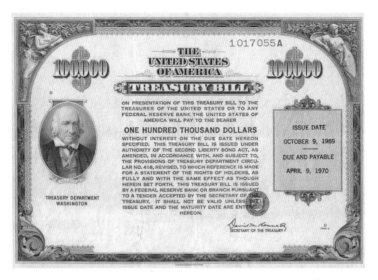

| 미국 재무부 단기채 |

기업뿐만 아니라 정부도 필요에 따라 채권을 발행해 단기 자금을 마련한다. 사진은 1969년 미국에서 발행된 액면가 10만 달러, 6개월 만기 단기채다.

×100), 다른 정부 채권과 달리 이자를 별도 지급하지 않고 할인된 가격으로 발행하는 것이 특징입니다.

은행에서 은행으로 대출해주는 연방기금

다른 기업들과 마찬가지로 은행도 금고에 보관되어 있는 금액 이상의 자금이 필요해질 때가 있습니다. 단기 자금을 조달하기 위해 개별 은행들은 연방준비은행에 연방기금Federal fund이라는 자금을 예치해 놓습니다. 이는 지급준비금 이상의 자금이 있는 은행이 연방준비은행을 통해 자금이 부족한 은행에 돈을 빌려줄 수 있게 하는 제도입니다.

은행들은 연방기금을 통해 법정 지급준비금을 확보하거나 일일 거래 정산에 필요한 잔액을 유지합니다. 이 제도는 은행의 유동성 관리에 핵심적인 역할을 하며, 동시에 잉여 자금을 예치해 수익을 창출할 수 있게 함으로써 자금 운용의 효율성을 높입니다. 대부분의 은행이 지급준비금을 연방준비은행에 예치하고 있어, 은행 간 지급준비금 거래는 신속하게 이루어집니다.

미국 연방준비제도가 발표하는 기준금리는 바로 이 연방기금 거래에 적용되는 이자율인 '연방기금금리'를 의미합니다. 이는 미국 금융시장의 가장 기본적인 금리 지표가 됩니다.

장기 투자에는 리스크가 따른다

중기채와 장기채, 지방채의 차이

#채권의종류   #리스크관리   #시장깊이

앞에서 단기 자금의 조달법으로 기업어음과 국가 단기채를 살펴보았으니 이번 장에서는 장기 자금의 조달 수단을 살펴봅시다. 기업과 정부는 장기 자금을 공급하기 위해 장기 채권을 발행합니다. 사람들은 원금과 이자 상환을 기대하며 장기채에 투자하고, 그 돈은 기업과 정부로 흘러가 국가 경제를 활성화합니다.

채권 발행자에게 채권시장은 거액의 돈을 빌리는 효율적인 수단입니다. 또한 채권 투자자에게 채권이란 이자로 소득을 얻는 비교적 안정적인 금융상품입니다. 채권은 만기에 따라 단기채, 중기채, 장기채로, 발행 기관에 따라 국채와 지방채, 회사채로 구분할 수 있습니다. 이러한 다양한 종류의 채권은 투자자들에게 자신의 투자 목적과 위험 선호도에 맞는 선택의 폭을 제공합니다.

국가에서 발행하는 장기채

투자나 저축에 관심을 갖고 채권을 알아본 사람이라면 '이표채(쿠폰채권)'와 '무이표채(제로쿠폰채권)'라는 두 유형의 채권을 익히 들어보았을 것입니다. 이표채는 액면가 또는 그에 준하는 가격으로 구매하고 정기적으로 이자를 받는 채권입니다. 무이표채는 액면가보다 할인된 가격에 구매하고, 만기 때 액면가를 받는 채권이지요. 일반적으로 이자를 한 번에 받는 무이표채가 이표채보다 변동성이 큽니다.

이표채든 무이표채든, 채권은 원금을 보장하며 이자 소득을 얻으려는 사람에게 매력적인 투자처입니다. 또한 채권은 2차 시장이라고 불리는 유통시장(이미 발행된 유가증권이 투자자들 사이에 매매·거래·이전되는 시장)에서 사고팔 수 있어 상대적으로 유동성이 높다는 점도 투자자에게 중요한 요소입니다.

앞에서 만기가 1년 이하인 단기채를 살펴보았는데, 미국 정부는 단기채뿐만 아니라 만기가 2년 이상 10년 이하인 중기채Treasury Notes와 20년이나 30년 후에야 만기가 도래하는 장기채Treasury Bonds도 발행합니다. 중기채와 장기채는 미국 연방 정부 예산을 조달하는 주요 수단입니다. 10년 만기 중기채의 이자율은 회사채와 주택담보대출의 기준 이자율 역할을 하므로 중요합니다. 즉 중기채 이자율이 변동하면 회사채와 주택담보대출의 이자율도 변동하지요.

재무부뿐만 아니라 연방주택저당공사FNMA, 연방주택담보대출공사FHLMC 등 미국 정부의 독립기관(미국 행정부 내에 존재하는 독립

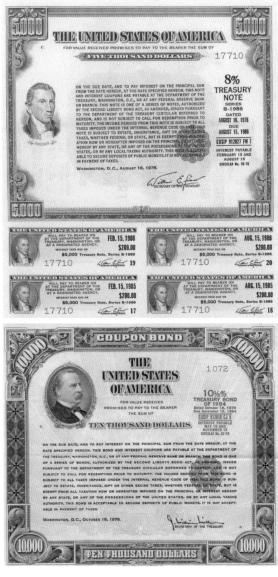

| 미국 재무부 중기채와 장기채 |

위는 만기 10년에 이자율 8퍼센트의 중기채, 아래는 만기 15년에 이자율 약 10퍼센트의
중장기 이표채다.

적인 기관들)도 채권을 발행할 수 있습니다. 이들 기관에서 발행한 채권은 재무부 채권과 달리 상환을 보증하지 않지만 정부에서 지원하는 증권이므로 사실상 보증된다고 봅니다.

연방 정부나 중앙 정부뿐만 아니라 각 지역 정부, 지방 정부도 채권시장을 통해 자금을 차입할 수 있습니다. 지방 정부에서 발행하는 채권은 '지방채Municipal Bonds'라고 합니다. 지방채는 주로 학교, 도로, 기타 공공 시설물의 관리 자금 조달에 쓰입니다. 미국의 경우 지방채의 이자는 연방 소득세가 면제되기 때문에 투자자에게 좋은 선택지입니다. 지방채는 세금 면제 그 자체로 이익이기 때문에 투자자를 유치하기 위해 높은 이자율을 제시할 필요가 없습니다. 즉 지방 정부는 민간 기업보다 저렴한 가격에 자금을 차입할 수 있지요.

기업어음과 회사채의 차이

기업은 채권시장에서 '회사채'를 발행해 자금을 차입할 수 있습니다. 앞에서 살펴보았던 기업어음과 회사채가 어떻게 다른지 궁금한 사람도 있을 텐데, 기업어음은 1년 이내의 단기 채권을 가리키는 반면 회사채는 보통 3년 이상의 장기 채권을 가리킵니다. 기업은 회사채를 통해 은행에서 대출을 받지 않고도 장기적으로 필요한 자금을 마련할 수 있습니다. 회사채는 기업의 소유권을 확실히 보장하며 자금을 조달하는 좋은 방법이지요.

회사채의 가장 큰 장점은 기업이 재무 레버리지를 얻는다는 것입니다. 타인의 자본을 적극적으로 활용해 회사 자산을 키울 수 있다는 뜻이지요. 예를 들어 한 기업에서 1,000달러를 금융상품에 투자해 연 10퍼센트 수익률을 냈다면 투자로 100달러를 번 것입니다. 그러나 이 기업이 100만 달러를 차입해 연 수익률 10퍼센트인 상품에 투자한다면 자기자본은 위험에 빠뜨리지 않고도 10만 달러라는 어마어마한 수입을 얻을 수 있지요. 이처럼 충분한 자본 조달은 기업의 성장을 가속화하는 발판이 됩니다. 다만 회사채는 국채나 지방채에 비해 상환 안정성이 낮기 때문에, 투자자들의 위험을 보상하기 위해 더 높은 이자율을 제시하는 것이 일반적입니다.

채권이 지닌 리스크

앞에서 국채와 회사채의 장점을 주로 이야기했지만, 채권에도 단점이 있습니다. 채권 투자자는 부도 위험, 물가상승 위험, 이자율 위험 등 각종 리스크에 직면합니다.

정부나 기업이 부도나거나 상황이 어려워지면 차용한 돈을 갚지 못할 수 있으므로, 모든 채권 보유자는 투자한 금액을 회수하지 못할 리스크를 지게 됩니다. 또한 장기 투자의 특성상 만기까지 물가가 크게 상승하면 실질 수익률이 떨어질 수 있고, 시장 금리가 상승하면 기존 채권의 가치가 하락해 중도 매각 시 손실이 발생할 수 있습니다. 반대로 금리가 하락할 경우, 발행자가 기존 채권을 조기

상환하고 낮은 금리로 새로운 채권을 발행할 수 있어 투자자는 예상했던 높은 이자 수익을 얻지 못할 수도 있습니다.

전략적인 투자자는 신용평가기관 정보를 참고해 채권의 안전성을 판단합니다. 여러 신용평가사가 채권을 '투자 적격', '투자 부적격', '채무 불이행' 등 다양한 등급으로 나누지요. 신용등급이 낮은 채권은 원금이나 이자 상환 불이행이라는 잠재 리스크에 보상하기 위해 더 높은 금리를 제시합니다.

역사적으로 미국 정부채는 무위험 투자로 간주되어 최고 신용등급을 유지해왔습니다. 그러나 2023년 8월, 미국에서 가장 큰 3대 신용평가사 중 하나인 피치사Fitch Ratings는 부채 부담 증가, 예산을 둘러싼 의회 갈등, 향후 3년간 지속될 것으로 보이는 재정 악화 등을 이유로 재무부 장기채의 신용등급을 하향 조정하기도 했습니다. 이는 심지어 가장 안전하다고 여겨지는 채권도 위험에서 자유롭지 못할 수 있다는 것을 보여주는 사례입니다.

채권시장이 중요한 이유

이자율은 여러 요소로 구성됩니다. 실질 이자율, 물가상승률, 채무 불이행 위험 프리미엄, 유동성 프리미엄, 만기 위험 프리미엄이 모두 모여 최종 이자율을 결정하지요. 실질 이자율과 물가상승률은 무위험 수익률(원금 손실 없는 안전한 상품에 투자했을 때 얻는 수익률)을 구성합니다. 무위험 수익률은 다른 이자율의 기준점이 됩니다.

미국 재무부에서 발행한 채권들은 오랜 시간 무위험 수익률의 대리 지표로 기능했습니다. 그런데 이 지위가 2023년 8월 피치사의 재무부 장기채 신용 등급 하향으로 크게 흔들린 것입니다.

미국 재무부 채권이 믿을 만한 금융상품으로 여겨졌던 이유는 미국 정부가 240년 이상 한 번도 채무 불이행을 한 적이 없기 때문입니다. 미국 재무부 채권을 유통하는 시장을 가리켜 '깊은 시장 Deep market(매도·매수 주문이 늘 존재해 유동성과 안정성이 높은 시장)'이라고 하는데, 그 이유도 정부가 오랜 시간 충분한 신뢰와 신용으로 국채를 보증했기 때문이지요.

국채의 특징을 이해할 때 유통시장의 역할은 매우 중요합니다. 전 세계의 정부, 은행, 기업, 개인 투자자들이 국채를 안전자산으로 신뢰하고 활발히 거래하기 때문에 높은 유동성이 유지되는 것입니다. 이러한 신뢰와 거래의 선순환이 채권 시장의 안정성을 뒷받침합니다.

요즘 ETF가 핫하다고?

주식시장의 원리

#주식투자   #ETF의등장   #지분금융

금융시장을 통틀어 주식시장만큼 미디어의 조명을 많이 받는 곳도 없습니다. 날이 갈수록 주식에 열을 올리는 투자자가 많아지고 있지요. 투자 관련 정보도 곳곳에서 들려옵니다.

채권과 주식은 둘 다 재산 권리를 표시한 증서인 유가증권이라는 공통점이 있지만, 전자는 단순히 자금을 차입해주는 개념인 반면 후자는 투자금에 따라 때마다 배당금을 받고, 기업의 지분을 일부 소유해 주주총회 등으로 경영에도 영향을 미칠 수 있다는 점이 다릅니다. 이러한 차이점 때문에 주식은 투자자들에게 더 매력적인 투자 수단으로 여겨지며, 적극적인 투자 참여를 통해 기업 가치 상승의 혜택을 직접적으로 누릴 수 있다는 장점이 있습니다. 기업이 성장할수록 내 투자금도 함께 오르는 것이지요.

배당 VS 자본 이득: 주식 투자로 돈 버는 두 가지 길

자금이 필요해 외부로부터 투자를 받고자 하는 기업은 기업공개 IPO, Initial public offering를 통해 주식을 공개하고 발행해 매도할 수 있습니다. 투자자는 주식을 구매하면서 배당금을 받거나 회사의 성장으로 주가가 상승해 자본적인 이득을 얻기를 기대합니다. 기업이 이익의 일부를 주식 소유주에게 나눠줄 때, 투자자는 배당금을 받습니다. 예를 들어 어떤 회사가 주식을 총 100주 발행했고 10억 원의 이익을 냈으며 그중 절반인 5억 원을 주주에게 배당하기로 했다면, 주당 배당금은 500만 원인 셈입니다.

주식을 매입 가격보다 높게 매도한다면 이익을 얻을 수 있겠지요. 예를 들어 당신이 자동차 기업 A사의 주식을 30만 원에 구매했다고 합시다. 몇 달 후 A사가 휘발유 대신 태양광으로 굴러가는 친환경적이고 효율 좋은 전기차를 개발합니다. 순식간에 기업 이미지가 좋아지고 사람들이 A사의 주식을 찾으면서 수요가 늘어 주가가 상승합니다. 주가가 주당 50만 원이 되었을 때 주식을 팔면, 20만 원이라는 자본 이득을 얻을 수 있습니다.

주식시장에서 매수 주문을 넣으면 대부분 기업으로부터 직접 구매하는 것이 아니라 다른 사람이 소유했던 주식을 사는 것입니다. 예를 들어 폴이 코카콜라 주식을 산다면, 그 주식은 코카콜라 기업이 아니라 다른 주주로부터 사들이는 것이지요. 즉 기업이 주식 매입으로 실질적인 자금을 얻는 것은 기업공개를 할 때나 재매입한 자사주를 팔 때뿐입니다.

황소와 곰, 상승장과 하락장

경제학에서는 주식시장의 분위기나 추세, 활동성을 종종 황소와 곰에 비유합니다. 거래가 활발해 주가가 상승하는 시장은 '불마켓 Bull market(황소장)', 거래가 저조하고 매도세가 이어져 주가가 하락하는 시장은 '베어마켓Bear market(곰장)'이라고 부르지요. 시장이 어느 쪽에 해당하는지는 주로 주가의 반등이 결정하지만, 투자자의 심리 상태와 경기 변동, 수요와 공급, 세계 경제 상황도 주식시장에 큰 영향을 미치지요.

투자자와 주식시장 자체는 실업률이나 국내총생산GDP 같은 지표에 크게 영향을 받습니다. 그러나 때로는 주식시장이 그 자체로 경제지표의 역할을 하기도 합니다. 불마켓은 경제 호황, 높은 고용률, GDP 성장으로 이어지는 경향이 있습니다. 반면 베어마켓은 불황, 높은 실업률, GDP 정체를 동반하는 경향이 있습니다.

뮤추얼펀드와 상장지수펀드

주식시장은 오랜 시간 일부 부유층에게만 열린 장이었습니다. 여러 기업의 주식을 대량으로 사들일 수 있는 사람들만이 주식을 매입하고, 투자하고, 자본 이익을 얻을 수 있었지요. 돈이 많지 않은 일반 시민들은 여유 자금이나 소득이 부족해 주식시장에 진입하지 못했으므로 이 잠재적인 부의 경로에서 대부분 배제되었습니다.

그러다가 1924년에 운용사가 다수의 투자자로부터 자금을 모아 거대 자금을 형성해 운용하는 개방형 금융상품인 '뮤추얼펀드Mutual Fund'가 등장하며 모든 것이 바뀌었습니다.

뮤추얼펀드는 수백 개, 많게는 수천 개까지 여러 회사의 주식이나 채권 등에 분산 투자하는 상품입니다. 투자자는 뮤추얼펀드의 한 주만 매입해도 그 펀드에 속한 모든 주식이나 채권을 일부 소유하는 것입니다. 즉 뮤추얼펀드는 많은 투자자의 자금을 한데 모아 균형 잡힌 종합 포트폴리오를 구성하는 금융상품이지요. 돈을 모아 여러 기업에 분산 투자하는 방식으로 누구나 주식에 투자할 수 있게 되었고, 곧 뮤추얼펀드는 주식시장의 등락에 영향을 미치기 시작했습니다. 또한 더 많은 자금을 각종 기업으로 끌어들여 기업

| 메사추세츠 트러스트 뮤추얼펀드 |

최초의 개방형 뮤추얼펀드는 1924년 메사추세츠 투자 트러스트Massachusetts Investors Trust에서 발행되었다. 사진은 1941년에 발행된 뮤추얼펀드 증서이다.

의 창업과 성장을 지원함으로써 경제적 발전과 성장의 밑바탕이
되기도 했지요.

수십 년 후인 1990년대에는 '상장지수펀드ETF, Exchange-Traded
Fund'가 등장했습니다. 자산 운용사를 통해 주식을 매매하는 뮤추
얼펀드와 달리 상장지수펀드는 주식거래소에서 실시간으로 매매
가가 정해지므로 더 유연하게 투자할 수 있습니다. 최근 금융시장
에서 크게 상승세를 보이고 있지요.

주식이든 뮤추얼펀드든 상장지수펀드든, 결국 주식시장의 기능
은 투자자와 차입 기업을 연결하는 것입니다. 투자를 받으려는 기
업들은 필요한 자금을 얻기 위해 주식시장을 찾습니다. 주식을 발
행해 자금을 조달하는 '지분 금융'은 빚을 내고 돈을 빌리는 '부채
금융'보다 비용이 저렴할 수 있지만 기업의 일부 소유권을 주주들
에게 내주어 통제력을 상당 부분 잃을 수 있습니다. 그럼에도 많은
기업이 지분 금융을 현명하게 활용해 회사에 대한 통제권은 유지
하면서도 투자와 성장에 필요한 자본을 얻으려고 하지요. 지분 금
융은 설비 확장부터 인적 자본에 대한 투자, 주주 배당금의 확대에
이르기까지 기업의 모든 생산 활동에 자금을 제공해 더욱 탄탄한
경제로 이어지게 합니다.

미국 달러가 기축 통화가 된 이유

환율이 정해지는 원리

#국제결제은행   #환율결정론   #자유변동환율제

외환이란 외국과의 거래를 결제할 때 쓰는 화폐와 환어음을 가리킵니다. 발행지와 지급지가 서로 다른 국가일 때 사용하지요. 이렇게 이야기하면 무역업에 종사하는 사람이 아니고서야 외환이 중요하지 않을 것 같지만, 외환은 알게 모르게 우리 일상에 영향을 미칩니다. 마트에서 구매하는 외국 제품부터 휴가철의 해외 여행까지, 모든 것이 외환으로부터 자유로울 수 없지요.

국가 간 통화의 흐름은 양국 경제에 중대한 영향을 미치기에 체계적인 기록과 관리가 필요합니다. 이를 위해 국제수지라는 지표를 활용하는데, 이는 한 나라가 일정 기간 다른 나라와 진행한 모든 경제적 거래를 체계적으로 정리한 것입니다. 국제수지는 크게 경상수지, 자본수지, 금융계정으로 나눕니다. 경상수지는 상품과 서비스 수출입·소득 이전·현금 이전을 포함하며, 자본수지는 국가

간 자본 거래를, 금융계정은 대외 거래로 인한 자산과 부채의 변동을 의미합니다. 이러한 개념들이 복잡하게 느껴진다면, 먼저 환율의 기본 원리부터 이해하는 것이 도움이 될 것입니다.

매일 오르내리는 통화 가격, 환율

한 나라의 통화를 다른 나라의 통화로 교환할 때마다 외환 거래가 발생합니다. 이때 금액은 환율에 따라 정해지지요. 환율이란 한 통화를 다른 통화로 표시한 현재 가격을 말합니다. 예를 들어 1달러로는 한국 돈 1,450원, 일본 돈 147엔, 영국 돈 0.77파운드를 구매할 수 있습니다(2025년 3월 기준).

　환율은 외환시장에서 결정됩니다. 외환시장은 세계에서 가장 자금의 흐름이 많은 금융시장으로, 국제결제은행BIS, Bank for International Settlements의 통계 자료에 따르면 전 세계 외환 거래량은 일평균 7조 달러에 달합니다(2022년 기준). 외환시장에서는 중요한 공휴일을 제외하고는 하루 24시간 내내 거래가 계속됩니다. 미국, 영국, 일본 등의 선진국이 외환시장을 주도하며 대부분의 거래는 미국 달러화로 이루어지지요. 그러나 유럽 연합의 유로화, 영국의 파운드화, 일본의 엔화 등도 거래에 흔히 사용됩니다. 이렇게 안전성과 신뢰성이 높아 국제 거래에 널리 통용되는 통화를 가리켜 '경화Hard currency'라고 합니다. 반대로 가치가 불안정한 통화는 '연화 Soft currency'라고 하지요.

| 국제결제은행 |

스위스 바젤에 위치한 국제결제은행은 전 세계 금융 안정성 유지를 위해 각 국가 중앙은행의 관계를 조율하는 국제 은행이다.

외환시장의 경제 주체

외환시장을 이끄는 주요 행위자 중 하나는 바로 대형 은행입니다. 대형 은행은 서로 연계된 중개 시스템을 통해 모입니다. 은행은 사업상 외환이 필요한 기업이나 개인 고객에게 환전이나 해외 송금 등의 서비스를 제공합니다. 또한 각국 경제를 관리하는 중앙은행도 외환시장에 참여해 환율을 조정하거나 자국의 경상수지 및 금융계정의 불균형을 해소합니다.

외환시장과 환율은 소비자의 선호에 영향을 받습니다. 가령 한 국가의 수입품에 대한 소비자의 선호도가 늘면 관련한 국가 간의 환율도 변합니다. 미국 소비자 사이에서 한국산 자동차와 가전제품이 인기를 끌면 한국 통화인 원화에 대한 수요가 필연적으로 증가하기 마련이지요.

이자율평가설과 구매력평가설

실질 이자율의 변화도 외환시장과 환율에 영향을 미칩니다. 한 국가의 실질 이자율이 주변 국가에 비해 상승하면 사람들은 이자율이 더 높은 국가의 은행에 돈을 저축합니다. 예를 들어 다른 모든 조건이 같을 때 미국의 이자율이 크게 올라 일본의 이자율보다 높으면 일본에 저축하던 사람이 돈을 미국에 저축해 높은 이자율을 취하려 하기 때문에 달러화 수요가 커집니다. 그 결과 달러화의 가치가 상승하고 엔화 가치가 하락하지요. 일본에서 미국으로 자금이 흐르다가 두 국가 사이의 이자율 차이를 상쇄시켜 투자 수익률이 동일해지는 과정에 균형환율이 정해집니다. 이렇게 이자율의 변화로 환율을 설명하는 이론을 '이자율평가설IRP, Interest Rate Parity'이라고 합니다.

환율 결정의 또 다른 중요한 이론으로 '구매력평가설PPP, Purchasing Power Parity'이 있습니다. 이는 한 국가에서 인플레이션이 발생하면 국민들이 자국 통화를 더 안정적인 외화로 교환하려 하면서, 결과적으로 해당 국가의 통화 가치가 국내외 시장에서 모두 하락한다는 것입니다. 또한 국가 간 소득 증가 속도의 차이도 환율 변동에 영향을 미칩니다. 예를 들어 일본의 소득이 미국보다 빠르게 늘어나면, 일본 사람들이 외국 물건을 더 많이 사게 되어 엔화 가치가 오히려 떨어지게 됩니다. 소득 증가에 따라 수입이 늘어나는 것이 일반적인 경제 현상이기 때문입니다. 결과적으로 경제가 성장하고 국민 소득이 증가할수록 수입이 증가하면서, 역설적으로 자국 통화가 약세를 보이는 현상이 나타날 수 있습니다.

수출입과 무역수지

대부분의 기업이 내수 시장의 수요를 충족시키고 자국 내에서 돈을 벌려고 하지만, 일부 기업은 해외시장 수출을 염두에 두고 재화와 서비스를 생산합니다. 또한 국내에서 수요가 있음에도 생산되지 않는 재화와 서비스를 해외에서 발굴해 수입하는 기업도 있지요. 국가와 국가는 서로 필요한 물품, 자본, 기술 등을 거래하는 무역 활동을 합니다.

무역으로 발생하는 국제수지를 '무역수지'라고 합니다. 무역수지는 총수출액에서 총수입액을 뺀 값입니다. 미국의 경우 수입액이 수출액을 초과하기 때문에 순수출만 놓고 보면 매년 무역 적자를 기록합니다. 그러나 중국, 독일, 아일랜드 같은 국가의 무역 현황을 살펴보면 수출액이 수입액을 초과해 무역 흑자를 거두지요.

무역수지를 조금 폭넓게 보면 상품 무역수지와 서비스 무역수지로 나눌 수 있습니다. 상품 무역수지란 국가 사이 상품 거래를 통해 발생하는 수입과 지출의 차이를 뜻합니다. 자동차, 컴퓨터, 의류 수출입이 여기에 반영되지요. 한편 서비스 무역수지는 한 국가가 다른 국가와의 서비스 거래를 통해 발생하는 수입과 지출의 차이를 나타냅니다. 관광, 금융, 운송, 보건 등이 여기에 속하지요. 미국은 외국산 제품과 자원을 선호하기에 대량 수입하며 상품 무역수지에서 적자를 내지만, 선진 기술과 서비스를 전 세계 곳곳에 수출하며 서비스 무역수지에서는 흑자를 내고 있습니다.

외환보유고와 환율 정책

미국의 연방준비제도를 비롯해 각국 중앙은행은 외환보유고를 일정 수준으로 유지합니다. 외환보유고란 한 나라가 대외 지급에 대비해 보유하는 외국환 어음과 채권의 총액을 가리킵니다. 외환보유고의 목적은 환율을 안정시키는 것이지요. 미국 연방준비제도는 국제수지에서 적자가 발생하면 외환보유고를 지출해 수지 불균형을 해소합니다. 반대로 국제수지 흑자가 발생하면 외환보유고를 늘려 불균형을 해소하지요.

세계 대부분의 국가들이 외환보유고를 미국 달러화로 보유하고 있어, 미국은 국제 준비통화 발행국이라는 특수한 지위를 가지고 있습니다. 특히 중국과 일본의 경우 합산 4조 달러가 넘는 막대한 외환보유고를 보유하고 있어 국제적 관심을 받고 있습니다. 일부 전문가들은 이들 국가가 보유한 달러를 외환시장에 대량 방출할 경우, 달러 가치 급락과 함께 세계 금융시장이 심각한 타격을 받을 수 있다고 우려하고 있습니다.

고정환율제도 VS 자유변동환율제도

제2차 세계대전이 끝나갈 무렵인 1944년, 연합국 대표들은 미국 뉴햄프셔주 브레턴우즈에 모여 금 1온스를 미국 통화 35달러에 고정시켜 통화 가치의 안정을 꾀하는 금본위제와 고정환율제를 도입했습니다. 이 제도로 미국의 달러화가 국가 간 교역의 기준인 기축 통화가 되었습니다.

브레턴우즈 체제로 인해 기업들은 환율 변동으로 손해 볼 걱정 없이 대외무역에 힘쓸 수 있었습니다. 게다가 당시 달러화가 안정적이었기에 외국 정부들은 무분별한 통화 발행으로 물가 상승을 유발하지 않도록 건전한 경제 정책을 펴게 되었습니다. 초반에는 매우 성공적으로 보이던 이 제도는 30년이 채 지나지 않아 1971년에 완전히 붕괴되었지요. 미국 닉슨 대통령이 금과 달러화의 교환을 중단한 '닉슨 쇼크' 때문이었습니다.

오늘날 각국은 자국의 상황에 맞는 다양한 환율 제도를 채택하고 있습니다. 미국과 영국은 자국 통화 가치를 시장에 맡기는 변동환율제를 채택해, 환율 방어를 위한 외환보유고 사용이 거의 없습니다. 이들은 이자율 정책을 통해 내수 진작이나 물가 조절에 집중할 수 있습니다.

반면 홍콩은 1983년부터 현재까지 1달러당 7.8홍콩달러라는 고정환율제를 유지하고 있어, 미국 달러와의 관계에서 높은 안정성을 보이고 있습니다.

한편 유럽연합 국가들은 유로화라는 단일 통화를 도입해 시장을 통합했습니다. 이로써 프랑스, 독일, 스페인 등 회원국들은 환율 문제 없이 자유로운 교역이 가능해졌고, 유로화는 미국 달러에 이어 세계에서 두 번째로 영향력 있는 통화로 자리 잡았습니다.

도지코인? 이더리움?

블록체인 기술과 암호화폐의 탄생

#블록체인기술 #암호화폐의등장 #불안정성리스크

암호화폐는 그 자체로 '화폐'라고 불리지만 법적으로 인정받은 통화는 아닙니다. 그래도 사람들은 암호화폐를 화폐처럼 사용하지요. 온라인 결제 서비스 페이팔Paypal과 전자 상거래 기업 쇼피파이Shopify 등 다수의 플랫폼이 특정 암호화폐를 재화와 서비스의 결제 수단으로 인정하고 있고, 이에 동참하는 플랫폼은 앞으로 점차 늘어날 것으로 보입니다.

암호화폐는 주식처럼 거래하거나 현금처럼 무언가를 구매하는 데에 사용할 수 있지만 자산으로서의 지위는 아직 불분명합니다. 암호화폐를 화폐로 보아야 할까요? 아니면 유가증권으로 볼 수 있을까요? 지폐처럼 실제로 존재하는 화폐도 아닌데, 과연 암호화폐가 안정적인 거래 수단이 될 수 있을까요?

암호화폐 혁명

2009년 1월, 세계 최초의 암호화폐인 '비트코인Bitcoin'의 소스 코드가 공개되었습니다. 개인 간 거래를 가능하게 하는 이 새로운 화폐는 아직까지 온갖 비밀과 무성한 소문에 둘러싸인 미스터리한 인물 사토시 나카모토Satoshi Nakamoto의 획기적인 블록체인 기술에 관한 논문에서 처음 소개되었습니다.

블록체인이란 정보를 투명하게 공유할 수 있도록 하는 분산형 데이터베이스 메커니즘입니다. 연쇄적으로 연결된 블록에 데이터를 기록하고 투명하게 관리해 위변조가 불가능한 탈중앙화 시스템이지요. 블록에 기록된 데이터는 개인 간 네트워크에 널리 분산해 저장합니다. 각 블록이 다수의 서버에 저장되며 유효성을 유지하기 위해서는 모든 서버의 데이터가 정확히 일치해야 하기 때문에 한번 생성된 블록이 사후에 변경될 수 없는 것이지요. 또한 블록체인 기술을 활용하면 은행과 같은 중앙 기관을 거치지 않고도 거래가 가능합니다. 블록체인 암호화 기술을 통해 안전하게 거래하고 새로운 자산을 생성하는 디지털 또는 가상 형태의 화폐가 바로 암호화폐입니다.

지난 10여 년간 암호화폐는 폭발적으로 성장했습니다. 현재 전 세계적으로 2만 종 이상의 암호화폐가 존재하고 이들의 시가총액을 달러로 환산하면 3조 달러가 넘습니다(2024년 11월 기준). 거의 매일 새로운 암호화폐가 등장하고 있습니다. 기술만 있다면 암호화폐를 만들어 시장에 내놓는 일이 어렵지 않기 때문이지요. 대중

| 암호화폐를 등장하게 한 블록체인 기술 |

블록체인이란 정보를 투명하게 공유할 수 있는 탈중앙화 시스템이다. 2009년 세계 최초의 암호화폐 비트코인이 등장한 이후 많은 사람들이 블록체인 기술에 주목하고 있다.

적으로 널리 알려진 암호화폐는 다음과 같습니다.

- 비트코인Bitcoin

- 이더리움Ethereum

- 도지코인Dogecoin

- 카르다노 에이다코인ADA coin

- 라이트코인Litecoin

- 테더Tether

- 바이낸스Binance

- 리플 XRPRipple XRP

암호화폐 지갑의 기능과 종류

암호화폐는 동전이나 지폐처럼 눈에 보이는 교환 수단이 아니기에 실물로 보관하거나 저장할 수 없습니다. 거대한 데이터베이스 안을 떠도는 흩어진 데이터 조각들에 가깝고, 이를 소유한 사람만이 암호화폐에 접근해 모을 수 있습니다. 보통 암호화폐를 수집하는 것을 두고 '채굴한다'라고 표현하지요.

암호화폐를 보관하고 거래하기 위해서는 전용 지갑이 필요합니다. 이 지갑은 휴대폰이나 태블릿 같은 전자기기에 설치하거나 클라우드에 저장할 수 있습니다. 암호화폐 지갑을 만들면 암호화된 키가 생성되는데, 사용자는 이 키로 신원을 확인하고 암호화폐에 접속해 바로 거래를 시작할 수 있습니다. 키는 '공개 키Public key'와 '개인 키Private key'로 나뉘는데 공개 키는 특정 지갑의 주소를 식별하기 위한 것, 개인 키는 지갑과 연결된 암호화폐에 접근해 자산을 관리하기 위한 것입니다. 개인 키를 잃어버리면 지갑에 접속하지 못해 가지고 있던 암호화폐를 모두 잃게 되지요.

암호화폐 지갑은 크게 두 유형으로 나뉩니다. 수탁형Custodial과 비수탁형Non-custodial이지요. 수탁형 지갑이란 암호화폐 거래소와 같은 제3자 플랫폼에 지갑 키를 맡겨 관리하고 보호하게 하는 것입니다. 이때 제3자 플랫폼은 암호화폐 소유자의 재산 보존을 책임지는 수탁 관리인 역할을 하지요. 보통 암호화폐를 처음 사용하는 사람은 지갑의 키를 잊거나 잘못 보관해 접근하지 못하는 실수를 저지르는데, 수탁형 지갑을 사용하면 이런 당혹스러운 상황을 피할 수 있습니다. 그러나 수탁 관리인의 보안 유지 능력이나 암호화폐 지급 능력에 따라 재산을 잃을 위험도 있습니다.

비수탁형 지갑이란 사용자가 직접 보관하는 것으로 암호화폐 지갑의 키를 안전히 보관할 책임이 전적으로 개인에게 있습니다. 자산을 완전히 통제할 수 있는 것이지요. 또한 비수탁형 지갑은 블록체인과 직접 상호 작용하기 때문에 디지털 자산의 전송이 더 용이하다는 장점이 있습니다. 즉 비수탁형 지갑이 수탁형 지갑보다 탈중앙화 금융 생태계에 대한 접근성이 더 높습니다.

암호화폐의 명과 암

법정 화폐는 정부와 국가가 그 가치를 보증하는 공식 화폐입니다. 우리가 일상적으로 사용하는 이 화폐는 안정적인 가치를 유지하며, 미국 달러처럼 매일 비슷한 수준을 유지합니다. 또한 법정 화폐는 채무 변제, 세금 납부, 상품 구매 등 모든 경제 활동에서 합법적으로 사용할 수 있으며, 개인이나 기업, 정부 기관 모두 이를 의무적으로 수용해야 합니다.

반면 암호화폐는 아직 대부분의 국가에서 법정 화폐로 인정받지 못하고 있습니다. 그러나 그 위상은 꾸준히 변화하고 있는데, 많은 국가들이 암호화폐의 존재를 법적으로 인정하고 거래를 허용하고 있습니다. 특히 엘살바도르와 중앙아프리카공화국은 각각 2021년과 2022년에 비트코인을 법정 화폐로 채택하며 획기적인 변화를 보여주었습니다. 다만 중국과 이집트 같은 일부 국가들은 여전히 암호화폐 사용 자체를 금지하고 있어, 국가별로 상반된 입장을 보이고 있습니다.

경제적 관점에서 보면 암호화폐는 법정 화폐에 비해 몇 가지 이점이 있습니다. 우선, 실제 은행에 가서 거래하는 것보다 훨씬 편리하지요. 은행에서는 거래 규모에 따라 며칠씩 시간이 걸리기도 하지만 암호화폐 거래는 단 몇 초만에 완료됩니다. 또한 암호화폐 거래는 수수료도 저렴합니다. 게다가 은행이 없는 지역에서는 암호화폐로 거래를 더 용이하게 처리할 수 있습니다.

끊임없는 변동성과 불안정성

분명 편리한 점도 있지만 암호화폐에는 치명적인 약점도 공존합니다. 우선 법정 화폐와 달리 가치가 심하게 요동치고 자주 변하지요. 화폐로서 안정성이 떨어지는 것입니다. 그 이유는 여러 가지로 분석해볼 수 있습니다.

수요와 공급이 달라지면 암호화폐의 거래량도 달라집니다. 또한 소셜 미디어에 떠도는 소문에도 많은 영향을 받지요. 게다가 정부가 개입해 암호화폐를 규제하기 시작하면 상황이 어떻게 바뀔지 모릅니다. 암호화폐를 채굴하거나 이에 투자하려는 사람도 정부 정책에 영향을 받을 것이고, 다양한 암호화폐가 새로 등장해 경쟁하기에 암호화폐의 안전성을 보장하기 어려운 것입니다.

암호화폐 가격은 하루에도 수백 달러씩 오르내립니다. 긴 기간으로 보면 훨씬 큰 폭으로 변동하지요. 예를 들어 비트코인은 2017년 말에 거의 2만 달러였다가, 1년 후인 2018년 말에는 3,500달러 아래로 떨어졌습니다. 그러다가 2021년 말에는 다시 6만 5,000달러로 치솟고 수시로 등락을 거듭하더니 2023년 말에는 4만 4,000달러, 2024년 초에는 4만 9,000달러를 기록했지요 (2025년 3월 현재는 대략 8만 3,000달러, 즉 1억 2,000만 원에 거래되고 있습니다). 이러한 변동성과 불안전성 때문에 암호화폐는 가치의 저장 수단으로서 제대로 기능하지 못할 확률이 높습니다. 하룻밤 사이에 가치를 모두 잃을 수도 있는 것이지요.

암호화폐에도 세금이 붙을까?

미국은 암호화폐 거래를 투자 행위로 간주하고 일반 금융거래보다 높은 세율을 적용하는 경우가 많습니다. 다만 법정 화폐로 암호화폐를 구매하는 경우는 예외적으로 과세 대상에서 제외됩니다.

미국에서 과세되는 암호화폐 거래는 다음과 같습니다.

- 암호화폐를 판매하는 경우
- 특정 코인을 다른 코인으로 교환하는 경우
- 암호화폐로 서비스 대금을 지급하는 경우
- 암호화폐로 물건을 구매하는 경우

미국 국세청은 암호화폐 거래를 주식 매매와 동일한 방식으로 취급해 과세합니다. 급여, 이자, 서비스 수수료 등 일반적인 과세 대상 소득을 암호화폐로 받더라도 동일하게 세금이 붙지요.

암호화폐의 세금 처리는 까다로운 편인데, 구매 시점과 사용 또는 판매 시점의 가치 차이를 놓고 과세하기 때문입니다. 암호화폐를 소유한 사람은 정확하고 투명한 세금 신고를 위해 모든 거래를 꼼꼼히 기록하고 관리해야 합니다.

한 걸음 더

암호화폐의 불법적인 면

암호화폐는 잘 사용하면 편리한 수단일 수도 있지만, 잘못 사용하는 경우 범죄에 휘말릴 수도 있습니다. 암호화폐는 사기에 굉장히 취약합니다. 그 이유는 바로 탈중앙화라는 본질적인 성격 때문이지요. 탈중앙화란 의심스러운 거래를 판단하고 금지할 수 있는 중앙화된 권한이나 규제 기관이 없다는 의미이기도 합니다.

게다가 암호화폐는 법적 실명이 아닌 지갑 주소를 통해 서로 거래를 진행하기에 익명성이 큽니다. 범죄자가 암호화폐를 사용해 사이버 범죄를 저지를 수 있지요. 블록체인 기술을 사용하기에 한번 진행된 거래를 되돌리기는 몹시 어렵습니다.

암호화폐를 이용한 투자 사기도 많은데, 존재하지도 않는 코인의 구매를 유도하거나 신종 암호화폐를 과장 광고해 여러 투자자를 모으고 돈을 가로채는 경우도 있습니다. 암호화폐에 투자를 하거나 거래를 할 때는 이런 모든 요소를 고려해 신중하게 결정해야 합니다.

돈은 어디로 흐르는가

가계에서 기업으로, 경제 순환 모형

#가계와기업 #해외부문 #금융시장

현대 사회에서 사람들의 경제적 이익은 주로 시장에서 결정되지만, 사회 구조 역시 무시할 수 없는 중요한 역할을 합니다. 시장경제와 사회 구조는 마치 그물처럼 서로 얽혀 있어 끊임없이 영향을 주고받습니다.

경제 순환 모형Circular flow model은 우리 경제를 거대한 순환 고리로 보여주는 지도와 같습니다. 이 지도에서 가계와 기업, 정부, 해외 부문이 어떻게 서로 연결되어 있는지, 상품과 서비스가 어떤 경로로 거래되는지, 또 노동과 자금이 어떻게 흘러가는지를 한눈에볼 수 있습니다. 마치 인체의 혈액 순환처럼, 각각의 시장들은 서로 긴밀하게 연결되어 영향을 주고받습니다. 이제 이 경제 순환의 핵심 주체들인 민간, 공공, 해외, 금융 부문을 하나씩 자세히 들여다보겠습니다.

민간 부문의 경제 흐름

경제 전반을 이해하기 위해서는 우선 가계와 기업이 생산물 시장과 생산 요소 시장에서 어떻게 영향을 주고받는지 확인해야 합니다. 경제 순환 모형에서는 가계와 기업을 묶어 '민간 부문'이라고 합니다. 둘 다 의사결정을 내리는 경제의 중요한 주체이지요.

가계는 기업에 노동, 토지, 자본 등의 생산 요소를 제공하고 그 대가로 임금이나 이자, 임대료, 이윤 등의 소득을 얻습니다. 그 소득으로 기업이 생산하는 재화와 서비스를 구매하지요. 즉 가계는 기업으로부터 소득을 얻고 그 소득을 사용해 다시 기업에 수익을 가져다줍니다.

기업은 가계로부터 노동, 토지 등의 생산 요소를 구매합니다. 이를 적절히 활용해 생산 활동을 하고, 그 과정에서 가계에 임금, 이자, 임대료 등의 형태로 비용을 지불하지요. 동시에 재화와 서비스를 생산해 시장에 내놓기도 합니다. 이렇게 가계와 기업은 서로 끊임없이 상호 작용하며 경제의 흐름을 만듭니다.

가계와 기업 사이에는 두 개의 큰 흐름이 있습니다. 첫 번째는 '실물의 흐름'입니다. 생산물 시장에서는 기업에서 생산한 재화와 서비스가 가계 방향으로 흘러가고, 생산 요소 시장에서는 가계가 지닌 토지, 노동, 자본 등이 기업 방향으로 흘러갑니다. 이런 모든 움직임을 통틀어 실물의 흐름이라고 하지요. 두 번째는 '화폐의 흐름'입니다. 화폐는 실물과 반대 방향으로 흐릅니다. 생산물 시장에서는 가계가 재화와 서비스를 구매함으로써 기업에 가격을 지불하

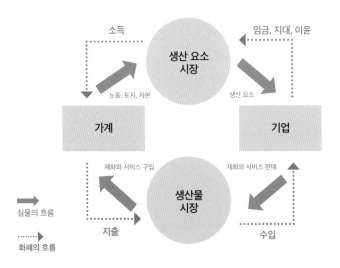

| 민간 부문의 경제 순환 모형 |

가계와 기업은 서로 재화와 서비스, 노동과 토지 등을 두고 거래한다. 기업은 가계의 노동과 토지를 사용한 대가로 임금과 지대를 주고, 가계는 받은 임금으로 비용을 지불하며 기업이 생산한 재화와 서비스를 소비한다.

고, 기업에서 노동과 토지 등을 활용한 대가로 가계에 임금이나 지대를 지불합니다.

공공 부문: 정부와 국가의 역할

'공공 부문'이란 지방 정부부터 중앙 정부까지 모든 형태의 정부를 가리킵니다. 정부는 가계로부터 노동이나 토지 같은 생산 요소를 구매하고 그 대가로 임금, 지대, 이자를 지급합니다. 또한 생산물 시장에서 재화와 서비스를 구매하며 기업과 상호 작용합니다.

정부는 기업으로부터 구매한 재화와 서비스, 가계에서 구매한 노동과 자본 등을 적절히 활용해 공공재와 공공 서비스를 제공합니다. 국방, 치안, 교육 등은 모두 정부가 제공하고 운영하는 공공재이자 공공 서비스에 속합니다.

정부의 주된 수입원은 생산 요소 시장과 생산물 시장 양쪽에 부과하는 세금입니다. 때로 정부는 세금 감면이나 보조금 지급으로 기업을 보조하고, 실업수당이나 경기 부양금 등으로 가계를 지원합니다. 보조금과 지원금은 모두 정부에서 가계와 기업으로 흐르는 자금인 것이지요.

해외 부문: 경제는 전 세계를 여행한다

한 국가의 경제는 결코 고립되어 작동하지 않습니다. 세계 경제라는 더 큰 범주에 속하기 때문이지요. 국가 경제를 논할 때 자국을 제외한 나머지 전 세계를 가리켜 '해외 부문'이라고 칭합니다. 국가 경제는 생산물 시장, 생산 요소 시장, 금융시장에서 다른 국가와 서로 영향을 주고받습니다. 확장된 경제 순환 모형은 국내 경제뿐만 아니라 세계 경제라는 더 큰 영역에서 시장이 어떻게 흘러가는지를 보여줍니다.

해외 부문까지 고려하면 생산물 시장의 흐름은 더욱 크고 넓어집니다. 국내에서 생산된 재화와 서비스 중 일부는 다른 국가로 수출되지요. 가계와 정부가 구매하는 재화와 서비스를 해외에서 수입하기도 합니다. 생산 요소 시장도 마찬가지입니다. 다른 국가의 노동이나 자본 등이 한 국가로 들어오면 해당 국가는 요소 소득(생산 요소에 대한 보수로 받는 임금)을 지급합니다. 가령 미국인이 해외에서 직장을 구해 돈을 벌면 '국외 수취 요소 소득'이 발생합니다. 또한 미국 정부가 해외 인력을 고용해 일하게 하고 그 대가를 지급하면 '국외 지급 요소 소득'이 생기는 것이지요.

해외에서 일하며 번 돈을 가족 부양을 위해 자국으로 보내는 사람도 많습니다. 이런 소득 이전을 '해외 송금'이라고 하지요. 해외 송금은 시장에서 이루어지는 직접적인 거래에는 속하지 않지만 국제 경제에 큰 영향을 미칩니다. 예를 들어 인도는 인구가 많은 만큼 해외에 나가 있는 사람도 많아서, 매년 미국이나 유럽 등에서 일하는 많은 인도인이 고향의 대가족에게 돈을 송금합니다. 세계 경제는 이런 식으로 긴밀히 연결되어 있습니다.

해외 투자

해외 투자의 가장 큰 목적은 이자와 이윤의 형태로 국외 요소 소득을 얻는 것입니다. 예를 들어 미국의 기업가가 아이슬란드에 땅을 사서 테마파크를 세운다고 합시다. 이 경우 아이슬란드로 미국 자본과 달러가 유입되고, 테마파크에서 얻은 크로나Krona(아이슬란드 통화) 수익은 미국으로 유출되지요. 이러한 투자는 큰 이익을 얻는 최선의 방식은 아닐지 몰라도 국외 수취 요소 소득을 창출하는 좋은 방법입니다.

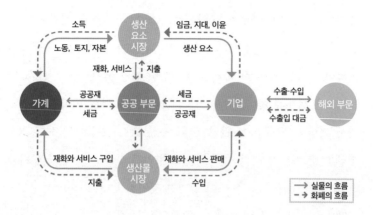

| 경제 순환 모형의 확장 |

정부는 가계와 기업으로부터 세금을 걷고 공공재나 공공 서비스를 제공한다. 한 국가의 경제는 대외 무역과 수출입까지 포함하기에 필연적으로 전 세계와 영향을 주고받는다.

   해외 투자는 무역 적자 해소를 위한 자금으로 쓰이기도 합니다. 미국과 중국의 사례를 살펴봅시다. 미국은 중국에 수출하는 것 이상으로 중국산 제품을 수입하는데, 이는 중국에서 미국으로 들어오는 저축이 무역 불균형을 해소해주기 때문입니다. 미국에서 중국산 수입품에 달러를 지출하면 중국은 그 달러로 미국 제품이나의 금융 자산을 구매하기 때문에 달러가 다시 미국으로 돌아오는 것이지요. 이런 관점에서 해외 투자는 무역 수지를 맞추는 자금으로 기능하기도 합니다.

   이러한 국제 금융의 순환은 세계 경제의 안정성에도 큰 영향을 미칩니다. 예를 들어 중국이 보유한 미국 국채는 양국의 경제적 관계를 더욱 긴밀하게 만들었습니다. 중국은 무역 흑자로 얻은 달러를 미국 국채에 투자함으로써 안정적인 수익을 얻고, 미국은 이를 통해 지속적인 무역 적자를 감당할 수 있는 것입니다. 이처럼 국제 금융 시장에서의 자본 이동은 각국의 무역 불균형을 조정하는 중요한 메커니즘으로 작동합니다.

금융 부문과 금융시장

경제가 굴러가는 데 핵심 역할을 하는 것이 바로 '금융 부문'입니다. 금융 부문에는 은행부터 신용 조합, 보험사, 증권거래소 같은 중개 기관이 포함되며, 이 기관들은 제각기 다른 거래를 맡아 원활히 진행되도록 합니다.

금융 기관들은 거의 모든 거래의 중심에 있기에 그 중요성을 과소평가해서는 안 됩니다. 금융 중개 기관이 없다면 대부분의 시장은 기능을 멈출 것이고 경제는 혼란에 빠질지도 모릅니다.

금융 중개 기관의 역할

생산물 시장에서 이루어지는 거래는 보통 체크카드나 신용카드, 애플 페이Apple Pay와 같은 온라인 결제 서비스와 현금을, 수출입의 경우에는 외환을 사용합니다. 이런 모든 결제 서비스는 금융 중개 기관에서 관리 감독하며 수수료를 받고 제공합니다. 이들의 역할은 사람들이 돈을 좀 더 편리하게 쓰도록 돕는 것입니다. 주식을 사고팔거나 여행을 떠나기 전에 달러를 유로로 환전하거나, 반려

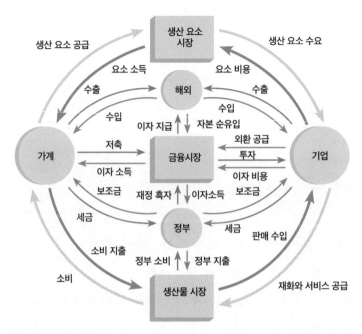

생산 요소 공급 · 생산 요소 수요

생산 요소 시장

요소 소득 · 요소 비용

수출 · 수출

해외

수입 · 수입

이자 지급 ↑ ↓ 자본 순유입

외환 공급

저축

투자

금융시장

가계

기업

이자 소득

이자 비용

보조금 · 재정 흑자 ↑ ↓ 이자소득 · 보조금

세금

세금

정부

소비 지출

판매 수입

정부 소비 ↑ ↓ 정부 지출

소비

생산물 시장

재화와 서비스 공급

| 경제 순환 모형의 확장 |

금융시장은 가계, 기업, 정부, 해외 부문을 연결한다. 경제가 원활하게 흘러가기 위해서는 금융 중개 기관과 탄탄한 금융시장이 반드시 뒷받침되어야 한다.

견 돌봄 업체를 열기 위한 창업 자금을 마련하거나 전기요금 자동 이체를 신청하는 것은 일상 속에서 누구나 처리하는 일이지요.

금융 중개 기관은 생산물 시장뿐만 아니라 생산 요소 시장에도 관여합니다. 이는 금융 중개 기관이 토지와 노동을 사용할 뿐만 아니라, 생산 요소에서 이루어지는 대부분의 거래에 개입한다는 뜻입니다. 예를 들어 미국에서는 많은 근로자가 급여를 현금이 아닌 수표로 받아 은행이나 신용조합에 입금하며, 부동산 거래 시에도 거의 항상 금융 기관이 중개합니다. 또한 생산 요소인 자본이 필요할 때 우리가 찾는 곳도 바로 금융 중개 기관입니다. 이처럼 금융은 우리의 일상생활과 밀접하게 연결되어 있습니다.

금융시장

지금까지 살펴본 바에 따르면 가계, 기업, 정부, 해외 부문에서 벌어들인 소득은 경제 순환 모형에서 모두 지출되었습니다. 돈이 들어온 만큼 지출하는 것이지요. 그러나 민간, 공공, 해외 부문은 제각각 다양한 방식으로 돈을 저축하기도 합니다. 서로 다른 경제 부문이 소득의 일부를 저축한다는 사실을 반영하려면 경제 순환 모형에 생산 요소 시장과 생산물 시장에 이어 세 번째 시장인 '금융시장'을 추가해야 합니다.

가계는 미래를 위해 돈을 절약하고, 기업은 향후 유망 분야에 투자하기 위해 이윤을 남겨 보존합니다. 정부는 종종 예산을 알뜰하게 관리해 흑자를 남기지요. 한 국가의 유동성 예금이 외국 주식 포트폴리오로 흘러들어가기도 합니다. 이런 모든 저축은 금융 중개 기관으로 흘러가고, 다시 대출의 형태로 경제의 각 부문으로 흘러갑니다.

국가 경제를 측정하는 법

GDP가 말해주는 것들

#경제성장지표 #지출의중요성 #국민총생산

수치를 측정하면 많은 것을 알 수 있습니다. 살을 빼고자 한다면 자주 체중계에 올라가 몸무게를 확인하는 것이 도움이 되지요. 교사는 학생들의 학습 이해도와 성취도를 측정하기 위해 점수와 등급을 매깁니다. 이를 바탕으로 부족한 부분을 파악하고 보충 학습을 할 수 있기 때문입니다. 야구 경기에서는 거의 모든 기록을 통계로 만들어 전략을 세울 때 활용합니다.

데이터와 통계는 정보에 입각해 결정을 내릴 때 유용한 도구입니다. 프랭클린 루스벨트 대통령은 대공황 직후인 1933년, 러시아 출신 경제학자 사이먼 쿠즈네츠Simon Kuznets에게 국가 경제를 측정할 수 있는 지표를 만들라고 지시했습니다. 그때까지도 경제를 측정할 마땅한 지표가 없었던 것이지요. 쿠즈네츠는 한 국가의 경제 수준을 보여주는 지표로서 국내총생산, 즉 GDPGross domestic product

| 사이먼 쿠즈네츠 |

러시아계 미국인 경제학자이자 통계학자인 사이먼 쿠즈네츠는 국가 경제를 측정할 지표로 '국내총생산'이라는 개념을 처음 만들어냈다.

라는 개념을 고안했습니다. 오늘날 GDP는 국가의 전반적인 경제 규모를 보여주는 중요한 정보로 활용됩니다.

한 국가에서 생산한 가치의 총합

GDP란 한 국가에서 일정 기간(주로 1년) 생산한 모든 최종 생산물의 가치를 측정한 것입니다. 달리 말하면 국내 생산물의 창출에 들어간 연간 지출을 측정한 수치이자, 국내 생산물에서 얻은 연간 소득을 측정한 것이기도 합니다. 이는 한 국가의 경제력을 판단하는 지표가 되지요.

GDP의 개념을 이해하기 위해 쉬운 예시를 봅시다. 프랭크와 대니라는 두 사람으로 구성된 경제 체제가 있다고 해봅시다. 겨울이 되고 날씨가 추워지자 프랭크는 대니에게 100달러를 줄 테니 담요를 하나 짜달라고 제안합니다. 대니는 이를 흔쾌히 받아들여 담요를 뜨기 시작하지요. 이윽고 담요를 완성한 대니는 프랭크가 건네는 100달러와 담요를 교환합니다. 두 사람으로 구성된 단순 경제에서 지출, 소득, 생산의 가치는 각각 얼마일까요? 정답은 100달러입니다. 즉 이 체제의 GDP는 100달러라고 볼 수 있습니다.

2022년 기준, 전 세계에서 GDP가 가장 높은 국가는 미국이었습니다. 총 25조 4,600억 달러로 어마어마한 재화와 서비스를 생산했지요. 뒤를 이은 것은 중국입니다. 중국은 17조 9,600억 달러로 뛰어난 저력을 보여주었습니다. 같은 해 한국의 GDP는 1조 6,700억 달러였지요.

GDP는 딱딱하게 쌓인 견고한 벽돌보다는 일정 기간 흐름을 측정하는 유량의 개념으로 접근해야 합니다. 수도꼭지를 틀고 배수구를 열어 놓은 욕조를 생각해보세요. 수도꼭지에서 흘러나오는 물이 바로 GDP입니다. 욕조에 담긴 물은 그 나라의 부이며, 배수구로 새어나가는 물은 감가상각 등 가치의 손실과 유출을 뜻합니다. 부의 유출이 GDP를 초과하지 않는 한, 그 나라의 부는 지속적으로 증가합니다.

GDP는 생산, 지출, 소득의 세 관점에서 분석할 수 있습니다. 생산 측면에서는 각 산업의 부가가치를 합산하고, 지출 측면에서는 소비, 투자, 정부 지출, 순수출을 합산합니다. 소득 측면에서는 임금, 이윤, 이자, 임대료 등 생산 요소별 소득의 총합을 계산하지요.

한 국가에서 일정 기간 모든 경제 주체가 생산한 가치의 총량은 동일 기간 해당 국가 경제 주체의 지출 총량과 같다고 봅니다. 그래서 GDP를 계산하는 가장 일반적인 방식은 국가 지출을 모두 더하는 것입니다. 지출은 소비, 투자, 정부 지출, 순수출의 네 가지 요소로 이루어져 있습니다. 소비란 가계와 기업 등 민간 분야에서 소비한 내역을 뜻합니다. 투자는 기업의 설비 투자, 건설 투자 등을 뜻하지요. 정부 지출은 정부의 소비와 투자를 포함합니다. 순수출이란 수출액에서 수입액을 뺀 수치입니다.

GDP가 보여주지 못하는 것들

GDP는 한 국가의 경제 활동 중 많은 부분을 보여주지만 모든 것을 보여주지는 못합니다. 본질적으로 GDP는 새로 생산한 가치를 측정하는 지표이지 축적된 부를 나타내는 개념이 아닙니다. GDP라는 지표 자체가 재화와 서비스 등 생산물과 자본, 노동 등 생산 요소의 가치만을 측정하기에 순수한 금융 거래는 포함하지 않기 때문입니다.

가령 주식시장을 떠올려봅시다. 한 개인이 가지고 있던 주식을 팔면 다른 개인이 그 주식을 구매합니다. 즉 한 개인에서 다른 개인으로 주식의 소유권이 넘어갈 뿐 새로운 재화나 서비스를 생산한 것이 아니기 때문에 주식 거래는 생산물 시장에 포함되지 않고, GDP에도 잡히지 않습니다. 주식 거래 중개인이 받는 수수료만이 GDP에 들어가지요. 실업수당, 재해 보상금 등의 이전 지출(생산 활동과 무관하게 대가 없이 지급하는 소득 이전)도 마찬가지로 GDP 계산에 포함되지 않습니다. 재화나 서비스를 생산하고 받는 것이 아니라, 단지 국가 정부에서 복지 수혜자에게로 소득이 이전된 것이기 때문이지요.

생산 활동이지만 금전 거래가 없는 경우도 GDP에서 제외됩니다. 아이를 돌보거나 청소와 빨래 등 집안일을 하는 것은 분명 노동에 속하고 큰 가치를 만들어냅니다. 그러나 금전적인 대가 없이 하는 일이기에 정확한 금전적 가치를 매기지 못하므로 GDP에서 배제됩니다. 흥미롭게도 이 모든 활동을 비용을 지불하고 타인에게 맡기면 GDP에 포함되지요. 집안일뿐만 아니라 정원의 잔디를 깎거나 엔진 오일을 교체하는 것 모두 비용을 내고 서비스를 구매하면 GDP에 속하지만, 직접 하면 GDP에 포함되지 않습니다.

GDP가 과대평가되지 않도록 재판매와 중간재 구매는 계산에서 빠집니다. 그러므로 대부분의 주택 구매는 GDP에 들어가지 않지요. 이미 지어져 있는 주택을 판매하는 것은 새로 가치를 생산하는 일이 아니기 때문입니다. 반면 새로 지어진 아파트를 구매하는 경우에는 GDP에 들어가지요. 재판매를 GDP에 포함하지 않는 가장 큰 이유는 중복 계산을 피하기 위해서입니다.

빵집에서는 밀가루와 버터, 설탕을 사서 맛있는 빵을 구워냅니다. 재료 구매 비용과 갓 구운 빵 판매 대금 모두를 GDP에 포함하면 GDP가 너무 높아질지도 모릅니다. 실질적인 경제 상황을 제대로 반영하지 못하는 것이지요. 이런 일이 발생하지 않도록 GDP를 계산할 때는 최종 생산물만 포함합니다. 빵의 가격에 재료 구매에서 발생한 비용이 이미 들어가 있는 것으로 간주하고 말입니다.

한 걸음 더

국내총생산과 국민총생산

경제 뉴스를 보면 GDP뿐만 아니라 GNP라는 용어도 많이 들려옵니다. GNPGross national product란 '국민총생산'을 뜻하는 말로 GDP와 더불어 한 국가의 경제 수준을 보여주는 중요한 개념입니다. GDP가 한 나라에서 연간 생산한 최종 생산물의 전체 가치를 측정한 지표라면, GNP는 한 나라의 모든 국민이 1년간 생산한 최종 생산물의 가치를 측정한 것이지요. 즉 외국인이나 외국이 소유한 기업에서 생산되었다면 GNP에 잡히지 않습니다. 가령 텍사스주에서 생산한 도요타 차량은 미국의 GDP에 포함되지만 미국 GNP에는 포함되지 않고 일본 GNP에 들어가겠지요.

GDP와 GNP는 상황과 맥락에 따라 각기 다른 역할을 합니다. 한 나라의 GDP가 높다는 것은 그 국가 경제가 활성화되어 있다는 뜻입니다. 어느 국가의 GNP가 GDP보다 훨씬 높다면 해외에서 많은 수익을 올리고 있다고 볼 수 있지요. 반대로 외국인이 많이 들어와 활동하는 나라는 GNP보다 GDP가 높을 수도 있습니다. GDP는 주로 국가 경제 성장률과 내수 상황을 평가하는 지표로, GNP는 국민의 소득 수준과 해외 경제 활동을 평가하는 지표로 활용되고 있습니다.

소비 심리가 GDP에 미치는 영향

가처분소득의 중요성

#가처분소득 #엥겔지수 #투자심리

GDP는 국내에서 새롭게 생산된 재화와 서비스에 대한 총지출을 측정하는 경제 지표입니다. 가계와 기업, 정부의 지출은 GDP에 서로 다른 변수로 잡힙니다. 지출 유형은 다양한 요인으로부터 영향을 받으며, 각 부문의 경제 활동에 대한 중요한 단서를 제공합니다. 이번 챕터에서는 민간, 즉 가계와 기업 부문의 소비와 지출에 영향을 끼치는 요소들을 살펴봅시다.

가계의 소비와 가처분소득

각 가계에서는 개인소비지출이 일어납니다. 개인소비지출이란 법인이 아닌 가계와 민간 비영리단체가 필요한 재화나 서비스를 구매하는 데 지불한 모든 비용을 합한 것으로, 쉽게 말해 한 국가에서 정부와 기업을 제외한 모든 개인이 쓴 돈의 합계액을 말합니다. 많은 국가에서 소비가 GDP의 큰 부분을 차지합니다. 예를 들어 미국 GDP 지출의 3분의 2 이상이 소비에 해당하지요.

가계의 소비 능력은 주로 가처분소득, 즉 세후 소득에 의해 결정됩니다. 이는 정부가 가계의 소비에 상당한 영향력을 행사한다는 뜻입니다. 세금을 결정하는 것이 정부이기 때문이지요. 소비자는 가처분소득이 생기면 생산물 시장에서 필요한 재화나 서비스를 소비하고, 남은 소득은 금융시장에 저축합니다. 가계의 소득 수준과 소비 구조를 보여주는 대표적인 경제지표로 '엥겔 지수Engel's Coefficient'가 있습니다.

최상위층
엥겔 지수
25퍼센트 이하

상위층
엥겔 지수 25~30퍼센트

중위층
엥겔 지수 30~50퍼센트

하위층
엥겔 지수 50~70퍼센트

극빈층
엥겔 지수 70퍼센트 이상

| 엥겔 지수 |

엥겔 지수란 일정 기간 가계의 총지출에서 식비가 차지하는 비율을 계산한 수치다. 독일 통계학자 에른스트 엥겔Ernst Engel은 식비 비중이 높을수록 저소득 가정이라고 주장했으나 오늘날 외식 문화 확산, 생활 방식 변화 등으로 인해 이론의 설득력이 떨어지고 있다.

자산 가치 변동과 소비 심리

소비는 소비자의 자산과 금리 수준뿐만 아니라 심리적 요인과 사회적 분위기에도 크게 영향을 받습니다. 일반적으로 소비자의 자산이 증가하면 소비가 늘고, 감소하면 줄어듭니다. 예를 들어 부동산 가격 상승은 개인의 순자산을 증가시켜 소비 여력을 높이고 이는 경기 활성화로 이어질 수 있습니다.

주택과 함께 소비자 자산의 큰 비중을 차지하는 것이 퇴직연금입니다. 많은 기업들이 금융 기관에 퇴직금을 적립해 은퇴 시점에 지급하는데, 퇴직연금 계좌는 다우존스 산업평균지수나 S&P500 같은 주요 경제지표의 영향을 받아 자산 가치가 변동하며, 이는 결국 소비 행태에도 영향을 미칩니다.

자동차나 주택 같은 고가의 내구재 구매에는 흔히 대출이 필요하므로, 금리 변동이 중요한 변수가 됩니다. 높은 금리는 대출 부담을 증가시켜 내구재 구매를 위축시키는 반면, 낮은 금리는 대출을 용이하게 만들어 대규모 소비를 촉진합니다.

소비 결정에 있어 기대 심리의 중요성은 매우 자연스러운 현상입니다. 사람들은 미래에 대한 불확실성이나 불안감이 커질 때 지출을 줄이고 위기에 대비하려 하지만, 경기 전망이 밝고 낙관적일 때는 지출을 늘리고 저축을 줄이는 경향을 보입니다.

자율 소비

가계의 가처분소득과 무관하게 필수적으로 이루어지는 소비를 경제학에서는 '자율 소비'라고 합니다. 경기 침체가 오면 부동산이나 자가용, 비싼 가구 등의 소비는 줄어드는 반면 식품과 의류와 같은 필수재 소비는 상대적으로 영향을 덜 받습니다.

2020년 3월, 코로나19 팬데믹으로 전 세계가 봉쇄 조치를 취했던 당시에 어떤 소비가 발생하고 어떤 소비가 중단되었을까요? 식료품 등 생필품에 대한 수요와 소비는 꾸준했던 반면 집과 차를 비롯한 고가의 소비와 여행, 외식 등 재량 지출은 크게 줄었습니다.

투자는 어떻게 경제를 움직일까?

가계와 기업은 일상적인 소비뿐만 아니라 투자와 같은 다른 지출도 합니다. 이를 '민간 투자'라고 합니다. 기업의 자본 및 재고 구매, 가계의 신규 주택 구매가 모두 여기에 포함됩니다. 민간 투자는 순투자와 감가상각으로 구성되는데, 순투자란 자본을 새로 구매해 경제의 생산력을 확대하는 것을 뜻하고, 감가상각이란 시간에 따른 자산 가치 감소를 회계에 반영하는 것을 뜻합니다.

GDP를 계산할 때에는 투자에 포함되는 항목과 그렇지 않은 항목을 잘 구분해야 합니다. 주식이나 채권 등 금융상품 투자는 GDP에 들어가지 않습니다. GDP를 계산할 때 들어가는 투자란 실물 투자뿐입니다. 기계, 장비, 건물과 같은 내구재를 구매하는 데 들어가는 돈을 말하지요. 하지만 아이러니하게도 경제학적 관점에서 보면 실물에 투자하기 위해서는 금융시장에서 발생하는 금융 투자 자금이 필요합니다.

민간 투자의 규모는 주로 두 가지 요인에 의해 결정됩니다. 첫째는 경기 전망입니다. 미래에 대한 긍정적 전망은 투자를 촉진하고, 부정적 전망은 투자를 위축시킵니다. 기업들은 면밀한 미래 분석을 통해 예상 수요에 맞는 적정 생산력을 유지하고자 합니다. 둘째는 이자율입니다. 이자율 상승은 투자의 상대적 수익성을 낮춥니다. 가계와 기업은 대부분 투자의 기대 수익률이 현행 이자율을 초과할 때만 투자를 결정합니다.

경기 변동을 읽는 열쇠

투자는 계획된 투자와 의도치 않은 재고 증가로 구분됩니다. 계획된 투자는 경제가 정상 궤도를 유지할 때 이루어집니다. 기업은 시장 전망에 기초하여 자본과 노동력에 투자하고, 생산된 상품을 판매하여 수익을 창출합니다.

반면 경기가 악화되면 의도치 않은 재고 증가가 발생합니다. 예를 들어, 자동차 매매업자는 통상적으로 공장에 재고를 주문하여 소비자에게 판매합니다. 하지만 소비 부진으로 차량 구매가 감소하면, 매매업자는 주문을 중단하고 공장에는 판매되지 못한 재고가 쌓입니다. 결국 생산이 중단되고, 이러한 현상이 전반적으로 확산되면 대규모 실업과 경기 침체로 이어지게 됩니다.

GDP의 마지막 퍼즐

국가 경제를 결정하는 수출액

#세금재분배   #정부지출효과   #금리와수출량

GDP는 단순히 가계와 기업의 소비지출과 민간 투자를 합산한 것만으로 측정하지 않습니다. 정부 지출과 순수출까지 더해야 국가 전체에서 생산된 가치의 합계를 정확히 파악할 수 있지요. 즉 국가 경제는 단순히 가계와 기업만의 노력으로 이루어지는 것이 아니라 정부의 지출, 외국과의 교역에도 영향을 받습니다.

이전 지출은 GDP에 들어가지 않는다

정부 지출이란 정부가 국민의 복지와 국가 발전 및 유지를 위해 사용하는 지출을 의미합니다. 정부는 국가의 경제 성장과 안정을 위해 다양한 비용을 들이지요. 국민 생활 개선, 사회 복지 확충, 국방력 강화, 교육 제도 안정화, 기반 시설 구축, 산업 육성에 들어가는 돈이 모두 정부 지출에 집계됩니다.

이러한 정부 지출금은 주로 과세와 차입을 통해 조달됩니다. 따라서 정부 지출의 기회비용은 민간이 세금으로 지출한 만큼 포기해야 하는 소비와 투자라고 할 수 있습니다. 예를 들어 50만 원의 세금은 가계가 새로운 가전제품을 구매할 수 있는 기회를 포기하는 것과 같습니다.

주목할 점은 GDP 계산 시 정부의 이전 지출은 포함되지 않는다는 것입니다. 실업급여, 복지 서비스, 기업 보조금 등은 새로운 가치 창출이 아닌 세금의 재분배에 해당하기 때문입니다.

GDP 대비 정부 지출 비중은 나라마다 크게 다릅니다. 코로나가 한창이던 2020년에 미국의 정부 지출은 GDP의 무려 47퍼센트를 차지했습니다. 같은 해 한국의 정부 지출은 38퍼센트로 역시 사상 최고치를 기록했지요. 대다수 선진국의 GDP 대비 정부 지출 비중은 35퍼센트에서 50퍼센트 사이에 있습니다. 그보다 경제 사정이 좋지 못한 나라들의 정부 지출 비중은 상대적으로 적은 편이지요.

정부 지출의 한계

정부 지출의 규모를 결정하는 것은 조세 수입과 차입 능력입니다. 미국 같은 국가에서 이는 큰 문제가 되지 않습니다. 미국은 납세의 의무가 있는 나라이고, 정부에서 발행하는 국채 등은 인기 있는 금융상품이기 때문입니다. 민주당과 공화당 둘 중 어느 당이 집권하든, 미국의 정부 지출은 우상향 추세를 보입니다.

정부 지출은 보통 경기 침체기에 소비를 자극하기 위해 사용됩니다. 가계나 기업 등 민간 부문에서 지출할 능력이 부족하다고 해도 정부는 지출할 능력과 의지가 있기 때문입니다. 물론 그러다 지출이 세수를 초과해 재정 적자를 기록하기도 하지요. 이러한 정부 지출의 유효성을 두고 서로 다른 경제학파 사이에 논쟁이 있습니다.

존 메이너드 케인스의 영향을 받은 케인스학파 경제학자들은 경제를 원활하게 하는 정부 지출을 옹호하는 편입니다. 이들은 정부 지출이 '승수 효과'를 낳는다고 봅니다. 정부가 지출을 늘릴 경우 지출한 금액보다 많은 수요가 창출된다는 것이지요. 그러나 고전학파 경제학자들과 자유주의파 경제학자들은 정부 지출이 더 효율적인 민간 지출을 상쇄하기 때문에 올바른 경기 부양책이 될 수 없다고 주장하지요. 가령, 앞에서 예시로 든 것처럼 한 개인이 세금으로 50만 원을 내면 그만큼 소비를 줄이게 됩니다. 이들은 이것이 경기 활성화에 효과적인 영향을 미치지 못한다고 봅니다.

GDP를 결정하는 마지막 요인, 순수출

수출에서 수입을 뺀 순수출은 GDP 계산에 들어가는 마지막 변수입니다. 새로운 국내 생산물을 수출하면 GDP에 더하고, 해외 생산물을 수입하면 GDP에서 빼지요.

미국은 무역에서 거의 매년 적자를 기록하기 때문에 대부분의 해에 순수출은 GDP를 차감하는 요인이 됩니다. 그러나 최근 몇 년간 수출이 증가하면서 GDP의 유지에 기여했지요. 그러나 다른 대부분의 국가들과 비교했을 때 미국의 순수출이 경제 활동에서 차지하는 부분은 여전히 아주 작습니다. 미국은 내수 시장이 충분히 커서 수출 의존도가 낮기 때문입니다.

순수출은 환율에 영향을 받으며, 소비와 투자처럼 금리에도 영향을 받습니다. 가령 달러의 가치가 상승하면 미국 상품은 상대적으로 비싸져서 수출이 감소하겠지요. 반면 달러 가치가 하락하면 미국 상품이 상대적으로 저렴해져서 수출이 증가할 것입니다. 미국 금리가 오르면 달러의 가치가 상승해 수출이 감소합니다. 반면 금리가 낮아지면 달러 가치가 하락해 수출을 자극하지요.

> 한 걸음 더

정부 지출의 경제적 효과: 양날의 검

"정부는 경기 침체기에 지출을 늘려야 하는가?" 이 질문을 두고 경제학계의 오랜 논쟁이 이어져 왔습니다. 케인스학파는 정부 지출이 돈의 추가 순환을 만들어 투자 금액 이상의 경제 효과를 낳는다고 주장합니다. 100원의 정부 지출이 120원, 150원의 효과로 증폭된다는 논리죠. 반면 고전학파는 정부가 걷은 세금만큼 민간의 소비와 투자가 줄어 오히려 경제를 위축시킨다고 반박합니다. 정부가 100원을 쓰려면 그만큼의 세금을 거둬야 하고, 이는 민간 소비를 감소시킨다는 것입니다. 이 오랜 논쟁은 결국 '시장과 정부, 누구를 더 신뢰하는가'라는 근본적 질문으로 귀결됩니다.

GDP가 늘면 경제가 성장한 것일까

명목 GDP VS 실질 GDP

#GDP계산법 #실질성장률 #물가변동반영

지금까지 우리는 GDP를 지출의 총합이라는 관점에서 살펴보았습니다. 민간 소비와 투자, 정부 지출, 순수출을 모두 더하면 GDP가 나오지요. 그러나 지출 계산만이 경제 성장 지표를 측정하는 유일한 방법은 아닙니다. GDP를 측정하는 다른 방법도 있습니다. 소비 또는 생산이라는 관점에서 볼 수도 있지요.

경제학자들은 때때로 GDP를 측정하기 위해 '소득 접근법'과 '생산 접근법'을 활용합니다. 그러나 지출, 소득, 생산 어느 관점에서 계산하든 GDP는 모두 같은 값이 나오도록 설계되어 있습니다. 서로 다른 것을 측정하는 것이 아니기에 각각의 방법으로 측정할 때 대략 비슷한 값이 나와야 하기 때문입니다. 또한 경제학자들은 매년 경제 성장률을 분석하기 위해 명목 GDP와 실질 GDP의 차이도 고려합니다.

복잡하고 손이 많이 가는 소득 접근법

이론적으로 따지면 지출로 접근하든 소득으로 접근하든 GDP는 같아야 합니다. 소득이 곧 지출로 이어지기 때문이지요. 민간 소비와 투자, 정부 지출 그리고 순수출을 할 수 있는 능력은 국내 생산으로 얻은 소득에서 나옵니다. 다시 한번 강조하지만, 이 소득은 생산 요소 시장에서 토지, 노동, 자본을 판매하고 얻은 각종 지대, 임금, 이자 등을 포함합니다.

소득 계산은 지출 계산보다 더 복잡합니다. 그 이유는 이윤이 기업, 주주, 소유주 등에게 나뉘어 흘러가기 때문입니다. 게다가 세금과 보조금으로 인해 시장에서 실제로 거래된 가격과 생산자가 얻은 소득 사이에 차이가 발생합니다. 또한 가계와 기업 등 생산자가 세금 부담을 줄이려고 소득을 적게 신고하기도 합니다. 이 모든 것이 정확한 소득 측정에 방해 요인이 됩니다.

결국 경제학자에게 소득 측정은 지출 측정보다 더 복잡하고 손이 많이 가는 일이지만, 단순히 놓고 보면 소득은 지대, 임금, 이자, 이윤의 총합과 같다고 봐도 무방합니다.

생산 과정에 발생한 부가가치의 합

GDP를 계산하는 또 다른 방법은 한 국가에서 일어나는 모든 생산 활동의 가치를 더해 총액을 계산하는 것입니다. 이를 '생산 접근법'

이라고 하지요. 생산 접근법은 각 생산 단계에서 발생하는 부가가치를 합산합니다. 예를 들어 자동차는 최종 생산물이지만 그 안에는 엔지니어의 노동력, 부품과 중간재 비용 등 측정 가능한 가치가 들어 있습니다. 매 생산 단계에서 발생하는 모든 가치를 더하면 한 국가가 생산한 전체 가치를 알 수 있다는 관점입니다.

그러나 생산 접근법에는 명백한 단점이 있습니다. 바로 중간재와 최종재를 구분하기가 어렵다는 것입니다. 마트에서 파는 설탕 한 포대는 중간재로 보아야 할까요, 아니면 최종재로 보아야 할까요? 이는 누가 어떤 이유로 구매하느냐에 따라 달라집니다.

생산 접근법에서는 시장 생산과 비시장 생산의 가치를 모두 측정해야 합니다. 시장 생산이란 시장에서 판매되는 재화나 서비스를 뜻합니다. 민간 기업에서 생산한 제품들이 모두 여기에 속하지요. 반면 비시장 생산은 판매를 위해서가 아니라 정부나 비영리단체에서 제공하는 재화나 서비스를 뜻합니다. 비시장 생산은 재화나 서비스의 가격이 정해져 있지 않아 그 가치를 측정하기 어렵습니다. 그래서 보통 생산 비용으로 가치를 판단하지요. 미국 정부는 공식적으로 GDP를 계산할 때 생산 접근법을 사용하지 않습니다. 변수가 너무 많고 측정이 어렵기 때문입니다.

명목 GDP와 실질 GDP

명목 이자율, 실질 이자율에서 알 수 있듯이 '명목'과 '실질'은 경제학 전반에 걸쳐 나오는 개념입니다. GDP도 예외는 아니지요.

'명목 GDP'란 시장에서 거래되는 모든 재화와 서비스의 총액을 현재 가격으로 계산한 것을 말합니다. 가령 2024년 GDP는 2024년에 생산된 모든 상품과 서비스의 가치를 그해 가격을 적용해 계산한 값이지요. 이는 물가 변동을 고려하지 않아 단순히 현재의 경제 활동 규모를 반영한 수치로 볼 수 있습니다.

그러나 해마다 GDP를 유의미하게 비교하기 위해서는 시간의 흐름에 따른 가격 변동까지 고려해야 합니다. 물가상승률을 고려하지 않으면 잘못된 결과가 나올 수 있습니다. 즉, 명목 GDP는 계속 올라 경제가 성장하는 것처럼 보이지만 사실상 물가만 오른 것일 수 있지요. 물가 변동까지 고려해 계산한 국내총생산을 명목 GDP와 비교해 '실질 GDP'라고 합니다. 쉽게 말해 실질 GDP는 명목 GDP에서 물가 변동분을 고려해 조정하는 방식으로 구합니다.

쉬운 예시와 함께 살펴봅시다. 비치볼을 생산하는 단순 경제 체제가 있다고 해봅시다. 2022년에 이 체제에서 비치볼 100개가 생산되었고, 소비자는 개당 1,000원을 내고 모든 공을 구입했습니다. 2023년에도 동일하게 100개의 비치볼이 생산되었지만, 물가 상승으로 인해 소비자들은 개당 1,500원을 지불해야 했습니다.

이 정보를 바탕으로 명목 GDP를 구하면 2022년의 명목 GDP는 10만 원, 2023년의 명목 GDP는 15만 원입니다. 외부에서 이를 보면 생산량이 50퍼센트 성장했다고 잘못된 결론을 내릴 수 있습니다. 그러나 사실 생산량은 변하지 않았고 가격만 올랐을 뿐이지요. 즉 실질적인 생산량을 비교하기 위해서는 가격을 고정해야 합니다. 2022년 가격으로 고정해 비교할 경우, 2022년과 2023년의 실질 GDP는 10만 원으로 같습니다. 생산량에는 변화가 없었다는 말입니다. 이것이 명목 GDP와 실질 GDP의 차이입니다.

명목 GDP는 보통 국가 경제의 전체적인 규모와 구조의 변동 등을 분석하는 데에 사용합니다. 반면 실질 GDP는 경제 성장률, 경기 변동 등 실제 경제의 흐름과 변화를 파악하게 돕는 지표이지요.

한 걸음 더

GDP 디플레이터

국내에서 생산된 모든 재화와 서비스 가격을 반영한 물가지수를 가리켜 'GDP 디플레이터GDP Deflator'라고 합니다. 디플레이터란 가격 변동에 의한 영향을 제거하기 위해 활용하는 지수를 뜻하지요.

GDP 디플레이터는 명목 GDP를 실질 GDP로 나누어 100을 곱한 값입니다. 예를 들어 명목 GDP가 15만 원이고 실질 GDP가 10만 원이라면 GDP 디플레이터는 150이 되겠지요. 만약 2022년이 기준연도이고 (2022년 GDP 디플레이터는 100) 2023년 GDP 디플레이터가 150이라면 2023년의 종합적인 물가지수는 2022년보다 50퍼센트 올랐다고 볼 수 있습니다.

이러한 GDP 디플레이터는 소비자물가지수CPI와 함께 대표적인 물가 지표로 활용되며, 특히 국가 전체의 생산물 가격 변동을 포괄적으로 반영한다는 특징이 있습니다.

돈으로 행복도 살 수 있을까

GDP의 한계와 다른 복지 지표

#GDP의함정   #친환경지수   #인간개발지수

1968년 3월, 당시 대통령 경선 후보였던 로버트 F. 케네디는 캔자스대학교에서 진행한 연설에서 당시 경제 성과의 주요 지표였던 국민총생산GNP이 국가의 모든 가치를 말해주지 못하며, 허점투성이라고 언급했습니다. 그의 연설 일부를 함께 살펴봅시다.

> 우리는 오랜 시간 물질의 축적을 위해 개인의 탁월함과 공동체라는 가치를 희생했습니다. 현재 미국의 GNP는 연간 8,000억 달러가 넘습니다. 그러나 여기에는 대기 오염, 담배 광고 등 어두운 면도 담겨 있지요. (중략)
> 반면 GNP에는 우리 아이들의 건강, 교육의 질, 놀이의 즐거움이 반영되지 않습니다. 시 구절의 아름다움, 결혼으로 꾸린 한 가정의 기쁨, 공적인 토론으로 얻을 수 있는 지성, 공직자의

청렴도 포함되지 않지요. GNP로는 우리 국민들의 재치, 용기, 지혜, 배움, 열정, 헌신을 측정하지 못합니다. 한마디로 GNP는 삶을 의미 있게 하는 가치를 제외한 모든 것의 총합이지요. 우리가 미국인이라는 사실이 왜 자랑스러운지를 제외한 모든 것을 말해줄 뿐입니다.

　GNP뿐만 아니라 GDP도 마찬가지입니다. 경제지표는 한 국가에 대해 많은 것을 알려주지만, 그 국가에서 만들어낸 모든 가치를 설명하지는 못하지요. 경제적이고 물질적인 관점에서 생산량과 그 변화를 설명할 뿐입니다.

실질 GDP가 말해주는 것

로버트 F. 케네디의 연설은 아주 명확합니다. GDP는 모든 것을 포괄하는 것처럼 보이지만 그렇지 못하다는 것이지요. 특히 자녀 자녀 양육, 노부모 부양 등 무급 노동의 가치는 전혀 반영되지 않습니다.

　그렇다고 GDP가 전혀 의미 없는 지표일까요? 그렇지 않습니다. 실질 GDP가 증가하면서 수백만 명이 자원의 희소성 문제와 절대적 빈곤에서 벗어난 것은 사실이지요. 이전 세대와 현재 세대의 삶을 비교하면, 실질 GDP의 증가로 의료, 교육, 주거 등에 대한 접근성과 안전성이 높아졌습니다. 평균 수명도 크게 증가했지요. 또한 실질 GDP의 증가와 함께 평균 근무일수는 꾸준히 줄었고, 평균 휴가일수는 늘었습니다. 사람들의 여가 시간도 늘었지요. 복지를 측정하는 기준으로서 GDP는 장단점을 두루 가지고 있습니다.

1인당 GDP와 삶의 질: 숫자 너머의 진실

한 국가의 GDP를 인구수로 나눈 '1인당 GDP'는 국민의 평균적인 생활 수준을 가늠하는 대표적인 경제지표입니다. 이는 국가 간 경제적 성과를 비교하고 전반적인 복지 수준을 평가하는 데 널리 활용됩니다. 그러나 이 지표에는 중대한 한계가 있습니다. 바로 국가 내 소득 분배의 불균형을 전혀 반영하지 못한다는 점입니다.

이를 선진국 사례를 통해 살펴보겠습니다. 미국과 노르웨이는 모두 세계 최상위권의 1인당 GDP를 기록하고 있습니다. 하지만 두 나라의 소득 분배 양상은 매우 다릅니다. 노르웨이는 강력한 사회 안전망과 재분배 정책으로 대다수 국민이 비교적 균등한 생활 수준을 누리고 있습니다. 반면 미국은 상위 1퍼센트와 나머지 계층 간의 소득 격차가 크게 벌어져 있어, 같은 사회 안에서도 극심한 빈부 격차가 존재합니다. 예시로 소득 5분위 배율을 살펴보겠습니다(2021년 기준, OECD 자료).

- **노르웨이**: 3.9배(상위 20% 소득이 하위 20% 소득의 3.9배)
- **미국**: 8.4배(상위 20% 소득이 하위 20% 소득의 8.4배)
- **한국**: 6.0배(상위 20% 소득이 하위 20% 소득의 6.0배)

따라서 1인당 GDP는 한 나라의 경제적 성과를 보여주는 유용한 지표이지만, 이것만으로 국민의 실제 삶의 질을 판단하기는 어렵습니다. 진정한 국가의 발전은 단순한 경제적 성장을 넘어, 그 혜택이 사회 구성원들에게 얼마나 고르게 분배되는지에 달려 있기 때문입니다.

환경 문제와 GDP 비판론자

한쪽에 GDP를 계산하고 분석하는 학자가 있다면, 반대편에는 이를 비판하는 학자도 있습니다. 그들은 GDP가 환경 파괴를 고려하지 못한다는 점을 비판합니다. GDP는 생산이나 지출 등에 주목해 경제 규모를 파악하는 지표이기에 지속적인 성장을 위해 더 많이 생산하도록 자극한다고 지적하는 것이지요. 성장하기 위해서는 인간의 노동과 자본이 필요할 뿐만 아니라 한정된 자연 환경, 천연자원 등을 끊임없이 개발해야 합니다.

GDP 비판론자의 관점에서 산림 파괴, 해양 오염, 기후 변화를 비롯해 지구 곳곳에서 일어나고 있는 환경 문제는 GDP에 대한 편협한 인식이 낳은 결과물입니다. 그러나 GDP 옹호론자는 오히려 실질 GDP가 증가한 덕분에 생활 수준이 향상했고 환경을 돌볼 여유가 생겼다고 주장합니다. 실제로 GDP 규모가 큰 경제 선진국들이 환경 보전과 친환경 정책에 많은 노력을 기울이고 있지요. 몇몇 학자들은 GDP의 한계를 극복하기 위한 경제지표로 '녹색 GDP'라는 지표를 만들었습니다. 생산 활동으로 만들어진 가치에서 환경 피해 등의 비용을 뺀 수치이지요. 그러나 현실적으로 환경의 가치 는 정확히 평가하기 어렵다는 한계가 있습니다.

GDP 외의 지표들

GDP의 한계와 결함에 대한 비판을 바탕으로 이를 보완한 측정 방 식과 지표가 등장했습니다. 그중 유의미한 몇 가지를 살펴봅시다.

- **인간개발지수**HDI, Human Development Index: 유엔개발계획UNDP 에서 매년 발표하는 인간개발보고서의 한 항목입니다. 평균 수명, 1인당 국민소득, 문자 해독률 등을 기준으로 인간의 발전 정도와 국가별 국민의 삶의 질 수준을 나타내는 지표 입니다. 빈곤과 불평등 문제를 연구한 아마르티아 센Amartya Sen과 마흐붑 울 하크Mahbub Ul Haq가 개발했지요.
- **지구촌행복지수**HPI, Happy Planet Index: 영국 신경제재단NEF이 2006년에 도입한 지표로, 사람들의 행복과 건강한 생활을 측정하는 기준입니다. 기대수명과 주관적 웰빙 점수를 곱한 뒤 탄소발자국으로 나누어 계산합니다. 어느 나라가 환경을 해치지 않고 지속가능한 행복을 누릴 수 있는지 측정하는 것이지요.
- **지속가능한 경제복지지수**ISEW, Index of Sustainable Economic

Welfare: 스웨덴의 스톡홀름 환경연구소SEI와 영국 신경제재단 등이 공동으로 개발한 복지 측정 지표로, 기존 GDP에 반영되지 않은 가사 노동, 보건 교육의 공공 지출 등을 합산하고 지속가능한 복지에 저해 요인이 되는 소득 분배 악화, 환경 오염을 삭감해 계산합니다.

- **사회건강지수**ISH, Index of Social Health: 국가 전체의 사회적 건강을 측정하기 위한 지수입니다. 소득 불평등, 빈곤율, 교육 수준 등 16개의 사회적 지표를 기반으로 측정하지요.
- **참진보지수**GPI, Genuine Progress Indicator: 1995년 미국 샌프란시스코의 싱크탱크인 진보 재정의Redefining Progress 연구소에서 제시한 지표입니다. GDP나 GNP에서 중요시되지 않는, 환경과 인간과 사회에 실질적 이로움을 주는 활동을 포함해 한 국가의 복지를 경제적 관점에서 측정하지요.

| 아마르티아 센 |

인도 출신 경제학자로, 불평등과 빈곤 문제를 연구한 공로로 1998년 아시아인 최초로 노벨 경제학상을 수상했다.

햄버거로 환율을 예측할 수 있다고?

독특한 7가지 경제지표

#경제지표분석　#립스틱지수　#빅맥과환율

경제지표는 경제학자를 비롯해 정치인, 금융인, 투자자 등이 경제 현황을 파악하고 앞날을 예측하는 데 도움을 주는 측정 도구입니다. 각국 경제지표는 주로 정부에서 조사하고 발표하지만 때로는 대학교나 비영리기관, 국가 산하 연구소, 시민 단체 등에서 발표하기도 합니다.

경제지표는 대부분 독립적인 통계 자료가 아닙니다. 그 자체로는 큰 의미를 찾기 어려울 때가 많다는 뜻이지요. 다른 지표들과 비교하거나 시간의 흐름에 따른 변화와 추이를 살필 때 비로소 도움이 됩니다. 예를 들어 올해 실업률이 몇 퍼센트인지 아는 것보다 지난 3년간 실업률의 변화를 아는 것이 경기 분석과 이해에 도움이 되지요.

함께 변하거나 나중에 변하거나

경제지표는 경기 순환을 관측하는 시점에 따라 셋으로 나뉩니다. 선행지표, 후행지표, 동행지표가 그것이지요. 각 지표는 현재 경제 상황과 앞으로의 동향을 파악하는 데 있어 다른 종류의 정보를 제공합니다.

선행지표

선행지표는 경기가 전체적으로 바뀌기 전에 앞서 변하는 지표입니다. 즉 앞으로의 경기 변동을 예측하는 데에 도움이 되는 자료입니다. 경기가 항상 선행지표에 따른 예측대로 전개되지는 않지만, 지난 수십 년간 쌓인 데이터를 바탕으로 선행지표는 믿을 만한 정보를 제공합니다. 경제학에서 흔히 인용하는 선행지표는 아래와 같습니다.

- **내구재 주문량**: 자동차, 산업 장비 등 고가 품목의 수요
- **주택 착공건수**: 신규 주거용 건물의 건설 시작 수
- **소비자 신뢰지수**: 국가 경제와 개인 재무에 대한 소비자의 낙관도

내구재나 주택 수요가 증가한다는 것은 향후 경제가 견실할 것이라는 청신호입니다. 반대로 감소한다면 경기 침체의 전조로 해석될 수 있습니다.

후행지표

후행지표는 경기 변동에 뒤이어 나타나는 지표입니다. 경제학자들은 실제로 국가 경제에 어떠한 변화가 일어나고 있는지 확인할 때 후행지표를 활용합니다.

대표적인 후행지표가 바로 실업률과 물가상승률입니다. 실업률이 상승한다는 것은 경제가 이미 어려움을 겪고 있다는 뜻으로, 보통 경제가 완연한 회복세에 접어들기 전까지는 실업률이 감소하지 않습니다. 물가는 사람들의 경제 활동의 결과로 상승하거나 하락하므로 물가상승률은 경제 변화를 반영하는 후행지표지요.

동행지표

동행지표란 경기와 동시에 변화하는 경제지표입니다. 후행지표와 마찬가지로, 동행지표도 국가의 경제적 안정성과 재정건전성을 확인하는 데 도움이 됩니다. 예를 들어 국가 경제가 탄탄하다면 국민들의 소득이 증가하겠지요.

앞에서 살펴본 GDP는 가장 폭넓게 쓰이는 동행지표입니다. GDP는 특정 기간에(보통 한 분기나 1년) 한 국가에서 판매된 모든 재화와 서비스의 가격을 측정한 값으로, 전반적인 국가 경제 상태를 보여줍니다. 경제학자들은 연도별 GDP 변화를 분석해 경제 성장률 등을 예측할 수 있습니다.

경제지표는 단순히 정부, 중앙은행, 경제학자들만을 위한 것이 아닙니다. 소비자 신뢰지수, 실업률, GDP 등의 지표는 개인의 재무 계획과 투자 결정에도 중요한 나침반 역할을 합니다. 이러한 지표들은 현재의 경제 상황을 파악하고 미래의 변화를 예측하는 데 필수적인 도구이기 때문입니다. 주식시장은 금융 경제지표에 민감하게 반응하므로, 지표를 분석해 흐름을 제대로 파악한 투자자는 확고한 우위를 점하고 좋은 결정을 내릴 수 있습니다.

기상천외한 7가지 경제지표

모든 경제지표가 각종 비용과 가치로 측정되고 슈퍼컴퓨터로 수집되어 복잡한 수식이나 백분율로 나타나는 것은 아닙니다. 경기 상황에 따라 사람들의 행동 양상이 어떻게 변화하는지, 소비 성향이 어떻게 변하는지, 그것이 경제에 다시 어떤 영향을 주는지를 직접적으로 보여주는 지표도 있습니다. 지난 몇십 년간 경제학자들이 분석해온 독특한 경제지표들을 함께 살펴봅시다.

치마 길이 지수

'치마 길이 지수Hemline index'는 경제 상황에 따른 여성의 치마 길이를 나타낸 지표입니다. 치마 길이로 경제적 상황을 어떻게 분석할 수 있냐고요? 시카고대학교에서 연구하던 경제학자 조지 테일러George Taylor는 1926년, 경제 호황기에는 여성 소비자들의 치마 길이가 짧아지고 불황 때는 치마 길이가 길어진다는 이론을 발표했습니다. 사회 분위기와 경제 사정이 소비자의 심리에 미치는 영향을 분석한 것입니다.

남성 속옷 지수

20년 가까이 미국 연방준비제도이사회 의장을 맡았던 앨런 그린스펀Alan Greenspan은 남성 속옷 지수Men's underwear index로 경기를 예측할 수 있다고 말했습니다. 속옷은 겉으로 드러나지 않는 가장 사적인 소비이기에 경기가 나쁜 경우 속옷을 자주 구매하지 않는다는 가설을 세운 것이지요. 실제로 2008년 세계금융위기 당시 남성 속옷 구매가 감소했다가 경제가 회복된 2010년경 다시 회복되며 유용한 지표라는 평가를 받기도 했습니다.

립스틱 지수

립스틱 지수Lipstick index는 미국 화장품 기업 에스티로더의 회장 레너드 로더Leonard Lauder가 2001년에 9·11 테러 이후 관찰해 발표한 지표로, 립스틱 판매량으로 경제적 분위기를 알 수 있다는 가설입니다. 경기 불황이 오면 사람들은 고가의 사치품보다 적은 비용으로 만족감을 극대화할 수 있는 제품을 구매하는데, 립스틱은 비교적 저렴하면서도 사용하는 순간 효과가 분명히 드러나는 제품입니다. 이를 바탕으로 경기가 위축되기 시작하면 립스틱 판매량이 증가한다고 주장한 것이지요.

그러나 립스틱 지수가 항상 들어맞지는 않습니다. 가령 코로나 팬데믹으로 경기 침체를 겪던 시기에는 마스크를 써야 했기에 립스틱 판매량이 감소했고, 마스크를 벗을 때쯤 다시 경기가 회복되는 동시에 립스틱 판매량이 함께 증가하는 현상이 나타났습니다. 이는 경제 지표가 시대적 상황과 맥락에 따라 달리 해석될 수 있음을 보여주는 좋은 사례입니다.

도서관 지표

도서관 지표Library indicator는 비교적 최근 등장한 경제지표입니다. 2000년대 초반, 미국도서관협회ALA는 경기 불황기일수록 도서관 이용자가 증가하고 경기 호황기에는 도서관 이용자가 상대적으로 감소한다고 주장했습니다. 경제적인 어려움이 클수록 유료로 누릴 수 있는 서비스보다 무료 공공 서비스를 많이 이용한다는 유의미한 가설에 기반합니다.

판지 상자 지수

판지 상자 지수Cardboard Box Index는 주로 경제 상태를 예측하는 선행지표로 쓰입니다. 판지 상자란 소비재 유통에 쓰이는 빳빳한 포장재 종이 상자를 의미합니다. 경제가 성장하고 생산량이 늘어날 때, 기업과 소비자 사이의 거래가 활발할 때 판지 수요가 늘어난다는 사실을 바탕으로 나온 지수이지요. 특히 제조업의 수요와 활성화 정도를 파악할 때 유용합니다.

빅맥 지수

전 세계 맥도날드에서 판매되는 각국의 빅맥 가격을 달러로 환산해 비교하는 지수입니다. 1986년 영국의 경제지 『이코노미스트』에서 처음 고안해낸 뒤 매년 분기나 반기별로 발표하고 있지요.

빅맥 지수로 각국 통화의 상대적 구매력을 비교해볼 수 있습니다. 빅맥 지수가 높은 나라는 물가와 화폐 가치가 높으며, 빅맥 지수가 낮은 나라는 물가와 화폐 가치가 낮다고 볼 수 있지요. 빅맥 지수는 많은 경제학 교과서와 교재에 등장하고, 뉴스에도 간간이 등장하는 유명하고 공신력 있는 경제지표입니다.

필라델피아 야구팀 성적

야구 경기 결과가 경제로부터 영향을 받거나 영향을 미칠까요? 미국에는 필라델피아에 연고를 둔 야구팀이 우승하면 경제 위기가 도래한다는 속설이 있습니다. 일례로 1929년에 필라델피아 애슬레틱스Philadelphia Atheletics가 월드 시리즈에서 우승한 뒤에도 미국에 경제 대공황이 찾아왔지요. 또한 1980년에 필라델피아 필리스Philadelphia Phillies가 우승한 뒤 미국은 높은 실업률과 인플레이션이 오랜 기간 지속되는 스태그플레이션을 겪었습니다. 2008년에 필라델피아 필리스가 다시 우승을 차지하자 이번에는 세계금융위기가 찾아왔지요. 과연 필라델피아 팀의 경기 성적과 경제 사정에 어떤 영향이 있는 걸까요?

대부분의 경제학자는 이를 단순한 우연의 일치로 보고 있습니다. 하지만 일부 전문가들은 이 특이한 상관관계에 관심을 보이며, 매년 필라델피아 야구팀의 성적을 경제 지표의 하나로 주시하고 있습니다.

4

세계 경제를 움직이는
숨은 플레이어들

불황과 호황은 왜 반복되는가

경기 순환의 비밀

#경기변동 #확장과수축 #거시적관점

지난 몇십여 년간 전 세계는 경기 침체와 성장을 번갈아 겪었습니다. 어떤 국가는 경제적으로 크게 성장했지만, 위기를 겪고 몰락한 국가도 있습니다. 그러나 지속적으로 성장하거나 하락하기만 한 국가는 없습니다. 경제에는 필연적으로 호황과 불황이 교차하기 때문입니다. 우리는 단지 그 흐름이 전반적으로 상승 추세인지, 하락 추세인지를 구분할 수 있을 뿐입니다.

미국의 경우, 지난 50년 사이 장기적인 경제 성장을 보였습니다. 해마다 GDP가 오르내리기는 했지만 전반적으로 상승세를 보였지요. 1960년대 이후 미국의 실질 GDP는 20조 달러 이상 크게 증가했습니다. 그 결과 현재 미국은 전 세계 곳곳에 영향을 미치는 경제 대국으로 자리매김했습니다.

상승과 하강: 경기는 돌고 돈다

경제학자들은 경제 활동의 상승(확장)과 하강(수축)이 이어지는 일련을 과정을 가리켜 '경기 순환Business cycle'이라고 합니다. 단, 순환이라는 용어는 예측 가능한 패턴을 암시하지만 경제에는 확실한 패턴이 적용되지 않는다며 '경기 변동'이라는 용어를 사용해야 한다고 주장하는 학자들도 있지요.

경제 성장의 근간에는 노동력 증가에 따른 생산 능력 향상이 있습니다. 경제의 확장기와 수축기는 재화와 서비스에 대한 지출 수준이 장기적 생산 능력과 얼마나 차이가 나는지에 따라 결정됩니다. 확장기에는 지출이 생산력을 초과하고, 수축기에는 전체 지출이 감소하여 생산력에 여유가 생깁니다.

경기 순환은 마치 운동선수의 체력 관리와 비슷합니다. 선수가 적절한 식단을 병행하고 때때로 휴식을 취하며 훈련할 때는 체력이 점진적으로 향상됩니다. 그러나 휴식 없는 과도한 훈련은 오히려 부상과 성적 부진, 피로 누적을 초래합니다. 이처럼 경제도 지속 가능한 속도로 성장할 때는 안정적이지만, 과열되면 위기와 부작용이 찾아올 수 있고, 결국 조정 기간이 필요합니다. 체력이 저하된 선수가 회복을 위해 훈련 강도를 낮추듯이, 과열된 경제도 건전성 회복을 위한 냉각기가 필요한 것입니다. 정상적인 경제 성장은 마치 선수가 컨디션을 잘 조절하며 장기적으로 실력을 향상시키는 것과 같습니다. 조금 느리더라도 꾸준하게 그리고 탄탄히 기초를 다져야 훗날 더 크게 발전할 수 있습니다.

경기 순환의 4단계

경제학자들은 경기 순환 주기를 확장기, 정점, 수축기, 저점의 4단계로 나눕니다.

먼저 '확장기Expansion'에는 위축되어 있던 소비 심리가 개선되고 기업의 생산 활동이 늘며 자연스럽게 고용이 늘고 실업률이 감소합니다. 이 시기에 GDP는 꾸준히 증가하지요. 경제 성장 속도가 가속화되고, 새로운 사업의 기회와 투자가 증가하는 시기입니다.

두 번째 단계인 '정점Peak'은 확장기가 끝나고 경제 활동이 최고점에 도달하는 시기입니다. 성장률이 최고치에 도달하고 GDP도 최고점을 찍지만 이후 성장 속도가 둔화합니다. 정점까지는 생산성이 높고 고용률도 좋지만, 물가 상승 가능성이 높고 경제가 과열되어 조만간 경기 둔화가 찾아올 조짐이 보입니다.

세 번째, '수축기Contraction'는 경기 침체가 시작되는 단계입니다. 이때 경제 활동이 위축되고 성장률이 하락하지요. GDP의 성장이 둔화하거나 심한 경우 감소하기도 합니다. 소비와 투자도 감소하며 자연스럽게 기업이 생산과 고용을 축소합니다. 당연히 실업률이 증가하지요. 수축기가 지속되면 경제 불황으로 이어지기 쉽습니다. 그래서 경기 침체나 수축기에는 정부가 개입해 경기 부양책을 내놓기도 합니다.

마지막은 '저점Trough'입니다. 경기 순환의 바닥 단계로, 경기 침체가 최저점에 도달한 시기를 가리킵니다. 이때 소비와 투자는 최소 수준으로 떨어지고, 고용률도 최저치로 떨어집니다. 그러나 저

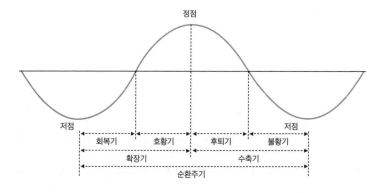

| 경기 순환 그래프 |

경기가 정점을 찍으면 하락세를 타기 마련이고, 저점을 찍은 뒤에는 다시 상승하기 마련이다. 경기는 회복, 확장, 둔화, 수축의 과정을 거치며 끊임없이 순환한다.

점은 곧 경기 수축이 끝나고 회복기에 접어든다는 신호탄이기도 합니다.

경기 순환 주기는 자연스러운 경제의 변동으로, 내외부 요인에 따라 지속적으로 반복됩니다. 모든 경제 상황에 그대로 적용되는 해결책은 없습니다. 모든 경제 상황에 그대로 적용되는 해결책은 없습니다. 경기가 언제 좋아지고 나빠질지 정확히 알거나 예측할 수는 없습니다. 흔히 경기가 좋거나 나쁘다고 하지만 현재 상황이 어느 단계인지는 알 수 없다는 뜻이지요. 즉 지금이 경기 순환의 어느 주기에 속하는지는 시간이 지난 뒤 사후적으로 분석할 수 있을 뿐입니다.

경기 순환의 원인과 정부 개입

경기가 변동하는 원인에 대해서는 경제학자들 사이에 의견이 분분합니다. 경기 순환의 정확한 원인을 콕 집어 설명하기는 쉽지 않습니다. 경제는 전쟁과 같은 외부 요인과 산업 육성과 같은 내부 요인에 두루 영향을 받기 때문입니다. 경제학은 명확한 규칙과 법칙으로 설명되기보다는 다양한 요소가 유기적으로 얽힌 학문이라 할 수 있습니다.

경제학자들은 경기 침체에 어떻게 대응할지를 놓고서도 의견이 갈립니다. 경제 사정이 나빠지면 정부는 어느 수준으로 개입하는 것이 옳을까요? 대표적으로 1976년에 노벨 경제학상을 받은 미국 경제학자 밀턴 프리드먼Milton Friedman과 영국 경제학자 존 메이너드 케인스의 의견을 살펴봅시다.

밀턴 프리드먼을 중심으로 한 통화론자들은 경기 순환의 발생 원인을 정부의 통화 공급량 조절 실패에서 찾습니다. 이들은 시중에 화폐가 지나치게 많이 풀리면 경기가 과열되고, 화폐가 부족해지면 경기 수축이 시작된다고 주장하지요. 즉 정부에서 통화를 적절히 조절해야 물가 수준을 안정시킬 수 있다고 보았습니다.

그러나 케인스는 경기 순환이 인간의 '야성적 충동Animal spirits' 때문에 발생한다고 주장했습니다. 여기서 야성적 충동이란 '불확실성을 감수하고 투자를 결정하는 직감'을 뜻합니다. 대부분의 경제 활동은 합리적인 동기에 따라 이루어지지만 때로는 충동과 직감이 개입한다는 것이지요. 케인스학파는 경제 체제에 늘 불안정성이 내재되어 있으니 경기 침체기에는 정부가 적극적으로 지출을 확대해 선순환 구조를 만들어야 한다고 보았습니다.

　대부분의 경제학 이론은 경기 순환이 궁극적으로 지출 변동에 의해 발생한다고 분석합니다. 하지만 거시경제학자들이 연구하는 '실물적 경기순환이론Real Business Cycle Theory'에서는 경기 순환의 핵심 원인이 기술 수준의 변화, 생산성의 변화, 전쟁과 같은 실물적 충격이라고 주장합니다. 수요와 공급이 발생하는 시장보다 더 넓은 범위에서 경제를 분석하는 것이지요.

재정 적자가 쌓이는 이유

국가에서 부채를 관리하는 법

#부채의필요성   #적자개선법   #전세계부채

'재정 적자'와 '국가 부채'는 둘 다 부정적인 뉘앙스를 풍기지만, 국가 운영에 있어 필수 불가결한 요소입니다. 두 용어는 종종 혼용되지만 실제로는 명확히 구분됩니다.

재정 적자는 한 회계연도에서 정부의 수입이 지출을 못 따라가는 상황입니다. 예를 들어, 정부가 1년간 100조 원의 세금을 걷었는데 120조 원을 지출했다면 20조 원의 재정 적자가 발생한 것입니다. 이는 마치 월급이 300만 원인 직장인이 350만 원을 쓴 것과 비슷한 이치입니다. 반면 국가 부채는 정부가 지금까지 누적해서 진 모든 빚의 총합을 의미합니다. 이는 개인이 학자금 대출, 주택담보대출 등 여러 대출을 받아 총 3억 원의 빚을 지고 있는 것과 유사한 개념입니다.

정부의 재정 적자나 국가 부채의 존재가 반드시 경제적 취약성

만을 의미하지는 않습니다. 이는 오히려 거대한 경제 공동체인 국가를 운영하는 과정에서 자연스럽게 발생하는 현상입니다. 실제로 미국은 건국 초기부터 국가 부채와 함께 성장해왔습니다.

가진 돈보다 많이 소비한 경우

가진 돈보다 쓴 돈이 많을 때 '적자가 발생했다'고 하지요. 시기에 따라 적자가 발생하기도 합니다. 월급을 받기 전에 장을 보고 신용카드로 계산하면, 월급이 들어오기 전까지 적자 상태인 것이지요. 자동차 사고 처리비와 반려동물 병원비 등 예기치 못한 큰 지출도 적자로 이어집니다. 이를 정부 재정에 적용하면, 적자는 정부 지출이 수입을 초과할 때 발생합니다. 쉽게 말해 정부가 거두어들인 돈보다 더 많은 돈을 사용하는 경우를 국가 재정 적자라고 하지요.

2024년 미국 연방 정부의 재정 적자 규모는 약 1조 8,330억 달러에 달했습니다. 정부의 지출은 6조 7,500억 달러였고 수입은 4조 9,200억 달러에 그쳤지요. 만약 정부의 수입이 지출보다 많았다면 재정 흑자가 발생했을 것입니다.

재정 적자의 원인

미국 연방 정부는 2001년에 마지막으로 재정 흑자를 기록한 이후, 2002년부터 지금까지 지속적으로 적자를 겪고 있습니다. 정부 재정이 흑자인지 적자인지는 다양한 요인에 의해 결정됩니다. 국가 경제의 전반적인 건전성, 정부의 지출 계획, 부채 상환 능력, 조세 징수, 고용 수준에 따라 달라지지요. 또한 고소득층과 대기업에 대한 세금 감면과 군비 지출 증가, 특정 산업에 대한 정부 보조금 증가, 코로나 팬데믹과 같은 예상치 못한 위기 상황은 재정 적자를 심화시키는 주요 원인이 됩니다.

최근의 재정 적자는 규모와 지속성 면에서 과거와 크게 다릅니다. 2020년 이후 팬데믹 대응 지출, 공급망 교란, 지정학적 갈등으로 인한 국방비 증가로 재정 적자가 사상 최대치를 기록했으며, 이는 구조적 문제로 고착화되고 있습니다.

재정 적자를 개선하는 방법

가계 예산과 마찬가지로, 정부가 재정 적자를 개선하는 방법은 두 가지입니다. 첫째는 정부 수입을 늘리는 것, 즉 세금을 인상하는 것이고 둘째는 지출을 줄이는 것, 즉 정부 정책 집행에 사용되는 예산을 삭감하는 것입니다. 어느 쪽이든 경제 전반에 큰 변화를 가져오기 때문에 국회에서는 어떤 방식을 택할지 늘 선뜻 합의하지 못하고 갈등을 겪습니다.

경제 상황이 좋을 때는 대체로 재정 적자가 감소합니다. 조세 수입이 늘고 실업수당과 같이 정부 정책에 드는 비용이 감소하기 때문입니다. 반면 경제 상황이 악화되면 재정 적자가 증가합니다. 정부는 경제 상황을 개선하고 국가 경제를 성장세에 올리기 위해 각종 부양책을 실행하며 그 효과가 드러날 때까지 일시적으로 재정 적자의 규모를 키우기도 합니다.

미국이 이 빚을 감당할 수 있을까?

2024년 3월, 미국의 국가 부채는 34조 달러를 넘어서며 또 다시 역사적 기록을 갱신했습니다. 이 중 약 7조 5,000억 달러가 정부 기관이 보유한 부채이며, 연방준비제도가 가장 큰 비중을 차지합니다. 천문학적 규모의 국가 부채로 인해 원리금 상환은 미국 정부의 최대 지출 항목이 되었습니다. 특히 이자 지급만으로도 연간 1조 달러 이상이 필요한데, 정부 예산의 15퍼센트 가까이를 오직 이자 지급에만 사용하는 셈입니다(2024년 미국 정부 총지출은 약 6조 7,500억 달러로 추정됩니다).

이렇게 수치만 놓고 보면 미국 경제 사정이 괜찮은지, 전 세계 시장을 주도하는 경제 대국이 곧 무너지는 것은 아닐지 우려스러울 지경이지만 미국에서 국가 부채는 전혀 새롭거나 충격적인 이야깃거리가 아닙니다. 미국 정부는 건국 초기부터 큰 빚을 졌고, 여러 차례 전쟁을 겪으며 그 규모가 대폭 늘었습니다. 건국 초인 1770년대에는 영국과 독립전쟁을 치르느라 7,500만 달러가 넘는 큰 자금을 빌렸습니다. 국가 부채는 해마다 등락을 거듭하다가 1860년대에는 남북전쟁 비용으로 인해 27억 달러까지 올랐고, 제1차 세계대전과 제2차 세계대전을 겪으며 다시 270억 달러, 2,600억 달러로 어마어마하게 급등했습니다. 전쟁뿐만 아니라 테러, 전염병 유행 등 국가적인 사건들도 부채 증가에 한몫했지요. 지난 2020년 발생한 코로나 팬데믹으로 인해 부양책으로 정부 지출이 크게 늘었고, 국가 부채는 최고치를 기록했습니다.

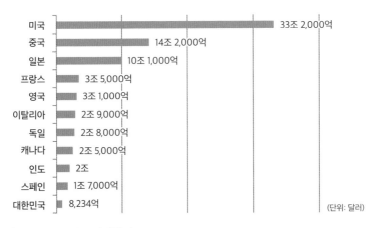

미국	33조 2,000억
중국	14조 2,000억
일본	10조 1,000억
프랑스	3조 5,000억
영국	3조 1,000억
이탈리아	2조 9,000억
독일	2조 8,000억
캐나다	2조 5,000억
인도	2조
스페인	1조 7,000억
대한민국	8,234억

(단위: 달러)

| 주요국의 국가 부채 현황 |

세계 대부분의 국가는 부채를 안고 있다. 국제결제은행에 따르면 2023년 기준 전 세계 국가 부채 총액은 300조 달러 이상이었던 것으로 집계된다.

국가 부채를 반드시 피해야만 하는 부정적인 것으로 보는 것은 지나치게 편협한 시선입니다. 어떻게 활용하는지가 더 중요하지요. 또한 GDP 대비 부채의 비율은 국가의 재정건전성과 성장 가능성, 신용도를 측정하는 중요한 지표입니다. 만약 이 비율이 100퍼센트라면 GDP가 국가 부채를 모두 감당할 수 있다는 뜻이고, 100퍼센트 미만이라면 GDP가 부채를 모두 갚고도 남는다는 뜻이지요. 만약 100퍼센트를 초과한다면 국가의 모든 생산물로 국가 부채를 상환할 수 없는 상황이기에 주의를 기울여야 합니다.

실업수당은 왜 필요한가

완전고용과 자연실업률

#실업률의정의   #완전고용상태   #실업의비용

"입사를 축하합니다!"라는 한 마디가 개인의 삶을 바꾸듯, 고용 상황은 한 국가의 경제 흐름을 좌우합니다. 실업률은 단순한 통계 수치를 넘어 경제 전반의 건강도를 보여주는 핵심 지표입니다. 이는 생산성, 소비, 물가, 그리고 사회 안정성까지 연쇄적으로 영향을 미치기 때문입니다.

실업은 개인의 위기를 넘어 국가 경제에 심각한 파급 효과를 일으킵니다. 실업자가 증가하면 가계 소득이 감소하고, 이는 소비 위축으로 이어져 기업의 매출과 수익이 줄어듭니다. 기업은 다시 비용 절감을 위해 고용을 줄이고, 이는 추가 실업을 낳는 악순환이 됩니다. 더불어 세수 감소로 정부의 재정건전성도 악화됩니다.

바로 이런 이유로 실업률 관리는 현대 경제 정책의 최우선 과제가 되었습니다. 미국 연방준비제도는 물가안정과 함께 '최대 고용'

을 양대 정책 목표로 삼고 있으며, 대부분의 국가들도 실업률을 경기 판단의 핵심 지표로 활용합니다. 실업은 단순히 일자리의 문제가 아닌, 경제 시스템 전체의 효율성과 사회 안정성을 결정짓는 중요한 경제 변수인 것입니다.

일할 사람은 많은데, 왜 실업률이 낮아 보일까?

미국 인구조사국Census Bureau에 따르면, 2022년 미국 인구는 약 3억 3,300만 명이었고 그중 약 1억 6,980만 명이 취업자였습니다. 그렇다면 실업자는 몇 명이었을까요? 전체 인구에서 취업자 수를 빼면 실업자가 나오는 것 아니냐고요? 그렇지 않습니다. 여기에 주어진 정보만으로는 실업자 수를 구할 수 없습니다. 일하지 않은 1억 6,320만 명을 모두 실업자로 볼 수는 없지요. 실업자 수를 계산하기 위해서는 우선 '실업자'의 명확한 기준을 세워야 합니다.

미국 노동부 산하 노동통계국BLS, Bureau of Labor Statistics은 미국의 실업률을 파악하고 정기적으로 발표합니다. 또한 인구조사국은 한 달에 한 번 '현재 인구 조사Current Population Survey'를 실시하지요. 현재 인구 조사란 약 6만 명의 가구를 표본으로 선정해 진행하는, 경제 활동에 관한 간단한 설문 조사입니다. 노동통계국에서는 이 조사 결과를 바탕으로 다양한 고용 통계를 산출해 발표합니다.

미국에서 실업자란, 만 15세 이상이면서 일할 능력이 있고, 지난 4주 동안 적극적으로 일자리를 찾고 있지만 실업 상태인 사람을 의미합니다. 또한 취업자는 '조사 기간(주로 일주일) 동안 최소 1시간 이상 유급으로 일한 사람'이어야 합니다.

실업률을 계산할 때 따져보아야 하는 중요한 기준이 바로 '경제 활동 인구'입니다. 경제 활동 인구란 "한 나라의 만 15세 이상 인구 중에서 일할 의지와 능력을 가진 사람"을 가리킵니다. 정리하면 경제 활동 인구는 취업자와 실업자를 합한 수이며, 경제 활동 인구에 속하지 않는 사람은 '비경제 활동 인구'로 분류됩니다. 즉 뉴스를 틀면 나오는 실업률은 전체 인구가 아니라 경제 활동 인구수 대비 실업자수의 비율입니다.

경제학자들은 실업률뿐만 아니라 임금 명세서, 신규 실업보험 청구 건수, 주당 근로시간 등 다양한 데이터를 살펴보며 한 국가의 실업 현황을 전반적으로 파악합니다. 실업보험의 청구 건수가 늘어난다는 것은 실업이 늘고 있다는 뜻이겠지요. 주당 근로시간 감소는 회사가 제대로 굴러가지 않아 직원을 해고할 확률이 높다, 즉 고용이 줄어든다는 신호로 볼 수 있습니다.

이처럼 실업의 정의는 굉장히 협소하기 때문에 실질적으로 실업 상태인 사람이 공식 실업률 통계에는 잡히지 않기도 합니다. 가령 일할 의지와 능력이 있고 지난 1년간 꾸준히 구직 활동을 했으나 일자리가 여의치 않아 최근 4주 동안 구직 활동을 멈춘 사람은 실질적으로는 실업자이지만 실업자로 분류되지 않지요. 또한 정규적으로 일하다가 해고를 당한 뒤 시간제 근로자로 재취업한 사람도 실질적으로 일자리를 한 번 잃었으나 실업률 통계에는 잡히지 않습니다.

4종류의 실업과 완전고용

모든 실업이 다 같은 것은 아닙니다. 경제학자들은 실업을 다양한 유형으로 나누어 그 이유를 질적으로 분석합니다. 일단 실업은 크게 자발적 실업과 비자발적 실업으로 나뉩니다. 더 나은 일자리를 찾기 위해 스스로 일을 그만둔 것이 자발적 실업, 자신의 의사와 상관없이 일을 잃은 것이 비자발적 실업이지요.

자발적 실업에는 마찰적 실업이, 비자발적 실업에는 구조적·경기적·계절적 실업이 있습니다.

마찰적 실업

마찰적 실업이란 새로운 일자리를 탐색하거나 이직을 하는 과정에 발생하는 일시적인 실업을 뜻합니다. 구직자와 회사 사이에 서로의 요구 조건이 일치하지 않는 일종의 '마찰'이 생겼기 때문에 발생하는 실업 유형이지요. 구직자가 적절한 일자리를 얻기 위해서는 시간이 필요합니다. 그가 적합한 일자리를 구한다면 그 자신과 사회 모두에 이익입니다. 최근에는 다양한 구직 사이트, 사회 연결망 서비스, 헤드헌터 등의 등장으로 구직 시간이 단축되며 마찰적 실업의 지속 시간도 짧아지는 추세입니다.

구조적 실업

구조적 실업이란 경제 구조의 변화에 따라 발생하는 실업을 가리킵니다. 구직자가 가진 기술과 시장에서 필요로 하는 기술에 차이가 생기고 괴리가 커질 때 나타나는 실업이지요. 예를 들어 특정 지역을 먹여살리던 자동차 산업이 시간이 흐르며 쇠퇴하거나 다른 지역으로 이전한다면, 자동차 공장에 종사하던 노동자의 일자리가 사라지게 됩니다.

보통 구조적 실업은 경제학자 조지프 슘페터Joseph Schumpeter가 말한 '창조적 파괴Creative destruction' 때문에 발생합니다. 경제적 혁신 과정에서 새 기술이나 제품이 기존의 것을 대체하고 파괴하는 현상을 뜻하지요. 구조적 실업을 해결하기 위해서는 재교육과 직업 훈련이 필요합니다.

경기적 실업

경기적 실업은 가장 위험하고 극복하기 어려운 형태의 실업입니다. 주로 불경기에 노동력에 대한 수요가 부족해 발생하지요. 사람들은 일할 의사가 있는데 일자리가 부족한 것입니다. 경기 침체기에는 항상 존재하는 마찰적 실업과 구조적 실업에 경기적 실업까지 더해져서 전체 실업률이 올라갑니다.

미국 서부 러스트벨트의 대표적인 공업 도시 디트로이트는 한때 자동차 산업으로 크게 번영했으나 세계적인 경쟁사의 등장으로 지역 산업이 쇠퇴하며 구조적 실업과 경기적 실업을 동시에 겪었습니다. 디트로이트의 경기 침체와 실업률 문제는 오늘날까지 계속되고 있지요.

경기적 실업이 확대되면 사람들은 지출을 줄이게 되고, 이는 다시 경기적 실업의 증가로 이어지는 악순환을 낳습니다. 정부와 중앙은행은 재정 정책과 통화 정책을 시행해 경기적 실업에 대처하고, 실업수당이나 보조금 등을 통해 악순환을 완화하고자 합니다. 이들의 궁극적인 목표는 불경기를 완전히 잠재워 경기적 실업을 없애는 것입니다.

계절적 실업

계절적 실업이란 계절적인 변화로 인해 생산이나 수요가 감소하고 그 기간 동안 해당 산업 종사자들이 실업 상태가 되는 것을 뜻합니다. 일반적으로 농업, 어업, 임업 등의 1차 산업과 관광, 레저 등 계절의 영향을 많이 받는 산업 종사자들이 이런 위험을 겪지요. 계절적 실업도 비자발적 실업에 속하지만, 계절에 따라 반복되어 예측 가능하고 대비할 수 있기에 상대적으로 극복 가능한 실업입니다.

완전고용과 자연실업률

일을 할 의지와 능력이 있고 구직 활동을 하고 있는 사람이 모두 고용된 상황을 가리켜 경제학 용어로 '완전고용'이라고 합니다. 경제가 최대한 효율적으로 작동하고 거의 모든 사람이 취업할 수 있을 때 사회가 "완전고용 상태에 있다"라고 표현합니다.

경제학자들은 완전고용을 자연 실업률과 연관지어 설명합니다. 각각 1976년과 2006년에 노벨 경제학상을 수상한 밀턴 프리드먼과 에드먼드 펠프스Edmund Phelps가 제시한 '자연실업률 가설'에 따르면, 현실에서는 물가상승률과 상관없이 일정 수준의 실업률이 유지됩니다. 즉 완전고용 상태에도 실업률은 0퍼센트가 될 수 없습니다. 새로운 직장을 찾기 위해 자발적으로 실업 상태를 유지하는 마찰적 실업과 산업 구조 개편으로 일자리를 잃는 구조적 실업이 늘 존재하기 때문입니다. 자연실업률이란 경제가 안정적이고 자연스러운 상태에서 발행하는 최소한의 실업률을 뜻합니다.

실업은 왜 위험한가

실업은 국가와 개인에게 무시할 수 없는 비용을 야기합니다. 미국의 경우 경제 규모를 고려했을 때 실업의 기회비용이 굉장히 큽니다. 실업 상태에는 기회가 주어지지 않아 적절한 생산 활동을 하지 못하기 때문이지요.

미국의 경제학자이자 예일대학교 경제학과 교수를 역임한 아서 오쿤Arthur Okun은 실업률이 감소하면 경제 성장률이 상승하고, 실업률이 상승하면 경제 성장률이 하락하는 음의 상관관계를 발견했습니다. 이를 '오쿤의 법칙Okun's law'이라고 하지요. 그의 연구 결과에 따르면 미국에서 실업률이 1퍼센트 감소할 때마다 경제 성장률은 2~3퍼센트 상승하고, 실업률이 1퍼센트 증가할 때마다 경제 성장률은 2~3퍼센트 감소합니다. 오쿤의 법칙은 미국 상황을 분석해 경험적으로 증명한 것이기에 모든 국가에 동일하게 일괄적으로 적용하기는 어렵지만, 실업률이 경제에 미치는 영향을 예측할 때 자주 사용됩니다.

한국 노동 시장의 독특한 특징

한국은행의 2022년 연구는 한국 경제에서 실업과 성장 간의 독특한 관계를 보여줍니다. 한국의 오쿤 계수는 0.3으로, 실업률이 1퍼센트 상승 시 GDP가 약 0.3퍼센트 감소하는 것으로 나타났습니다. 이는 미국의 2~3퍼센트에 비해 현저히 작은 수치로, 한국 노동시장의 특수성을 반영합니다.

이러한 차이는 한국 경제의 독특한 구조에서 비롯됩니다. 정규직-비정규직 이중 구조, 대기업 중심 경제, 높은 자영업자 비중, 청년실업 문제 등이 주요 원인입니다. 특히 자영업자들이 경기 악화 시 실업 대신 소득 감소를 견디는 경향이 있어, GDP 변화가 실업률에 직접 반영되지 않는 현상이 나타납니다. 이는 한국의 고용 정책이 경제 성장뿐만 아니라 노동시장의 구조적 개선도 함께 고려해야 함을 시사합니다.

실업의 비용

실업이 개개인에게 초래하는 비용은 상당히 큽니다. 만약 한 가정의 가장이 일자리를 잃으면 당장의 생계 유지를 위해 저축해둔 돈을 사용해야 하고, 장기적으로 재취업을 하지 못하면 빚까지 지게 됩니다. 실업은 이런 식으로 정상적인 삶의 흐름을 방해하고 개인의 경제 상황에 위기를 불러일으키며 때로는 심리적 문제까지 낳을 수 있습니다. 가정 폭력 발생률은 실업률의 변화와 유의미한 상관관계를 보입니다. 더 나아가 실업률이 계속 높은 수준으로 유지될 경우 이혼율도 증가한다는 연구 결과도 있습니다.

실업이 장기화되고 만연해지면 범죄와 사회 문제도 비례해 증가합니다. 실업률이 높은 동네에서는 폭력과 절도가 더 자주 일어나지요. 미국의 빈민가를 방문하면 이를 피부로 느낄 수 있습니다. 모든 사회 문제가 실업 때문에 벌어지는 것은 아니지만, 실업은 때때로 사건사고를 불러일으키고 부추기는 원인으로 인식되며 반드시 극복해야 할 국가 문제로 여겨지곤 합니다.

| 미국 경제 대공황 실업자 |

1931년 대공황 시절, 무료로 커피와 도넛을 나누어주는 가게 앞에 실업자들이 줄을 서서 기다리고 있다. 높은 실업률은 개인에게 생활고를 안겨주고 국가 전체의 인력을 낭비하기에 반드시 해결해야 하는 큰 문제다.

인플레이션이라는 벽

#인플레이션원인　#물가측정지표　#물가상승순기능

차에 기름을 넣으러 주유소에 갔는데 휘발유 가격이 지난번에 비해 크게 올라 당황한 적이 있나요? 자가용을 운전하는 사람이라면 이에 맞추어 지출을 조정하느라 난감했던 적이 있을 것입니다. 한 달 수입은 고정되어 있는데 갑자기 생필품 가격이 상승하면 예산 관리에 문제가 생기기 마련입니다. 게다가 물가는 한 품목에서만 오르지 않습니다. 휘발유 가격이 오르면 덩달아 다른 제품의 가격도 함께 오릅니다.

경제가 지속적으로 성장하며 물가가 함께 상승하는 것은 얼핏 자연스러워 보입니다. 그러나 물가 상승 속도가 적정 수준을 넘어서면 오히려 경제에 악영향을 미칠 수 있습니다. 이러한 물가 상승 현상, 즉 인플레이션은 경제를 이해하는 데 핵심적인 개념이므로 자세히 살펴볼 필요가 있습니다.

인플레이션의 정의와 측정 지표

각국 중앙은행 총재에게 '인플레이션Inflation'보다 두려운 단어는 없습니다. 인플레이션이란 한 국가의 재화와 서비스의 전반적인 물가가 지속적으로 상승하는 상태를 뜻합니다. 가격이 상승하면 화폐 가치와 구매력은 상대적으로 떨어집니다. 인플레이션은 가계, 기업, 정부 등 모든 경제 주체에게 영향을 미칩니다. 인플레이션이 장기간 계속되면 사람들은 더 이상 저축을 하지 않으려 하고, 때로는 마트에서 사재기를 하기도 합니다. 물가가 더 오르기 전에 물건을 구매하려는 심리 때문이지요.

보통 인플레이션은 수요가 공급보다 많거나 생산비가 상승해 가격이 올라가면서 발생합니다. 또한 시중에 유통되는 통화량이 너무 많으면 인플레이션이 지속되지요. 이럴 때 국가나 정부, 중앙은행이 나서서 인플레이션을 적절히 통제하지 못하면 사회에 큰 재앙이 닥칠 수도 있습니다.

CPI와 PPI

특정 기간 물가 상승의 정도를 비율로 계산한 것을 '물가상승률'이라고 합니다. 물가상승률은 한 국가 경제에서 가격 수준이 평균적으로 얼마나 상승했는지 보여주는 지표입니다. 물가상승률을 측정하기 위해서는 먼저 가격 수준을 측정해야 합니다.

경제학자들은 가격 수준을 측정하는 다양한 지수를 개발했습니다. 가장 일반적으로 사용되는 물가 측정 방식은 소비자물가지수

CPI, Consumer Price Index의 변화를 살피는 것입니다. 또한 생산자물가지수PPI, Producer price index와 개인소비지출PCE, Personal Consumption Expenditure이라는 지표도 자주 활용됩니다.

소비자물가지수란 가정에서 구입하고 소비하는 재화와 서비스의 평균 가격을 측정한 지수입니다. 식료품, 의류, 주거 비용, 교통, 의료 등 도시 가계가 평균적인 일상을 유지하기 위해 구매하는 재화와 서비스를 두루 측정하지요. 한마디로 '소비자의 장바구니 물가'라고 생각하면 쉽습니다. 국가마다 정해진 기관에서 일정 기간마다 조사를 실시합니다. 미국은 노동통계청에서, 대한민국은 통계청에서 매달 소비자물가지수를 조사해 보고서를 발간합니다.

생산자물가지수도 소비자물가지수와 비슷합니다. 차이점은 소비자가 아니라 생산자의 생산 활동에 필요한 물가를 측정한다는 것입니다. 국내 생산자가 내수 시장에 공급하는 재화와 서비스의 가격을 종합한 지수로 원자재 비용, 노동 비용, 운송 비용 등을 고려해 제품의 가격 변동을 반영합니다. 생산자물가지수의 변동은 향후 소비자물가지수 변동을 예측하는 지표로도 쓰일 수 있습니다. 생산 과정에서 비용이 바뀌면 결국 소비자가 구매하는 가격에 변동이 생기기 때문입니다.

개인소비지출은 미국 연방준비제도에서 물가 안정성을 평가하고 통화 정책을 결정할 때 주요하게 활용하는 지표입니다. 개인이 소비에 쓰는 지출이 어떻게 변화하는지 측정하면 소비 경향과 경제 상황을 평가할 수 있기 때문입니다. 소비자물가지수가 가계의 장바구니 가격을 반영한다면, 개인소비지출은 가계뿐만 아니라 비

| 소비자물가지수 |

소비자물가지수란 소비자가 구입하는 상품이나 서비스의 가격 변동을 측정한 지표로, 일정 기간 물가 수준의 변화를 보여준다. 주로 가계의 장바구니 물가를 반영한다.

영리기관에서 소비한 모든 재화와 서비스까지 포함하므로 국가 경제를 측정하는 더 폭넓은 지표입니다. 또한 개인소비지출은 시장 가격의 변화나 시간의 흐름, 경기 변동에 따라 구매자들의 소비 패턴이 바뀌는 경향을 잘 보여줍니다.

　개인소비지출의 특별한 점은 소비자들의 실제 구매 행태 변화를 정확히 포착한다는 것입니다. 예를 들어 소고기 가격이 오르면 소비자들이 돼지고기로 대체하는 현상이나, 시간이 흐르면서 달라지는 소비 트렌드(온라인 쇼핑 증가 등)까지 반영합니다. 이처럼 개인소비지출은 우리의 실제 소비 생활을 가장 현실적으로 보여주는 거울이라 할 수 있습니다.

물가가 상승하는 이유

인플레이션은 크게 두 유형으로 나눌 수 있습니다. 수요가 늘어 발생하는 '수요 견인 인플레이션'과 생산비가 상승해 발생하는 '비용 상승 인플레이션'입니다.

정부와 금융 기관이 인플레이션에 적절히 대처하기 위해서는 특정 시점에 어떤 유형의 인플레이션이 발생하고 있는지 정확히 파악해야 합니다. 수요 견인 인플레이션과 비용 상승 인플레이션은 상호 배타적인 현상이 아니며 때때로 동시에 발생합니다. 물가가 상승할 때 적절히 대처하지 못하면 사회의 소득과 부가 제대로 재분배되지 못할 뿐만 아니라 임금-물가 악순환Wage-price spiral(임금과 물가가 서로 영향을 주고받으며 지속적으로 상승하는 현상)이 발생해 초인플레이션으로 이어지기도 합니다.

수요 견인 인플레이션

수요 견인 인플레이션은 대부분 소득이나 자산이 늘어나 소비가 늘 때 발생합니다. 코로나19 시기에 미국 정부가 재난지원금을 풀고 가계 대출이 급증하면서 소비가 크게 늘어났던 것이 대표적 사례입니다. 이를 해결하려면 과도한 소비를 억제해야 합니다. 정부는 세금을 올리거나 재정지출을 줄이고, 중앙은행은 기준금리를 인상해 대출을 조이는 등 수요를 적절한 수준으로 낮추는 조치가 필요합니다. 그러나 정부가 방만한 재정 정책을 고수하거나 중앙은행이 시장에 돈을 계속 푼다면, 수요 견인 인플레이션은 더욱 악

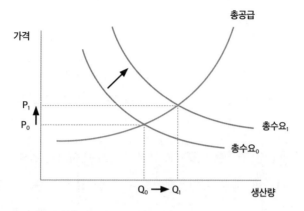

| 수요 견인 인플레이션 그래프 |

총수요곡선이 총수요$_0$에서 총수요$_1$로 이동하면 물가는 P_0에서 P_1로, 생산량은 Q_0에서 Q_1로 상승한다.

화될 수밖에 없습니다.

수요 견인 인플레이션은 때때로 국경을 넘어 해외까지 영향을 미치기도 합니다. 가령 중국과 인도에서 경제가 성장하면 자국 내 물가만 상승하는 것이 아니라, 해외 수입품에 대한 수요도 늘어 전 세계 물가를 자극하게 되는 것이지요.

정부가 화폐를 발행하거나 부채를 화폐화(국채를 중앙은행이 직접 인수해 화폐 발행)하는 방식으로 지출을 감당할 경우, 수요 견인 인플레이션은 초인플레이션으로 확대될 수 있습니다. 초인플레이션은 월간 물가상승률이 50퍼센트를 넘어서며 통제가 불가능한 수준을 의미합니다. 이는 정부나 중앙은행이 통화를 남발할 때 발생하며, 이것이 다시 통화량 증가를 초래해 상황을 악화시킬 수 있습니다.

비용 상승 인플레이션

　비용 상승 인플레이션은 원자재의 가격 상승, 임금 인상 등 생산비가 증가해 발생하는 인플레이션입니다. 기업이 생산 활동을 하기 위해서는 자원, 노동, 자본 등을 확보해야 합니다. 이런 생산 요소의 가격이 상승하면 단위당 생산비가 올라 기업의 생산 능력이 떨어질 수밖에 없지요. 생산 비용이 크고 광범위하게 상승하면 사회 전반적인 물가가 오르고 실질 GDP가 감소하며 실업률이 증가하는 현상이 동시에 발생합니다.

　비용 상승 인플레이션의 한 가지 특징은 자체적인 조절 기능이 있다는 점입니다. 경제가 위축되어 GDP가 감소하면 실업이 늘어나고, 이는 결과적으로 생산비 하락으로 이어집니다. 이러한 인플레이션에 대처하는 핵심은 이것이 수요가 아닌 비용 상승에서 비

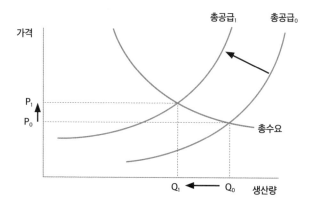

| 비용 상승 인플레이션 그래프 |

총공급곡선이 총공급$_0$에서 총공급$_1$로 감소하면 가격은 P_0에서 P_1로 상승하고 생산량은 Q_0에서 Q_1로 감소한다.

롯되었음을 정확히 인식하는 것입니다. 정부가 원인을 잘못 진단하고 부적절한 정책을 시행하면 오히려 상황이 악화될 수 있기 때문입니다.

정부는 보통 실업 문제가 심각해질 때나 불경기가 길어질 때 경제 정책을 마련하고 나섭니다. 그러나 실업률 증가에 대응해 지출을 늘리면 인플레이션 문제는 더욱 심각해집니다. 비용 상승 인플레이션에서 재화와 서비스에 대한 수요를 늘리면 물가가 더 상승하고 임금-물가 악순환이 발생합니다. 비용 상승 인플레이션은 공급 측 생산비를 줄이거나 안정화시키는 방식으로 접근하거나, 시장의 자연스러운 조정 기능에 맡기는 것이 바람직합니다.

한 걸음 더

인플레이션이 항상 나쁜 것은 아니다?

인플레이션은 가계에 부담을 주고 심한 경우 경기 침체를 야기한다는 문제점이 있지만 그렇다고 모든 인플레이션이 나쁜 것은 아닙니다. 물가가 소폭 상승하면 경제에 긍정적인 영향을 미치기도 하지요.

일례로 적정 수준의 인플레이션이 발생하면 국가 GDP가 커집니다. 물가가 상승하면 기업의 수익이 느는 만큼 개인의 소득도 이전에 비해 상승합니다. 소득 상승은 다시 소비의 상승으로 이어져 수요가 늘고 경제가 활성화될 수 있습니다. 경제학에서 적정 수준의 물가상승률은 연간 2퍼센트라고 봅니다. 이 수준을 유지할 때 물가가 비교적 안정적이고 서서히 상승할 수 있지요.

저축할까, 투자할까

물가 상승에 대처하는 생존법

#통화남발문제   #초인플레이션   #구두창비용

인플레이션은 경제 주체를 승자와 패자로 나눕니다. 누가 인플레이션 덕분에 이익을 얻는지를 알면 인플레이션이 지속되는 원인을 이해하기 쉽습니다. 보통 안정적인 적정 수준의 물가 상승은 경제에 악영향을 미치지 않습니다. 그러나 예기치 못한 인플레이션은 필연적으로 피해를 낳습니다. 이번 장에서는 인플레이션의 수혜자가 누구인지 살펴봅시다.

인플레이션으로 혜택을 보는 쪽

인플레이션이 발생하면 전반적인 물가가 상승해 화폐의 구매력이 감소합니다. 금융시장에서 차입자는 물가 상승과 화폐의 구매력 감소로 이득을 봅니다. 돈을 빌릴 때 보통 기대 물가상승률이 어느 정도 반영된 고정 이자율로 빌리기 때문입니다. 물가가 기대치보다 높아지면, 차입자가 빌린 부채의 실질 가치가 줄어듭니다. 즉 기존 대출에 대한 부담이 감소하는 것이지요.

은행이 6퍼센트의 이자율로 많은 사람에게 대출을 해주었다고 합시다. 물가상승률이 예기치 않게 3퍼센트에서 6퍼센트로 오르면, 차입자가 지급하는 실질 이자율은 3퍼센트에서 0퍼센트로 낮아지는 셈입니다(실질 이자율은 명목 이자율에서 물가상승률을 뺀 값이니까요). 쉽게 말해 상환하는 돈의 가치가 빌린 돈의 가치보다 낮아지는 상황이 벌어집니다.

단기에 물가 상승으로 이득을 보는 또 다른 집단은 생산자입니다. 예상치 못한 인플레이션이 발생하면 소비자 물가가 오르지만, 직원에게 주는 임금은 실시간으로 바뀌지 않고 비교적 안정적으로 유지되기 때문입니다. 소비자가 비싼 값을 내고 물건을 사 수입은 늘지만 직원에게 주어야 할 돈은 늘지 않아 기업과 생산자는 일시적으로나마 높은 이윤을 얻을 수 있습니다.

인플레이션으로 손해를 입는 쪽

하지만 경제 전체로 봤을 때는 인플레이션으로 얻는 이득보다 손실이 더 많습니다. 인플레이션이 기대치를 초과하면 저축자와 대출 기관 모두 손해를 봅니다. 둘 다 인플레이션을 어느 정도 반영한 이자율을 받지만, 실제 인플레이션이 기대치를 초과하는 순간 이자율이 소용이 없기 때문입니다.

예를 들어 당신이 은행의 양도성 예금증서CD, Certificate of deposit(은행 정기예금에 양도성을 부여한 무기명 증권)에 돈을 넣었다고 합시다. 연이율이 4퍼센트인 1년 만기 양도성 예금증서에 1,000달러를 넣었습니다. 당신이 돈을 넣은 시점에는 물가상승률이 2퍼센트였는데 갑자기 경기 불안정이 이어지고 인플레이션이 5퍼센트로 급상승하면 어떻게 될까요? 명목상으로는 1,000달러를 투자해 40달러의 이익을 얻지만, 문제는 이렇게 얻은 1,040달러가 1년 전에 넣은 1,000달러보다 구매력이 낮다는 점입니다. 투자를 하고도 오히려 손해를 입는 것입니다.

또한 인플레이션은 고소득층보다 저소득층에 더 큰 타격을 줍니다. 일반적으로 저소득자는 고소득자보다 현금 자산의 비중이 높습니다. 물론 고소득자도 현금을 보유하지만 대체적으로 부동산이나 토지, 귀금속 등 실물 자산이나 금융 상품에 투자하는 돈이 더 많습니다. 저소득층은 인플레이션이 생기면 주요 자산인 현금의 가치가 떨어지므로 더 큰 피해를 입지만, 고소득층이 가진 부동산 등의 자산은 인플레이션으로 오히려 가치가 상승하기도 합니다.

고정 소득을 받는 사람도 인플레이션으로 손해를 봅니다. 월급은 정해져 있는데 물가가 가파르게 상승하면 실질 구매력이 감소하기 때문이지요. 직장인이나 연금생활자의 경우, 물가상승률이 소득 증가율을 웃돌면 생활이 갈수록 팍팍해집니다. 이러한 피해를 막으려면 급여나 연금이 물가상승률을 반영해 적절히 조정되어야

| 1923년 독일 초인플레이션 |

제1차 세계대전에서 패한 독일은 전쟁 배상금을 갚기 위해 마구잡이로 화폐를 찍어냈고, 시중의 화폐 유동성이 너무 높아지자 물가가 폭발적으로 상승하는 초인플레이션이 발생했다. 그 결과 화폐의 가치가 크게 떨어져 아무리 많은 돈으로도 생필품을 구매하기 어려워졌고, 아이들이 화폐를 장난감처럼 가지고 노는 웃지 못할 상황까지 벌어졌다.

합니다.

인플레이션이 발생하면 개인은 지극히 현실적인 문제와 마주합니다. 현금의 가치가 감소하므로 수중의 현금을 처분하고 가치 있는 금융상품에 투자하기 위해 은행을 자주 방문하게 되지요. 이런 거래가 증가해 발생하는 비용을 '구두창 비용Shoe leather cost'이라고 합니다. 은행을 바쁘게 오가며 구두 밑창이 빠르게 닳는 것에 비유한 표현입니다. 이처럼 인플레이션 시기에는 자산을 지키기 위한 거래 수수료나 기회비용 등 추가 비용이 발생한다는 점을 유념해야 합니다.

기업과 생산자의 경우 인플레이션이 발생하면 상품 가격을 지속적으로 변경해야 합니다. 제품 가격의 변경에도 노동력과 비용이 들어갑니다. 즉 인플레이션이 지속되면 기업은 제품 가격을 모두 뜯어고치기 위해 노동 자원을 투입해야 하므로, 그만큼 생산은 포기해야 합니다.

한 걸음 더

통화 남발과 인플레이션

역사적으로 개발도상국들은 종종 해외 부채를 해결하기 위해 위험한 선택을 했습니다. 통화량을 대규모로 늘리거나 자국 통화 가치를 의도적으로 평가절하하는 방식입니다. 이는 결국 국가 경제에 치명적인 부작용을 낳았습니다.

반면 선진국들은 중앙은행의 독립성을 철저히 보장합니다. 정부가 정치적 목적으로 통화정책을 좌우할 수 없도록 제도적 장치를 마련해둔 것입니다. 실제로 코로나19 사태 이후 미국의 국가 부채가 폭증하자 일각에서는 미국 정부가 통화량 조절이나 달러 가치 조정에 나설 것이라는 우려가 제기되었습니다. 하지만 연방준비제도의 견고한 독립성 앞에서 이는 기우에 불과했습니다. 통화 정책의 독립성이야말로 한 국가의 경제적 성숙도를 가늠하는 핵심 척도라 할 수 있습니다.

인플레 파이터, 폴 볼커

금리를 올려서 경제를 안정시키는 원리

#디플레이션   #제로하한선   #통화량조절

미국 연방준비제도는 1980년대에 중요한 경제적 성과를 남겼습니다. 당시 연방준비제도이사회 의장이었던 폴 볼커Paul Volcker의 강력한 주장으로 금리를 20퍼센트까지 파격적으로 크게 올리고 1970년대 석유 파동 이후 오랜 시간 미국을 괴롭혔던 대 인플레이션 시대The Great Inflation의 마침표를 찍을 수 있었지요. 그러나 그 시절을 겪은 사람이라면 이 조치로 미국이 수십 년 만에 최악의 경기 침체에 빠졌다는 사실도 기억할 것입니다.

오늘날 많은 경제학자가 경기 침체를 감수하더라도 인플레이션을 완화하는 디스인플레이션Disinflation 정책을 펼칠 만한 가치가 있었다고 동의합니다. 1980년대 이후 인플레이션이 비교적 낮고 안정된 수준을 유지하면서 미국 경제는 안정기에 접어들었습니다.

물가 상승세 완화시키기

'디스인플레이션'이란 인플레이션을 억제함으로써 디플레이션 Deflation(물가 하락)이 발생하는 것을 방지하기 위해 통화량과 물가를 되도록 현재의 선에서 안정시키려고 하는 경제 조정책을 뜻합니다. 물가 상승은 지속되지만 그 상승세가 완화하는 현상을 가리키기도 합니다.

디스인플레이션은 경제에 긍정적인 영향을 미칩니다. 물가상승 속도가 점차 둔화되면 기업들은 임금 인상 압박에서 벗어날 수 있고, 낮고 안정적인 이자율 덕분에 투자 비용이 줄어들며 장기 투자 계획도 수립하기 쉬워집니다. 무엇보다 중요한 것은 디스인플레이션이 지속되면 생산자와 소비자 사이에 물가상승률의 기대치가 낮아진다는 점입니다. 덕분에 인플레이션 시기보다 훨씬 안정적인 생산과 소비 여건이 조성될 수 있지요.

기대 심리의 역할

여타 다른 학문과 비교되는 경제학의 특징 중 하나는 자기실현적 예언이 가능하다는 점입니다. 특히 물가 상승은 사람들의 심리에 크게 영향을 받습니다. 경제 상황에 대한 사람들의 인식이나 두려움, 기대감이 실제 인플레이션에 반영되는 것이지요. 물가가 상승할 것이라는 막연한 두려움과 사회적 분위기만으로 물가가 상승하기도 합니다.

소비자가 가까운 미래에 인플레이션이 발생할 것을 우려해 소비를 늘리고 저축을 줄이면 곧 수요 견인 인플레이션이 발생합니다. 이는 향후 경제 성장과 생활 수준 상승에 대한 기대감으로 이어지지요. 노동자들은 임금 인상을 기대할 것이고, 기업에서 이를 인식하고 임금을 올리면 당연히 비용 상승 인플레이션으로 이어집니다. 즉 정부가 물가상승률을 제대로 조절하지 못하면 경제 주체 사이에 더 높은 기대 심리가 파고듭니다. 이것이 반복되면 경제는 충분히 생산하지 못하고 물가는 원래보다 높아집니다. 그렇기 때문에 정부와 중앙은행이 실제 물가상승률뿐만 아니라 기대 물가상승률까지 관리하려고 노력하는 것이지요. 물가 상승에 대한 두려움과 기대는 실제 현상으로 이어지기 마련입니다.

아이를 키워 본 부모라면 말로만 하는 훈육은 아무런 소용이 없

| 오바마와 대화를 나누는 폴 볼커 |

1980년대에 주변의 우려에도 반대하고 금리를 크게 올려 인플레이션을 잡은 폴 볼커 전 연준이사회 의장은 오늘날까지 결단력 있는 전략가로 인정받고 있다.

다는 사실을 잘 알 것입니다. 경제 정책 당국도 마찬가지입니다. 물가 상승에 대한 우려가 높아지고 있을 때 적절한 대책을 세우지 않고 말만 늘어놓는 것은 가계나 기업에 안정감을 주지 못합니다. 그런 면에서 폴 볼커의 업적이 대단한 것이지요. 현실성 없는 대책만 내놓은 것이 아니라 금리를 올리며 단호하게 결단을 내렸기 때문입니다. 그 덕분에 미국 연준은 물가 상승을 억제하고 관리할 수 있다는 신뢰를 얻었습니다. 그의 결단력 있는 행동은 오랜 시간이 지난 지금까지 우리에게 큰 교훈을 줍니다.

물가가 떨어지면 어떻게 될까?

인플레이션이 나쁘고 디스인플레이션이 그보다 나은 상황이라면, 디플레이션은 경제학적으로 이상적인 상황일까요? 그렇지 않습니다. 디플레이션이란 인플레이션과 반대로 경제 전반에서 물가가 하락하는 현상을 가리킵니다. 인플레이션이 발생하면 화폐의 구매력이 떨어지는 것과 반대로 디플레이션이 발생하면 화폐의 구매력이 증가합니다.

　그런데 디플레이션이 왜 문제가 될까요? 바로 비정상적인 경제 구조를 만들기 때문입니다. 가격이 계속 하락하면, 소비자는 시간이 지날수록 더 싼 값에 좋은 물건을 구매할 것을 기대하며 당장 필요하지 않은 내구재나 고가의 제품을 사지 않고 미룹니다. 이런 소비 경향이 지속되고 점점 확산하면 제조업이 멈추고 실업이 확대될 수 있지요. 실업률이 늘면 재화와 서비스를 구입할 의지와 능력을 갖춘 소비자가 점점 줄어들기 때문에 물가는 더욱 하락하며 국가 경제가 정상적으로 굴러가지 못하는 악순환에 빠집니다.

디플레이션은 주로 금리를 조절해 사람들의 경제 활동에 영향을 미치는 중앙은행에 큰 도전을 안깁니다. 인플레이션이 지속되면 중앙은행은 금리를 올려 신용 거래의 흐름을 줄이고 물가 상승을 압박할 수 있습니다. 이때는 상한선 없이 금리를 지속적으로 올릴 수 있지요.

하지만 반대의 경우는 다릅니다. 디플레이션이 발생하면 중앙은행에서는 투자와 소비를 자극하기 위해 금리를 낮춥니다. 은행에 돈을 넣어도 큰 이윤을 얻지 못하게 하는 것이지요. 그러나 금리를 낮추어도 원하는 효과를 얻지 못한다면 중앙은행은 '제로 하한선 Zero lower bound'이라고 부르는 지점까지 계속 낮춥니다. 그러다가 금리가 0퍼센트에 가까이 도달하면 더는 낮출 여지가 없어집니다. 금리가 0퍼센트 아래로 내려가면 사람들은 은행에 저축하려 하지 않을 것이고, 그러면 금융시장 전체가 붕괴될 수도 있습니다.

존 메이너드 케인스는 이렇게 금리가 낮은 상태에서 통화 정책을 아무리 바꾸어도 실물 경제에 더 이상 영향을 미치지 못하는 상태를 '유동성 함정 Liquidity trap'이라고 설명했습니다. 대공황과 같이 심각한 경기 침체 상황에는 중앙은행에서 아무리 금리를 낮추어도 소비와 투자가 늘지 않지요. 가계와 기업은 금리가 아무리 떨어져도 불확실한 미래에 대비해 저축을 고집하고, 이러한 현상은 경제를 더욱 침체시키는 악순환으로 이어집니다.

디플레이션의 해결책

디플레이션을 해결하고 경제를 정상 궤도에 올려놓는 방법은 적정 수준의 인플레이션을 촉진하는 것입니다. 밀턴 프리드먼은 법정 불환 화폐가 통용되는 경제에서는 디플레이션이 큰 문제가 되지 않는다고 주장했습니다. 디플레이션이 지속될 때 화폐를 찍어내면 금세 물가 하락을 잡을 수 있다고 본 것이지요. 그는 1969년에 한 논문에서 중앙은행이 정부나 소비자에게 '직접' 자금을 전달해 경제 활동을 촉진할 수 있다는 '헬리콥터 머니Helicopter money'라는 개념을 소개했습니다.

그러나 여기에는 현금을 대량으로 풀어 통화량이 늘면 오히려 과도한 인플레이션을 부추겨 다시 경기 침체로 이어질 수 있다는 한계가 있습니다.

국가 경제는 어떻게 움직이는가

총수요 VS 총공급

#국내생산물   #국가생산함수   #장기총공급

수요와 공급의 법칙, 국내총생산, 실업률, 물가상승률 개념을 이해했다면 경기 변동을 분석할 때 필요한 기초 도구는 모두 갖춘 셈입니다. 이제 총수요와 총공급 모형만 알면 당신도 경제학자처럼 전반적인 경제 상태에 대해 분석할 수 있습니다. 어떤 사건이 발생했을 때 그로 인해 장차 어떤 연쇄 작용이 벌어질 것인지도 예측해볼 수 있지요. 다음에 저녁 뉴스를 보다가 중앙은행에서 금리를 올리거나 내린다고 하면 어떤 일이 벌어질지 눈앞에 그려질 겁니다.

모든 경제 수요의 총합

수요란 일정 기간 소비자가 다양한 가격에 재화와 서비스를 구매하려는 의지와 능력을 뜻합니다. 총수요AD, Aggregate Demand도 이와 비슷한 개념이지만 몇 가지 결정적인 차이가 있습니다. 총수요란 '국내에서 생산한 모든 최종 생산물에 대한 수요'를 뜻합니다. 가계나 기업만이 아니라 모든 경제 주체의 수요를 통틀어 계산한 것이 총수요이지요. 더 나아가 총수요는 단순히 시장 가격과 거래량의 관계가 아닌, 물가와 실질 GDP 사이의 관계까지 보여줍니다.

물가와 실질 GDP는 음의 관계에 있습니다. 물가가 오르면 구매력이 떨어져 실질 GDP가 하락합니다. 이는 물가 상승으로 화폐와 다른 금융 자산의 구매력이 감소하기 때문이지요. 물가 상승은 수출품에 대한 수요를 감소시키고, 물가 억제를 위해 금리가 인상되면 투자와 소비가 억제됩니다. 반대로 물가가 떨어지면 실질 GDP는 늘어납니다. 화폐의 구매력이 올라가고, 수출품의 가격이 저렴해지며, 경제 성장을 촉진하기 위해 금리가 인하되면서 투자와 소비가 활성화됩니다.

총수요의 변동은 물가와 독립적으로, GDP를 구성하는 네 가지 핵심 요소(민간 소비, 민간 투자, 정부 지출, 순수출)의 변화에 따라 발생합니다. 예컨대 경기가 회복되어 소비자와 기업의 심리가 낙관적으로 바뀌면, 물가 수준과 관계없이 소비와 투자가 늘어나면서 총수요가 증가합니다. 정부 지출이 확대되거나 수출이 수입보다 많아져도 같은 효과가 나타납니다.

반대로 GDP 구성 요소가 하나라도 감소하면 총수요도 줄어듭니다. 예를 들어 소득세율이 오르면 가계의 실질 소득이 감소해 소비가 위축되고, 결국 총수요가 감소합니다.

국가 경제의 생산함수 계산하기

공급이란 특정 기간에 생산자가 다양한 가격으로 어떤 재화나 서비스를 생산하려는 의지와 능력을 말합니다. 총공급AS, Aggregate Supply은 하나의 재화나 서비스가 아니라 국내 모든 생산물을 포함하기 때문에 단순히 공급보다 훨씬 크고 넓은 개념입니다. 개별 기업이 생산함수를 계산해 생산 여부를 결정하는 것처럼, 국가 경제에도 '생산함수'가 있어서 경제가 일정한 자본 수준에서 생산할 수 있는 노동의 투입량과 생산량(또는 실질 GDP)의 관계를 보여줍니다. 총공급과 생산함수가 단기와 장기에 각각 어떻게 물가에 영향을 미치는지 살펴봅시다.

단기적으로 실질 GDP는 물가와 직접적인 관련이 있습니다. 그러나 장기로 갈수록 전체 생산자가 공급하는 실질 GDP는 물가와 무관해집니다.

단기 총공급

왜 기업들은 단기에 물가가 오르면 생산량을 늘리고 물가가 떨어지면 생산량을 줄일까요? 이 질문에 답하기 전에 먼저 거시경제적 맥락에서 '단기'가 무엇을 뜻하는지 생각해보아야 합니다. 단기란 투입 요소의 가격을 물가 변동에 맞춰 조정하지 못하는 기간을 가리킵니다. 주로 임금이 이 가격에 속하지요. 대부분의 직장에서 매일의 물가 변동에 맞춰 임금을 지급하지는 않습니다. 즉 예기치 못한 물가 상승이 발생해도 단기에는 임금이 고정되어 있다가 연봉 협상 시기가 다가오면 조정되지요.

단기에는 생산물의 가격이 올라도 직원에게 주는 임금이 고정되어 있기 때문에 기업의 이윤이 증가합니다. 이때 기업들은 높은 이윤에 맞춰 집단으로 생산량, 즉 실질 GDP를 늘릴 수 있습니다. 그러나 물가가 떨어지면 기업은 손해를 보기 때문에 생산량을 줄입니다. 이러한 물가와 생산량의 상관관계를 일컬어 '단기 총공급 SRAS, Short-Run Aggregate Supply'이라고 하지요.

단기 총공급은 단위당 생산비의 영향을 받습니다. 단위당 생산비가 낮아지면 실질 GDP를 더 많이 생산할 수 있고, 단위당 생산비가 오르면 실질 GDP의 생산력은 줄어듭니다. 생산비는 다양한 요소들로부터 영향을 받습니다. 생산성이 향상할수록 단위당 생산비가 떨어지고, 감소할수록 단위당 생산비가 올라가지요. 정부 규제는 기업에 비용을 부과하므로 그 비용만큼 생산량을 감소시킵니다. 또한 세금 징수는 생산 능력의 감소로, 보조금 지급은 생산 능력의 향상으로 이어지지요. 물가상승률에 대한 기대치가 오르면 노동자는 높은 임금 인상을 요구하고, 대출 기관은 금리를 올리며, 원자재의 가격이 상승합니다. 결국 물가상승률의 기대치가 올라가면 단기 총공급이 감소할 수밖에 없지요. 반대로 물가상승률의 기대치가 내려가면 단기 총공급이 증가합니다.

장기 총공급

시간이 지날수록 물가는 기업이 생산하는 실질 GDP와 무관해집니다. 장기에는 생산 요소의 가격이 물가 변동에 맞춰 조정됩니

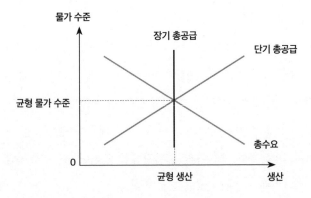

| 총수요와 총공급 그래프 |

단기적으로 보면 물가가 상승할수록 기업들은 생산량을 늘린다. 그러나 장기적으로 봤을 때는 물가와 함께 생산 요소의 가격도 조정되기 때문에 물가 수준과 상관없이 비슷한 생산량을 유지한다.

다. 즉 단기에 물가가 오르면 기업이 생산량을 늘리지만, 장기적으로는 생산 요소의 가격도 함께 올라 더 높은 이윤을 얻지 못하므로 생산량을 늘릴 이유가 없는 것이지요. 또한 장기에는 직원의 임금도 전반적인 물가상승률과 비슷한 비율로 인상되기 때문에 실질적인 가치를 비교했을 때 달라지는 것이 없습니다. 물가 수준과 무관하게 유지되는 이러한 실질 GDP를 '장기 총공급LRAS, Long-Run Aggregate Supply'이라고 합니다.

경제학에서는 한 국가의 장기 총공급 수준이 보유한 자원과 기술의 양에 의해 정해진다고 봅니다. 경제는 장기적으로 완전고용 상태에 이르기 마련이고, 이때 노동과 자원이 시장에서 모두 사용되는 수준에서 총공급이 결정된다는 것이지요.

장기 총공급 증가와 감소의 대표 사례

장기 총공급은 한 경제의 생산력을 결정짓는 토지, 노동, 자본과 같은 생산 요소의 가용성에 따라 변동합니다. 이러한 자원이 늘면 장기 총공급도 증가하고, 줄면 감소합니다. 따라서 장기 총공급의 증가는 곧 경제 성장을 의미합니다.

역사적으로 보면, 14세기 유럽 인구의 3분의 1을 앗아간 흑사병은 노동력을 급감시켜 장기 총공급을 크게 위축시킨 사례입니다. 반면 18세기 증기기관의 발명은 생산성을 파격적으로 높였습니다. 이는 산업혁명을 촉발해 유럽 경제의 장기 총공급을 획기적으로 확대했습니다.

자유방임주의는 과연 최선인가

고전파 경제학의 이론

#시장중시경제학 #방임주의철학 #세의법칙

거시경제에서 균형이란 여러 경제 주체들의 총수요가 생산자의 총공급과 일치하는 상태를 말합니다. 이는 시점에 따라 단기 균형(총수요와 단기 총공급의 일치)과 장기 균형(총수요와 장기 총공급의 일치)으로 나뉩니다.

이러한 균형은 총수요와 총공급의 변화에 따라 달라집니다. 예를 들어 총수요가 총공급보다 늘어나면, 단기적으로는 물가와 실질 GDP가 모두 상승하지만 장기적으로는 물가만 오르게 됩니다. 생산 증가로 인한 비용 상승(원자재 가격 상승, 임금 인상 압박 등)이 발생해 기업들은 결국 생산을 지속적으로 늘리기 어려워지기 때문입니다. 고전파 경제학자들은 시장의 가격과 임금이 자유롭게 조정되면 총수요와 총공급이 자연스럽게 균형을 이룬다고 보았고, 이 이론을 '자유방임주의'라고 불렀습니다.

총수요와 총공급의 변화

총수요와 총공급이 교차하는 지점에서 국가 경제의 균형이 정해집니다. 가계, 기업, 정부, 해외 부문에서 부족한 생산물에 대한 수요가 늘면 생산자는 단기적으로 물가 상승에 맞춰 생산량을 늘립니다. 그러나 장기에 생산비는 물가상승률을 기준으로 조정되기 때문에 실질 GDP는 원래 수준으로 돌아갑니다.

좀 더 자세히 살펴봅시다. 총수요가 급증하면 경제는 단계별로 다른 반응을 보입니다. 단기적으로는 소비가 과열되며 총수요가 늘어 물가가 상승합니다. 그러다 총수요가 감소하면 반대의 상황이 전개됩니다. 즉 총수요가 단기 총공급에 비해 감소한다면 실질 GDP와 물가가 모두 떨어집니다. 그러나 총수요가 장기 총공급에 비해 감소한다면 임금을 비롯해 여타 생산 요소의 가격이 물가 하락에 맞추어 조정되기에 경제는 낮아진 물가의 수준에서 잠재 GDP 수준으로 회귀하는 것이지요.

한편 단기 총공급의 변화는 총수요와 다른 양상을 보입니다. 총공급이 늘면 생산비가 감소해 실질 GDP는 증가하고 물가는 하락합니다. 반대로 총공급이 줄면 생산량 감소로 실질 GDP는 떨어지고 물가는 오르는 '스태그플레이션Stagflation'이 발생할 수 있습니다. 1970년대 오일 쇼크로 미국이 겪은 스태그플레이션이 대표적 사례입니다. 당시 미국은 경기 침체와 높은 실업률을 동시에 겪었고, 이로 인한 소비 감소와 기업의 파산 증가로 타격을 입었습니다.

고전파 경제학자들의 주장

고전파 경제학Classical economics은 애덤 스미스, 데이비드 리카도, 존 스튜어트 밀로 대표되는 대공황 이전의 경제 사상을 말합니다. 경제 사상사에서 최초의 근대적 경제 이론으로 여겨지는 개념이기도 하지요. 애덤 스미스의『국부론』으로 초석을 다진 고전파 경제학은 오랜 시간 세계 경제를 지배했습니다. 오늘날에는 시장 중심의 문제 해결을 주장하는 더 넓은 범위의 경제학자들도 고전파 경제학자에 포함됩니다.

이들의 핵심 주장은 시장의 자기 조정 능력입니다. 시장은 총수요와 총공급의 균형을 자연스럽게 찾아간다는 것이지요. 예를 들어 물가가 오르면 소비자들은 지출을 줄이는 대신 저축을 늘립니다. 저축이 증가하면 이자율이 하락해 투자가 늘어나므로, 결과적으로 총수요는 안정적으로 유지됩니다.

고전파 경제학자들은 경제 충격에도 시장이 스스로 안정화된다고 봅니다. 물가가 떨어지면 노동자들이 임금 인하를 수용하고, 물가가 오르면 임금 인상을 요구하는 식입니다. 이런 경제 주체들의 합리적인 결정과 유연한 조정 덕분에 경제는 완전고용 상태를 유지할 수 있다고 주장합니다.

따라서 이들은 경기 침체가 시작되어도 정부 개입이 필요하지 않다고 봅니다. 총수요가 감소해 GDP와 물가가 하락하더라도, 실업자들이 낮은 임금을 수용하기 때문에 기업의 생산이 늘어나 자연스럽게 새로운 균형점을 찾을 수 있다는 논리입니다. 즉 시장을

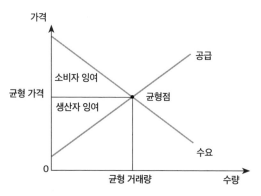

| 자유방임주의 이론 |

고전파 경제학자들은 개인의 경제적 자유를 최대한 보장하고 국가의 간섭을 최소화할 때 시장이 최적의 균형점을 찾을 수 있다고 보았다.

관리하는 '보이지 않는 손'이 경제를 다시 완전고용으로 이끈다고 보는 것입니다.

물가 상승도 마찬가지입니다. 총수요가 증가하면 GDP와 물가가 오릅니다. 자연스럽게 실업률이 낮아지고 기업들이 임금을 올립니다. 이렇게 노동력과 여타 자원을 확보하려는 치열한 경쟁 속에서 기업의 생산비는 늘어납니다. 결국 기업은 다시 생산을 줄일 것이고, 경제는 한층 성장해, 안정적인 물가 수준에서 완전고용 상태를 유지합니다.

정리하면 고전파 경제학은 정부의 개입 없이 시장의 힘만으로 경제가 장기 균형 상태에 다다를 수 있다고 봅니다. 이들은 시장 규제를 완화하고 자유 무역을 촉진하는 경제 정책을 지지합니다.

한 걸음 더

고전파 경제학의 환상이 깨지다

"모든 공급은 그에 맞는 수요를 창출한다." 18세기 프랑스의 경제학자 장 바티스트 세Jean Baptiste Say가 주장한 '세의 법칙Say's law'의 핵심입니다. 이는 과잉 공급이 일어날 수 없다고 보는 고전파 경제학의 대표적 이론이 되었습니다.

하지만 이 낙관적 전망은 1930년대 대공황을 계기로 도전을 받게 됩니다. 케인스 학파는 수요를 고려하지 않은 공급 중심의 사고가 오히려 과잉 공급을 초래할 수 있다고 지적했습니다. 실제로 대공황은 수요 부족으로 인한 경제 위기였고, 이는 세의 법칙으로는 설명할 수 없는 현상이었습니다.

케인스는 왜 정부 개입을 외쳤나

케인스 경제학의 주요 개념

#승수효과   #수정자본주의   #화폐환상

고전파 경제학자들이 자유방임주의와 국가 개입의 최소화를 주장했다면, 반대로 정부의 보완책과 공공 지출이 경제 안정화에 꼭 필요하다고 주장한 학자도 있습니다. 앞서 여러 차례 언급한 영국의 경제학자 존 메이너드 케인스입니다. 그는 '케인스 경제학Keynesian economics'이라는 독창적인 이론을 창조해 거시경제학을 보는 관점과, 기존 경제 정책과 관습을 크게 바꾼 인물입니다.

고전파 경제학의 이론이 현실을 제대로 설명하지 못한다고 결론을 내린 그는 대공황 시기에 자신의 저서 『고용, 이자 및 화폐의 일반이론』에서 자유방임주의 철학에 반박하며 경기 침체에는 정부의 개입이 필요하다고 주장했습니다. 또한 그는 소비 감소가 반드시 투자 증가로 이어지지 않으므로 총수요는 내재적으로 불안정하다는 점을 지적했습니다.

케인스는 임금을 비롯한 생산 요소의 가격이 쉽게 내려가지 않는 현상에도 주목했습니다. 현실적으로 노동자는 임금 삭감을 받아들이기 어렵고, 고용주도 이를 알고 있기에 임금을 줄이지 못하지요. 결과적으로 케인스는 시장이 경제를 완전고용 상태로 되돌릴 능력이 없으므로 실업률이 높을 때는 정부 개입이 필요하다고 보았습니다.

정부 지출의 승수 효과

케인스는 경기 침체가 발생했을 때 정부 지출을 늘리고 소득세를 줄임으로써 총수요를 자극하고 완전고용 상태로 회복시킬 수 있다고 보았습니다. 그러나 정부에서 이런 정책을 시행하기 위해서는 재정 적자를 감수해야 합니다.

긍정적으로 보면, 케인스는 '승수 효과' 덕분에 비교적 저렴한 비용으로 경제를 회복시킬 수 있다고 주장했습니다. 예를 들어 현재 실질 GDP가 14조 달러인데 잠재적 실질 GDP(물가 상승을 유발하지 않으면서 달성할 수 있는 최대한의 GDP)가 15조 달러인 경우, 정부는 이 격차를 해소하기 위해 1조 달러를 지출할 필요가 없습니다. 그보다 훨씬 적은 액수만 지출해도 승수 효과로 국가 경제가 회복할 수 있다고 보았습니다.

승수 효과는 경제의 한 부분에서 시작된 변화가 연쇄적으로 퍼져나가, 최초의 변화보다 몇 배나 큰 결과를 만들어내는 현상입니다.

케인스는 이를 '한계소비성향'이라는 개념으로 설명했습니다. 이는 추가 소득 중 얼마를 소비하는지를 나타냅니다. 즉, 100만 원을 받았을 때 80만 원을 쓰고 20만 원을 저축한다면, 한계소비성향은 80퍼센트이고 한계저축성향은 20퍼센트가 되는 것이죠. 케인스는 이러한 소비 패턴이 연속적으로 이어지면서 경제 전체에 증폭 효과가 발생한다고 보았습니다.

예를 들어 미국인이 소득의 80퍼센트까지 소비하는 한계소비성향이 있다고 합시다. 정부에서 공공 기반 사업에 500억 달러를 지출하면, 이 500억 달러는 국민에게 흘러가 소비 지출 400억 달러로 이어집니다. 여기서 다시 320억 달러의 소비 지출이 발생하고, 이런 식으로 소비가 반복되고 이어지면 어마어마한 양의 총지출로 국가 경제가 다시 활기를 띨 수 있다는 논리지요. 정부에서는 500억 달러를 투입했을 뿐이지만 그보다 훨씬 큰 돈이 시장에 유통되며 경제적 효과를 볼 수 있게 됩니다. 국민의 한계소비성향이 클수록 승수 효과도 커집니다. 케인스는 정부 지출이 동일 규모의 세금 감면보다 효과가 더 크다고 주장했습니다. 사람들이 감세로 생긴 소득은 소비하기보다 저축할 가능성이 높기 때문이지요.

케인스의 통찰력은 경제학을 완전히 바꾸었습니다. 오늘날 많은 국가의 경제 정책이 케인스의 이론에 토대를 두고 있습니다. 정부의 적극적인 개입으로 경기 침체를 극복할 수 있다고 주장한 케인스를 사회주의자로 잘못 알고 있는 사람들도 있지만, 케인스는 분명 자본주의를 옹호했고 그의 접근 방식도 사회주의보다는 수정자본주의에 가까웠습니다.

물가상승률과 실업률은 서로 관계가 있을까?

케인스의 이론과 사상은 1930년대부터 1970년대까지 오랜 시간에 걸쳐 전 세계로 퍼졌습니다.

뉴질랜드 태생의 영국 경제학자 윌리엄 필립스A. W. Phillips는 케인스 경제학 이론들을 깊이 연구했습니다. 그는 영국의 통계 자료를 기반으로 임금상승률과 실업률 사이의 상관관계를 연구했는데, 그 결과 임금이 상승하는 시기에는 실업률이 낮아지고, 반대로 임금이 정체되는 시기에는 실업률이 높아진다는 결론을 얻었습니다. 이 반비례 관계를 그래프로 그린 것을 '필립스 곡선Phillips Curve'이라고 합니다. 필립스 곡선은 처음에는 실업률과 임금상승률의 관

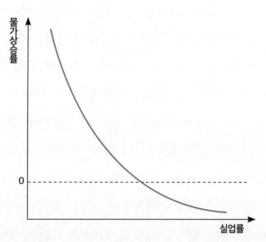

| 필립스 곡선 |

영국의 경제학자 윌리엄 필립스는 실업률과 물가상승률은 반비례 관계에 있어 실업률이 낮아지면 물가상승률이 오르고, 물가상승률이 낮아지면 실업률이 오른다고 보았다.

계를 보여주었지만, 후속 연구에서는 실업률과 물가상승률의 관계로 확대되었습니다.

미국의 경제학자 폴 새뮤얼슨Paul Samuelson과 로버트 솔로Robert Solow는 필립스 곡선을 미국 상황에 적용했습니다. 이들의 연구를 바탕으로 경제학자들은 재정 정책과 통화 정책을 적절히 사용해 실업률을 안정시킬 수 있다고 보았습니다. 일정 수준의 인플레이션을 감수하며 적절한 재정 정책을 펴 총수요를 증가시키면 실업률을 낮게 유지할 수 있다는 결론에 도달했지요.

그러나 1970년대 이후 스태그플레이션이 발생하며 물가상승률과 실업률이 동시에 증가하자 경제학자들 사이에 필립스 곡선이 과연 현실을 제대로 반영할 수 있는지에 대한 의문과 비판이 제기되기 시작했습니다. 게다가 노동자는 시장에서 명목 임금보다 실질 임금을 고려하는데 필립스는 명목 임금을 기준 삼아 연구했다는 한계도 분명했지요.

밀턴 프리드먼과 펠프스는 실업률과 물가상승률의 반비례 관계를 보여주는 필립스 곡선이 현실과 맞지 않는다고 지적했습니다. 사람들이 임금 협상 시 인플레이션의 기대치를 고려하기 때문이지요. 나아가 그들은 케인스 경제학의 한계를 논증했습니다.

밀턴 프리드먼과 펠프스는 '자연실업률 가설'을 통해 장기적으로 실업률과 인플레이션 사이에는 아무런 관계가 없다고 주장했습니다. 정부가 통화량을 늘리거나 재정 지출을 확대해 일시적으로 실업률을 낮출 수는 있지만, 시간이 지나면 실업률은 어김없이 원래 수준으로 돌아간다는 것입니다.

그린스펀의 전략: 물가 기대심리가 경제를 움직인다

이후 필립스 곡선에 대한 새로운 합의가 등장했습니다. 경제학자들은 물가상승률과 실업률 사이의 상관관계를 암시하는 '단기 필립스 곡선'과 자연실업률 상태에서 나타나는 '장기 필립스 곡선'이 있다고 보았습니다. 물가상승률과 실업률에 관한 몇 년치 통계만 살펴보면 둘 사이에 음의 관계가 보이지만, 모든 데이터를 적용해 폭넓게 분석하면 둘 사이에 확실한 상관관계가 있지는 않습니다.

경제학자들은 필립스 곡선이 단기와 장기에 다른 이유를 기대 물가상승률의 변화로 설명합니다. 필립스가 분석했던 19세기 중후반부터 20세기 중반까지 영국의 기대 물가상승률은 안정적이었습니다. 그러나 1971년에 닉슨 쇼크로 금본위제가 중단되고 환율이 불안정해지며 물가상승률이 치솟았습니다. 기대 물가상승률이 상승하면 물가상승률과 실업률은 함께 증가합니다. 단기 필립스 곡선은 물가상승률의 기대치가 안정적인 시기에 들어맞지만, 물가상승률의 기대치가 변하는 장기에는 물가상승률과 실업률이 동시에 증가하거나 감소할 수 있습니다. 그러다가 새로운 기대 물가상승률이 안정기에 접어들면 다시 새로운 단기 필립스 곡선이 나타난다고 보았습니다.

1987년부터 약 20년간 '마에스트로'로 불린 미국 연준이사회 의장 앨런 그린스펀은 놀라운 기록을 세웠습니다. 그는 물가상승률과 실업률을 동시에 낮게 유지하는 데 성공했는데, 그 비결은 '물가 기대심리 관리'에 있었습니다.

당시는 세계화로 생산성이 크게 향상되던 시기였고, 사람들은 물가가 크게 오르지 않을 것이라 믿었습니다. 그린스펀은 이 신뢰를 지키는 데 성공했고, 이는 중요한 교훈을 남겼습니다. 케인스가 주장한 정부의 경기 부양책도 사람들이 물가 안정을 믿을 때만 효과가 있다는 것입니다. 만약 정부 개입이 물가 불안 심리를 자극한다면, 아무리 돈을 풀어도 실업률은 떨어지지 않고 물가만 치솟을 것입니다.

한 걸음 더

화폐환상의 함정

케인스 경제학에서 중요한 개념 중 하나는 사람들이 '화폐환상Money Illusion'에 빠진다는 것입니다. 화폐환상이란 실질적 가치에 변화가 없는데도 명목 임금이 오른 것만으로 소득이 늘었다고 받아들이는 것을 의미합니다. 예컨대 물가상승률이 3퍼센트이고 노동자의 급여가 3퍼센트 올랐다면 그의 임금은 실질적으로 동결된 것과 다름없습니다. 그럼에도 급여가 크게 올랐다고 착각하는 현상이 바로 화폐환상이지요. 화폐환상에 빠진 노동자들은 임금이 올랐다고 생각한 만큼 열심히 일하고, 이에 따라 생산성이 증대함으로써 물가와 생산 사이 관계를 나타내는 총공급 곡선은 상승세를 그리게 됩니다. 고전파 경제학에서는 사람들이 실질적인 변화를 기준으로 합리적인 결정을 내리기에 화폐환상이 존재하지 않는다고 주장합니다.

레이거노믹스는 성공했는가

공급 중시 경제학과 래퍼 곡선

#레이거노믹스   #공급의힘   #래퍼곡선

미국 경제사에서 1970년대는 고난과 역경의 시기였습니다. 실업률과 물가상승률이 지속적으로 증가하는 스태그플레이션이 발생했기 때문입니다. 당시 많은 정치인과 경제학자, 정책 연구자 들은 케인스의 대책을 가장 효과적인 해결책으로 여겼습니다. 밀턴 프리드먼과 에드먼드 펠프스가 물가상승률과 실업률 사이에는 아무런 상관관계가 없다고 주장했지만 여전히 많은 사람이 케인스 경제학을 지지했습니다.

케인스 경제학이 각종 경제 정책에 깊이 침투한 탓에 이후 등장한 케인스 경제학의 효과를 부정하는 자료는 많은 사람들에게 인지부조화를 불러일으켰습니다. 실업률이 높으면 정부 지출을 늘리고, 인플레이션이 지속되면 연준이 금리를 높여 소비를 줄이는 것이 케인스의 처방이었습니다. 그러나 스태그플레이션에는 이런 처방도 아무런 효과가 없었지요. 실업률을 완화하기 위해 정부 지출을 늘리면 물가만 더 오를 뿐이었습니다. 총수요를 조절하는 것으로 문제가 해결되지 않자, 이번에는 공급에 집중해야 한다는 새로운 관점이 등장했습니다.

한 걸음 더

경제고통지수

실업과 경제 성장을 주로 연구한 경제학자 아서 오쿤은 경제적 어려움을 나타내는 간단한 지수를 고안했는데, 이를 '경제고통지수Economic Misery Index'라고 합니다. 물가상승률과 실업률을 더해 계산하지요. 가령 물가상승률이 4퍼센트이고 실업률이 16퍼센트인 국가의 경제고통지수는 20인 셈입니다.

경제학에서는 경제고통지수가 높을수록 실업자가 늘고 물가가 올라 국민 생활이 어려워지고, 반대의 경우 국민 삶의 질이 개선되고 어려움이 줄어드는 것으로 봅니다. 미국에서 스태그플레이션이 지속되던 1970년대에 경제고통지수는 꾸준히 증가했고 1980년 6월 역대 최고치인 21.98을 찍었습니다. 이 수치는 결국 지미 카터 대통령의 재선을 좌절시킨 결정적 요인이 되었습니다.

레이건 행정부의 경제 정책, 레이거노믹스

대공황 발생 직후인 1930년부터 스태그플레이션이 발생한 1970년대까지 미국의 경제 정책은 대부분 정부가 개입해 총수요를 늘려야 한다는 케인스 경제학 이론을 따랐습니다. 그러나 스태그플레이션 상황에는 수요 쪽에 어떠한 조치를 취해도 눈에 띄는 효과를 볼 수 없었습니다. 이후 고전파 경제학의 자유방임주의적 해결책이 다시 떠올랐습니다. 경제학자들은 다시 눈을 돌려 유연하고 효율적인 시장이 경제를 완전고용 상태로 변화시킬 것이라고 보았지요. 다른 한쪽에서는 지난 40년간 노동시장의 유연성과 효율성이 떨어뜨린 케인스 경제학을 대신할 움직임으로 '공급 중시 경제학 Supply-side economics'이 부상했습니다.

1970년대 후반 카터 행정부 시절부터 시작된 정부 개입 완화는 레이건 행정부가 들어선 1980년대에 더욱 속도를 냈습니다. 예를 들어 미국 항공 산업은 정부의 엄격한 규제가 풀리자 치열하게 경쟁하기 시작했습니다. 그 결과 항공편이 크게 늘었고 가격도 저렴해졌습니다. 또한 비효율적으로 운영되던 항공 업체는 시장에서 퇴출되었습니다.

더불어 레이건 행정부에서는 노동조합의 세력이 약해졌습니다. 항공관제사 노조의 단체 해고 사태가 이를 단적으로 보여주는데, 임금 인상과 근무 조건 개선을 요구하며 파업하던 이들이 대통령의 행정명령에 의해 일괄 해고된 것이지요. 대통령이 전하는 메시지는 분명했습니다.

로널드 레이건 대통령은 후보 시절부터 확고한 경제 철학을 갖고 있었습니다. 그의 핵심 신념은 고소득층의 세금 부담을 낮추면 이들의 저축과 소비가 동시에 증가해 국가 경제 전반에 긍정적인 영향을 미칠 것이라는 점이었습니다. 레이건은 이러한 저축과 소

| 세금 감면 법안에 대해 발표하는 로널드 레이건 |

미국 제40대 대통령 로널드 레이건은 '힘에 의한 위대한 미국'을 재건하겠다는 기조로 세금을 대폭 감면하고 기업에 대한 규제를 완화하는 경제 정책을 폈다.

비의 증가가 단순한 개인 소비 진작을 넘어 기업의 자본 투자 확대로 이어질 것으로 보았습니다. 나아가 기업들의 투자 증가는 생산 능력 확대와 새로운 일자리 창출로 이어져 경제 전반의 선순환을 이끌어낼 것이라 확신했습니다.

비록 정부 지출보다는 효과가 작다고 보았지만, 감세가 총수요를 자극한다는 것은 케인스 경제학에서도 인정한 사실입니다. 그러나 새로 등장한 공급 중시 경제학에서는 감세가 총수요뿐만 아니라 공급까지 자극한다고 보았습니다. 레이건 대통령은 세금을 감면하고 복지 제도를 줄이는 동시에 당시 미국의 최대 적국이었던 소련의 위협에 맞서 국방비는 늘려야 한다고 주장했습니다. 이렇게 세금과 정부 규제는 줄이고 국방비를 증대한 레이건 행정부의 경제 정책을 '레이거노믹스Reaganomics'라고 부릅니다. 그러나 많은 경제학자가 세금 감면과 국방비 증가 정책을 동시에 추진하는 것에 의구심과 우려를 표했습니다. 엄청난 재정 적자로 이어질 것이 뻔히 보였기 때문이지요.

냅킨 위의 포물선 한 장이 바꾼 경제사

레이건의 공급 중시 경제학은 미국의 경제학자 아서 래퍼Arthur Laffer의 이론에 크게 영향을 받았습니다. 래퍼는 레이건 행정부의 핵심 인물이었던 딕 체니와 도널드 럼즈펠드와의 식사 자리에서 흰 냅킨에 훗날 '래퍼 곡선Laffer curve'으로 알려질 종 모양의 그래프를 그

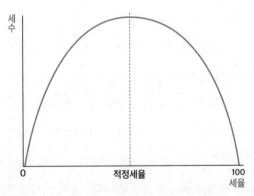

| 래퍼 곡선 |

레이건 행정부가 펼친 감세 정책의 이론적 기반이 된 것은 아서 래퍼의 래퍼 곡선이다. 그는 세율이 너무 높으면 사람들의 근로 의욕이 떨어져 조세 수입이 줄어든다고 주장했다.

려 감세 정책의 필요성을 설명했습니다. 그가 그래프를 그렸던 냅킨은 중요한 가치를 인정받고 미국 워싱턴 D.C.의 스미스소니언 박물관에 소장되어 있지요.

래퍼 곡선은 세율의 변화에 따른 조세 수입의 변화를 보여줍니다. 세율이 낮을 때 세율을 높이면 조세 수입이 늘지만, 세율이 너무 높아지면 근로 의욕 저하를 불러와 조세 수입이 오히려 감소합니다. 아서 래퍼는 당시 미국 세율이 너무 높으니 조세 수입을 늘리기 위해서는 먼저 세율을 낮추어야 한다고 보았습니다. 이처럼 세율 인하로 노동의 공급을 늘리고 기업의 투자 확대를 유도해 총공급을 늘리는 것이 바로 공급 중시 경제학의 핵심 논리입니다.

그러나 아무리 완벽하고 빈틈없어 보이는 이론도 현실에 적용하면 여러 문제가 발생합니다. 레이건 행정부는 세금은 감면하고 국방비는 늘리며 만성적인 재정 적자에 시달렸습니다. 공급 중시 경제학은 사실상 소득세와 자본이득세를 감면해 고소득자의 세금을 줄여주며 소득 불균형 심화를 초래했다는 비판을 받습니다.

현재 공급 중시 경제학의 영향력은 과거에 비해 다소 줄어들었지만, 그 기본 개념은 여전히 미국 의회에서 중요한 논쟁거리로 남아있습니다. 감세를 통한 저축과 투자 촉진은 정부 개입의 효과성을 불신하는 공화당 지지층에게 여전히 매력적인 정책입니다. 반면 민주당은 중산층 감세, 부유층 증세, 기업 규제 강화 그리고 정부의 적극적인 소득 재분배 정책을 주장하며 케인스 경제학의 전통을 따르고 있습니다.

경제학의 두 날개: 총수요만으론 날 수 없다

공급 중시 경제학은 정책 입안자와 경제학자에게 무엇이 가계와 기업을 움직이는지 깊이 생각하게 했습니다. 정부와 국회는 늘 유권자가 무엇을 원하는지 고려하는 동시에 새로운 정책이 소비와 생산에 어떤 영향을 미치는지도 염두에 두어야 합니다. 경제 상황에 규제와 변화가 생길 때마다 경제적 유인, 수요와 공급이 바뀌어 의도치 않은 결과가 발생할 수 있고, 그때마다 정부는 다시 적절히 대처해야 하기 때문이지요.

경제 정책을 수립할 때 공급 측면을 간과하면, 단순히 총수요를 늘리거나 줄이는 제한적인 선택지에 머물게 됩니다. 반면 총공급의 역할을 제대로 이해하면 경제 안정화를 위한 더욱 다양하고 효과적인 정책을 설계할 수 있습니다. 예를 들어, 소득세 감면이 수요와 공급을 동시에 증가시킬 수 있다는 점을 고려하면 폭넓은 유권자층의 지지를 얻을 수 있는 설득력 있는 경기 부양책을 마련할 수 있습니다.

연준의 한마디에
전 세계가 움직이는 이유

세계 경제의 수문장

#미국중앙은행   #연준이사회   #기준금리관리

뉴스를 보며 종종 '연방준비제도'라는 단어를 들어보았을 것입니다. 혹시 '연준'이라는 표현이 더 익숙한가요? 연방준비'제도'라는 이름만 들으면 정치 체제나 행정 제도를 떠올리기 쉽지만, 연준은 국가 경제를 관리하고 통화량을 조절하는, 미국의 중앙은행에 해당하는 기관입니다.

미국은 오랜 기간 자국 은행과 복잡한 애증 관계를 맺어왔습니다. 매일 뉴스에 등장하고 전 세계 금리에 지대한 영향을 미치는 연방준비제도Fed, Federal Reserve System는 사실 미국의 세 번째 중앙은행입니다. 20세기 초반에 설립되어 이제 100여 년의 역사를 가졌지만 이미 세계 경제의 중심축으로 자리 잡았습니다. 미국 은행 제도의 역사와 함께 연방준비제도에 대해 자세히 알아봅시다.

전쟁과 함께한 미국 중앙은행의 역사

1770년대 영국을 상대로 한 독립전쟁이 끝날 무렵, 미국은 막대한 전쟁 부채를 떠안은 상태였습니다. 건국의 아버지 중 한 명이자 초대 재무장관이었던 알렉산더 해밀턴Alexander Hamilton은 이 부채를 해결하고 통일된 화폐 체계를 수립하기 위해 국가 중앙은행의 설립을 주장했습니다. 그의 제안에 따라 영국은행Bank of England를 모델로 한 '미합중국 제1은행First bank of the United States'이 탄생했지요. 1791년에 설립된 이 은행은 1811년에 승인 기간이 끝날 때까지 미국의 중앙은행 역할을 수행하며 국가 신용을 개선하고 정부의 재정적 안정을 도모했습니다. 이후 1812년부터 1815년까지 미국은 영국과 미영전쟁을 벌이며 혼란스러운 정국을 지났습니다.

전쟁이 끝난 뒤, 1816년에 다시 20년의 인가를 받아 '미합중국 제2은행Second bank of the United States'이 설립되었습니다. 이 은행은 미국 경제가 미영전쟁의 폐해로부터 회복하도록 도왔습니다. 통일된 화폐를 발행하고, 미국 재무부 예탁금을 맡아 관리했습니다. 그러나 설립 인가가 만료되기 3년 전인 1833년, 앤드루 잭슨 대통령은 "미합중국 제2은행에 정부 자금 예탁을 끝낸다"는 행정명령을 발표했고, 미국 정부 예탁금은 각 주에서 법에 따라 인가를 받은 은행들로 분산되었습니다. 이 조치로 미합중국 제2은행은 사실상 파산했고 1841년에 폐쇄했습니다.

이후 19세기 중반 남북전쟁을 거치며 미국은 지속적으로 은행을 설립했고 단일 통화를 도입했습니다. 국법은행National Banks(연방 정

| 미합중국 제1은행 |

미국 펜실베이니아주 필라델피아에 위치한 옛 은행 유적이다. 1791년부터 1811년까지 약 20년간 미국의 중앙은행 역할을 했다.

| 미합중국 제2은행 |

제1은행의 승인 기간이 끝나고 6년 뒤인 1817년부터 1836년까지 20년간 미국의 중앙은행 역할을 했으나, 사실상 1833년 잭슨 대통령의 행정명령과 승인 기간 만료로 파산했다.

부의 인가를 받은 은행)들은 정부가 채권을 발행해 안정적으로 자금을 조달하게 하는 중요한 역할을 했습니다. 그러나 미합중국 제1은행, 제2은행과 달리 이들은 통일된 중앙은행이 아니라 미국 전역에 분산되어 있었습니다.

연방준비제도의 탄생

1907년, 미국은 심각한 금융 위기에 직면했습니다. 몬태나주의 '구리왕' 오거스터스 하인츠와 그의 동료들이 유나이티드 구리회사의 주식을 사재기해 시세 차익을 노린 것이 발단이었습니다. 이 투기로 인해 관련 은행들의 신용이 무너졌고, 특히 뉴욕의 니커보커 신탁회사Nickerbocker Trust Company가 파산하면서 위기는 걷잡을 수 없이 확산되었습니다. 불과 며칠 만에 뉴욕 전역에서 예금 인출 사태가 벌어졌고, 결국 금융계의 거물 존 피어폰트 모건J. P. Morgan이 신탁회사 회장들을 소집해 거액의 자금을 동원함으로써 간신히 대규모 뱅크런의 위기를 막을 수 있었습니다. 이 사건을 계기로 미국 사회는 경제 위기 상황에서 유동성을 공급하고 최종 대부자 역할을 할 중앙은행의 필요성을 절감하게 되었습니다.

1913년, 마침내 연방준비법Federal Reserve Act이 의회를 통과하면서 오늘날 미국의 중앙은행인 연방준비제도가 탄생했습니다. 이전의 미합중국 제1은행이나 제2은행과 달리, 연방준비제도는 단일 은행이 아닌 여러 연방준비은행의 연합체로 설계되었습니다. 이는 공공성과 민간성을 결합하는 동시에 미국 전역에 분산된 형태의 은행 시스템으로, 한 곳에 권력이 집중되는 것을 방지하고 국가 경제의 안정성을 확보하고자 한 결과였습니다.

연방준비제도는 미국의 중앙은행으로서 통화량 관리, 대출 제공, 은행 감독, 최종 대부자 역할을 수행합니다. 미국 재무부는 연준에 계좌를 두고 있으며, 정부는 연준 계좌를 통해 국채와 수표를 발행합니다. 미국 국민의 세금으로 징수한 돈도 모두 연방준비제도의 재무부 계좌에 예치됩니다. 또한 납세자 환급금이나 저소득층 지원금도 모두 연준의 재무부 계좌를 통해 지급됩니다.

연준이사회와 연방공개시장위원회

연방준비제도를 통솔하고 관리하는 기관은 연방준비제도이사회 FRB, Federal Reserve Board입니다. 연방준비제도이사회는 미국의 수도인 워싱턴 D.C.에 본부를 두고 있습니다. 총 7명의 이사진으로 구성되는데 모두 대통령이 상원의 승인을 얻어 임명합니다. 이들의 임기는 14년 단임제이고, 2년마다 한 명씩 이사를 교체하지요.

이사진은 의장과 부의장을 중심으로 돌아갑니다. 연방준비제도 이사회 의장은 연준을 대표하는 얼굴로 '세계 경제 대통령'이라고 불릴 만큼 전 세계적으로 강력한 경제적 영향력을 행사합니다. 이 사회에서는 안정적인 은행 제도를 위한 정책과 규정을 만들고 지급준비율 등을 결정합니다.

미국이 연방제 국가이듯이 연방준비제도도 전국을 12개 지역으로 나누고 각 지역마다 본부 역할을 하는 연방준비은행Federal Reserve Bank을 둡니다. 각 은행은 연방준비제도의 동등한 구성원입니다. 연방준비은행은 각 지역에서 회원 은행을 감독하고 규정을 집행합니다. 또한 금융 시스템을 운영하고 결제 서비스를 제공하며, 연준이 결정한 통화 정책을 실제로 수행합니다.

연방준비제도이사회는 산하에 '연방공개시장위원회FOMC, Federal Open Market Committee'라는 기관을 둡니다. 이는 미국의 통화 정책을 설계하는 중요한 기관입니다. 시장 활동을 감독해 국가 경제의 분석 도구로 삼기도 하지요. 연방공개시장위원회는 연준 이사진 7명

| 연방준비제도이사회 청사 |

연방준비제도이사회는 미국 내 통화 정책을 총괄하는 핵심 역할을 한다. 청사는 미국의 수도인 워싱턴 D.C.에 위치해 있다.

과 뉴욕 연방준비은행 총재, 나머지 11개 지역의 연방준비은행 총재 중 4명이 모여 총 12명으로 구성됩니다. 위원장은 연준이사회 의장이, 부위원장은 뉴욕 연방준비은행 총재가 맡지요.

연방공개시장위원회는 1년에 여덟 번, 즉 6주에 한 번씩 정례 회의를 통해 경제 성과를 검토하고 목표 연방기금금리를 설정해 통화 정책의 방향을 잡습니다. 이때 위원회 위원 12명뿐만 아니라 다른 지역의 연방준비은행 총재 7명도 회의에 참석할 수 있지만 의결권은 없습니다. 언론과 금융시장은 이들의 회의 결과를 신중히 분석해 향후 경제 방향을 예측합니다.

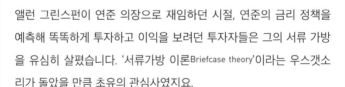

한 걸음 더

앨런 그린스펀의 서류 가방

앨런 그린스펀이 연준 의장으로 재임하던 시절, 연준의 금리 정책을 예측해 똑똑하게 투자하고 이익을 보려던 투자자들은 그의 서류 가방을 유심히 살폈습니다. '서류가방 이론Briefcase theory'이라는 우스갯소리가 돌았을 만큼 초유의 관심사였지요.

서류 가방이 대체 금리나 이자율과 무슨 상관이냐고요? 분석가들은 앨런 그린스펀의 가방이 크고 묵직하면 금리 변경을 주장하기 위해 온갖 자료를 정리한 어마어마한 서류 뭉치가 들어 있을 것이라고 짐작했습니다. 반면 서류 가방이 얇고 가벼운 날에는 금리에 별다른 변동이 없을 것이라고 예측했습니다.

확장이냐 긴축이냐

연준에서 물가상승률에 대응하는 법

#공개시장운영 #통화부양책 #정부와협업

통화 정책의 핵심 목표는 물가 안정과 완전고용을 통한 경제 성장 촉진입니다. 연방준비제도가 내리는 결정으로 먼저 은행 시스템의 초과지급준비금이 바뀌고, 이는 통화 공급량에 직접 영향을 미쳐 금리 변동을 초래합니다. 변동된 금리는 소비, 투자, 순수출에 영향을 주어 경제 전반의 총수요를 변화시키며, 궁극적으로 국가 GDP, 물가상승률, 실업률 등 주요 경제지표에 반영됩니다.

연방준비제도가 관리하는 것

연방준비제도는 금리, 지급준비율, 할인율을 적당히 조절하고 공개 시장을 운영해 경제가 잘 굴러가게 합니다.

금리

연준의 가장 큰 역할은 시장 상황을 분석해 금리를 결정하는 것입니다. 만약 경제가 성장하면서 물가가 너무 가파르게 상승하면, 연준은 금리를 높여 경고 신호를 보냅니다. 그래도 물가 상승이 지속되면 연준은 금리를 더 높여 사람들이 소비를 멈추고 저축을 하도록 유도하지요. 수요가 감소해 물가가 다시 원궤도에 접어들도록 말입니다.

경기가 침체될 때 연준은 금리 인하를 통해 소비를 진작시키고자 합니다. 이는 일시적으로라도 수요를 늘려 경기에 활력을 불어넣기 위한 조치입니다. 하지만 금리 조정만으로는 완전고용이라는 목표를 달성하기 어렵습니다. 연준의 금리 정책은 주로 물가상승률을 조절하는 데 효과적일 뿐입니다.

지급준비율

연준이 사용할 수 있는 또 다른 카드는 지급준비율입니다. 만약 고객들이 A 은행에 맡긴 총 예금액이 10억 원인데 지급준비율이 10퍼센트라면, A 은행은 10억 원의 10퍼센트인 1억은 반드시 보유하고 있어야 하고, 차액인 9억 원만 차입자에게 대출해줄 수 있습니다. 즉 연준이 지급준비율을 올리면 은행이 대출해줄 수 있는 자금이 줄어듭니다.

은행의 지급준비율이 높아지면 통화 공급량이 줄고 금리가 올라가므로 자본 투자와 내구재의 소비가 억제됩니다. 이렇게 투자와 소비가 감소하면 총수요가 낮아져 실질 GDP가 떨어지고 실업률이 증가하며 물가상승률이 둔화되지요. 지급준비율을 낮추면 정반대의 효과가 나타납니다.

그러나 지급준비율을 변경할 때에는 신중해야 합니다. 지급준비율을 낮추기는 쉬워도 올리기란 불가능에 가까울 만큼 어렵기 때문입니다. 지급준비율을 낮추면 은행의 초과지급준비금이 많아지기 때문에 크게 문제가 되지 않습니다.

그러나 인플레이션이 계속될 때 지급준비율을 올리면 은행은 대출을 줄여야 해 수익성이 낮아지고, 자금 유동성까지 부족해지는 위기에 빠지게 됩니다. 만약 물가가 지속적으로 상승하는데 지급준비율을 높이면, 은행은 지급준비금을 확보하기 위해 대출을 회수하는 등 온갖 방법을 활용할 것입니다. 그 영향은 고스란히 은행 고객과 차입자에게 향합니다.

할인율

할인율은 시중 은행이 자금 부족 시 연방준비은행에서 하루 동안 차입할 때 부과되는 이자율입니다. 할인율이 오르면 차입이 감소하고, 낮아지면 증가합니다. 연준은 특히 물가 상승을 억제하고자 할 때 할인율을 인상하는 정책을 사용합니다.

할인율 인상은 다음과 같은 연쇄 효과를 일으킵니다. 은행들이 차입을 꺼리게 되어 초과지급준비금이 대출되지 않고, 이는 시중 통화량을 억제합니다. 그 결과 이자율이 상승하면서 소비, 투자, 순수출이 감소하고, 이는 총수요와 GDP 하락, 실업률 상승으로 이어져 물가상승률을 낮추게 됩니다. 할인율을 낮추면 반대 효과가 나타납니다. 이처럼 할인율은 연준의 향후 이자율 정책 방향을 예측할 수 있는 지표가 됩니다.

그러나 할인율 정책에는 중요한 한계가 있습니다. 시중 은행들이 연방준비은행에서의 차입을 기피한다는 점입니다. 더 낮은 금리로 자금을 조달할 수 있는 다른 방법이 있는데 연방준비은행을 이용하는 것은, 해당 은행의 재정건전성에 문제가 있다는 신호로 받아들여질 수 있기 때문입니다. 그래서 재무 상태가 양호한 은행들은 단기 자금이 필요할 때 주로 연방준비은행이 아닌 다른 시중 은행과 거래합니다.

공개시장운영

연방준비제도는 단순히 수치를 관리하고 발표할 뿐만 아니라 필요에 의해 적극적으로 거래에 나서기도 합니다. 연방준비제도가 시중의 통화량을 조절하는 핵심 수단은 공개시장운영OMO, Open Market Operation입니다. 이는 뉴욕 연방준비은행이 대형 상업 은행과 국제 금융기관으로 구성된 '프라이머리 딜러Primary security dealer'들과 미국 국채를 사고파는 거래를 말합니다.

이 과정은 다음과 같이 작동합니다. 연준이 프라이머리 딜러들로부터 국채를 구매하면, 그만큼의 돈이 은행으로 흘러들어가 시중의 통화량이 증가합니다. 반대로 연준이 프라이머리 딜러들에게 국채를 판매하면, 그만큼의 돈이 시장에서 흡수되어 통화량이 감소합니다. 연준의 공개시장운영은 마치 수도꼭지처럼 시중에 도는 돈의 양을 조절하는 역할을 합니다.

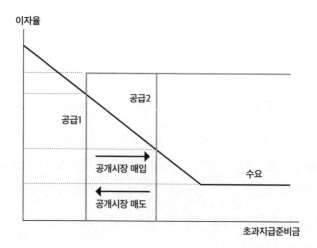

| 공개시장운영의 메커니즘 |

'공급1'은 공개시장에서의 채권 매도 후의 상태, '공급2'는 공개시장에서 채권 매입 후의 상태를 반영한다. 중앙은행이 채권을 매도하면 지급준비금은 감소하고 이자율은 높아지며, 채권을 매입하면 지급준비금은 증가하고 이자율은 떨어진다.

밀당의 달인들: 연준과 정부가 함께 추는 춤

연방준비제도의 통화 정책은 독자적으로 작동하지 않고, 정부의 재정 정책과 긴밀하게 연계되어 있습니다. 실업률 감소와 물가 안정이라는 공동의 목표를 향해 두 정책이 함께 움직이는 것입니다.

두 정책은 때때로 조화롭지 못하고 충돌할 때도 있지만, 대체적으로 연준의 통화 정책이 정부의 재정 정책을 뒷받침합니다. 이를 위해 연방준비제도이사회 의장, 미국 대통령, 미국 재무부 장관, 미국 의회의 주요 구성원은 긴밀하게 소통하며 물가 안정, 완전고용, 경제 성장이라는 근본적인 국가 경제 목표를 두고 일관적인 정책을 세우기 위해 노력합니다.

경기 침체에는 두 정책의 협력이 더욱 두드러집니다. 정부가 지출을 늘리고 세금을 낮추는 확장적 재정 정책을 시행하면, 연준은 이를 뒷받침하기 위해 확장적 통화 정책을 펼칩니다. 재정 정책으로 인한 가계와 기업의 소비 · 투자 증가가 금리 상승 압력을 만들 때, 연준은 통화 공급 확대를 통해 단기 금리를 낮춤으로써 이를 상쇄합니다.

한편 경기가 과열되어 인플레이션이 지속되면 정부는 긴축적 재정 적책을 폅니다. 긴축 재정에서 정부는 지출을 줄이고 세금을 늘리는데, 이는 경제 전반에 허리띠를 졸라매게 해 국민에게 인기가 없습니다. 그러나 정부에 비해 정치적 압박에서 자유로운 연준은 긴축적 통화 정책으로 정부의 긴축적 재정 정책을 보완할 수 있습니다. 금리를 크게 올려 통화량을 줄이면 물가 상승을 효과적으로 완화할 수 있습니다. 전 연준이사회 의장 폴 볼커가 금리를 높여 성공적으로 물가를 안정시킨 것처럼 말이지요.

단기와 장기의 통화 정책

연방준비제도의 통화 정책은 단기와 장기에 서로 다른 효과를 가져옵니다. 단기에 금리를 낮추고 완전고용을 실현하기 위해 시작한 확장적 통화 정책은 오래 지속되면 결국 물가 상승을 유발하고 금리를 높입니다.

연준은 통화 조절을 통한 경기 부양책을 도입할 때 미래의 인플레이션을 막기 위해 적절한 대책을 미리 세워야 합니다. 통화 부양책은 보통 경기 침체기에 통화량을 늘리거나 금리를 낮추어 경기를 부양하는 정책인데, 이를 너무 일찍 중단하면 경기가 회복되지 못하고 그렇다고 너무 오래 유지하면 고인플레이션으로 이어지기 때문입니다.

물가를 낮추기 위해 통화량 조절에 지나치게 의존하는 것도 경제적 악재가 됩니다. 정부에서 경기 침체를 극복하기 위해 확장적 재정 정책을 펼친 뒤 연준을 이용해 물가 상승을 억제하는 경우, 금리가 지속적으로 상승해 장기적인 경제 성장을 방해합니다. 단기와 장기 어느 시점에든 정부는 금리가 너무 오르지 않도록 적절한 정책을 펴야 합니다.

빈곤 없는 세상을 향하여

세계 3대 경제 기구의 역할

#개도국지원   #통화안정화   #무역활성화

전 세계 대부분의 국가가 저마다 경제 관련 부처나 기관을 두어 국가 경제가 원활히 굴러가게 합니다. 강대국일수록 세계 경제에 막대한 영향을 미치지요. 앞서 살펴본 연방준비제도는 미국의 중앙은행일 뿐이지만 실질적으로 전 세계가 연준의 금리 변동과 통화정책을 주시합니다.

　앞에서 미국의 대표적인 경제 기관을 살펴보았다면, 이번 챕터에서는 국제 기구들을 함께 살펴봅시다. 대표적인 국제 기구로 세계은행, 국제통화기금, 세계무역기구가 있지요. 이들은 개발도상국 지원, 국제 자금 흐름 조정, 무역 분쟁 해결 등을 통해 세계 경제의 균형 발전을 도모합니다. 이들은 끊임없이 변화하는 글로벌 경제 환경 속에서 전 세계의 지속가능한 성장을 지원하는 핵심 역할을 수행합니다.

세계은행: 빈곤 퇴치와 개발도상국 지원

세계은행WB, World Bank은 1944년 브레턴우즈 회의에서 발족되고 이듬해 설립되었습니다. 제2차 세계대전 이후 전쟁으로 황폐화된 국가의 재건을 지원하고, 개발도상국의 경제 발전을 돕기 위해 탄생했지요. 오늘날 세계은행은 "빈곤이 해결된, 지속가능한 세상을 만들기 위하여"라는 표어 아래에 전 세계의 거시적이고 장기적인 경제 발전에 힘쓰고 있습니다.

세계은행은 주로 개발도상국 정부와 공공 기관을 대상으로 장기 저금리 대출, 무상 원조, 기술 지원 등을 제공합니다. 이들의 대출은 주로 국가의 경제 성장과 빈곤 문제 해결에 기여할 수 있는 인프라 구축, 교육, 보건, 농업 개발, 천연 자원 관리 등의 프로젝트에 집중됩니다. 최근 추이를 보면 중남미 지역이 세계은행으로부터 많은 지원을 받고 있습니다.

1945년 설립 이후 세계은행은 수십 년에 걸쳐 현재의 '세계은행 그룹World Bank Group'이라는 5개 기구의 협력체로 발전했습니다. 국제개발협회IDA, 국제부흥개발은행IBRD, 국제금융공사IFC, 국제투자보증기구MIGA, 국제투자분쟁해결본부ICSID가 모여 세계은행 그룹을 구성합니다. 이들은 세계은행의 사명인 개발도상국 지원과 빈곤 퇴치를 위해 자문, 자금 지원, 연구 활동, 이해관계 조정 등의 역할을 수행합니다.

전통적으로 세계은행의 총재는 미국인이 맡아왔습니다. 이로 인해 전 세계의 균형 잡힌 부흥에 힘쓴다는 설립 취지와는 달리 소수

| 세계은행 본부 |

브레턴우즈 체제에서 발족된 세계은행은 빈곤 퇴치와 지속가능한 세상을 표방하지만 선진국이 계속해서 세계 경제 주도권을 쥐게 한다는 비판도 받고 있다.

의 경제 강국이 독점하듯 운영하며 오히려 전 세계에 인플레이션과 무역 독점을 불러일으킨다는 비판을 받고 있습니다.

국제통화기금: 경제 위기국을 향한 도움의 손길

국제통화기금IMF, International Monetary Fund은 1944년 브레턴우즈 회의에서 세계은행과 함께 설립된, 세계 경제의 안정과 성장을 촉진하기 위한 국제 기구입니다. 회원국 사이의 환율 안정, 무역 촉진,

| 국제통화기금 |

국제통화기금은 자금 유동성이 부족하거나 재정 위기에 처한 국가에 적절한 지원을 제공하기 위한 기구지만 강대국이 개발도상국의 경제에 영향을 미치며 좌지우지하게 한다는 비판도 받고 있다.

경제 성장, 고용 증대 등을 목표로 하며 국제 금융 시스템의 안정을 유지하는 중요한 역할을 담당합니다. 또한 세계은행과 마찬가지로 균형 잡힌 성장을 기반으로 빈부 격차를 해소하고자 힘쓰고 있습니다. 현재 190개 회원국이 국제통화기금에 가입되어 있습니다(2025년 1월 기준).

국제통화기금은 외환 거래를 위한 시스템을 제공해 세계 무역의 핵심인 국제 통화가 안정적으로 유지되도록 합니다. 특히 이들은 1969년에 특별인출권SDR, Special Drawing Rights이라는 제도를 도입했는데, 이는 국제 수지가 악화되었을 때 각 회원국이 필요한 만큼의 외화를 인출할 수 있는 권리를 가리킵니다. 한마디로 회원국이 경제적 어려움에 처했을 때 출자 할당액에 따라 인출할 수 있는 자산을 준비해둔 것입니다. 현재 특별인출권은 달러, 유로, 위안, 엔, 파운드의 다섯 통화로 구성되어 있습니다.

세계은행이 전통적으로 미국인을 총재로 선출해왔다면, 국제통화기금 의장은 꾸준히 유럽인이 맡아왔습니다. 때문에 미국과 유럽 연합이라는 강대국이 전 세계 경제를 장악하고 있다는 비판도 받지요. 국제통화기금에 대해서는 개발도상국이나 급격한 변화를 겪는 국가의 경제 위기 극복에 실질적인 도움을 주었다는 평가와, 재정 지원을 명분으로 해당 국가의 신용도를 낮추고 개별 국가의 경제에 과도하게 개입한다는 비판이 팽팽하게 맞서고 있습니다.

세계무역기구: 모두가 자유롭게 교역하도록

세계무역기구WTO, World Trade Organization는 말 그대로 세계 무역을 관장하는 경제 기구입니다. 제2차 세계대전 이후 등장한 관세무역일반협정GATT의 의의를 이어받아 1995년에 출범했으며, 스위스에 본부를 두고 있습니다.

세계무역기구는 국제 무역에서 핵심적인 역할을 합니다. 무역 규칙을 세워 집행하고, 협상을 진행하며, 회원국 사이의 분쟁을 해결하고 개발도상국 지원 역할도 맡고 있습니다. 2024년 기준 세계무역기구에 가입한 회원국은 166개국이고 이들은 전 세계 무역량의 98퍼센트가량을 차지합니다. 세계무역기구에 가입하기 위해서는 무역 및 경제 정책 보고서를 제출해야 하고, 세계무역기구 회원국 3분의 2 이상의 승인을 받아야 합니다.

세계무역기구의 비전은 전 세계 국가 사이의 무역 장벽을 낮추고, 궁극적으로는 지구촌이 하나의 국가처럼 자유롭게 교역할 수 있게 하는 것입니다. 그러나 역사적으로 자유 무역과 국가 보호주의 사이라는 두 관점은 늘 충돌해왔습니다. 세계화는 경제를 활성화하지만 상대적으로 경쟁력이 낮은 국가에는 피해를 주기도 합니다. 오늘날 많은 다국적 대기업이 앞장서서 자유 무역을 지지하지만, 이것이 과연 적절한지 늘 주의 깊게 살피고 판단해야 합니다.

대공황과 대침체의 악몽

20세기와 21세기의 경제 위기

#검은화요일   #세계금융위기   #코로나팬데믹

2007년 미국에서 시작된 금융위기는 2008년과 2009년을 거치며 전 세계로 확산되었습니다. 이를 '대침체Great Recession' 또는 '세계금융위기'라고 부릅니다. 대침체로 인한 경제적 손실 규모는 미국에서만 수십조 달러에 달했습니다. 이번에는 21세기의 세계금융위기를 20세기 최악의 경제위기로 불리는 1929년 대공황과 비교해 살펴보겠습니다.

1929년, 대공황의 시작

1929년에 시작되어 1939년까지 약 10년 가까이 지속된 대공황Great Depression은 미국뿐만 아니라 서방 국가 전반에 큰 영향을 끼친 가장 길고 심각한 경제 침체였습니다. 미국에서 시작되었지만 전 세계가 그 영향을 받아 많은 국가들이 생산의 위축과 심각한 실업, 심지어 디플레이션까지 경험했습니다.

당시에는 아무도 경기 침체가 올 것이라고 예측하지 못했습니다. 주식시장은 전례 없는 호황을 누리고 있었고, 경제 성장이 정점에 달했으며, 사람들은 풍족하게 생활하면서 여유자금을 주식 투자에 쏟아부었습니다. 미국 정부는 주식시장에 대한 규제를 거의 하지 않았습니다. 그러나 1929년 9월, 대규모 사기 및 위조 사건으로 영국 런던증권거래소가 폭락하며 미국 주식시장까지 흔들리기 시작했습니다. 투자 분석가와 브로커들은 이것이 일시적인 현상일 뿐이라고 투자자들을 진정시켰고, 대부분의 경제학자는 자율적으로 조정되는 시장에서 모든 문제가 순조롭게 해결될 것이라고 생각했습니다.

1929년 10월 24일, 갑자기 주가가 폭락하고 시장이 얼어붙었습니다. 이 날을 가리켜 '검은 목요일Black Thursday'이라고 하지요. 월스트리트의 주요 은행들은 시장을 안정시키기 위해 대규모로 주식을 매입했습니다. 사태가 잠시 진정되는가 싶더니 주말이 지나자마자 불안에 떨던 투자자들이 가진 주식을 팔아치웠고 10월 29일, 일명 '검은 화요일Black Tuesday'부터 주식시장의 대붕괴가 시작되었습니다. 주식시장이 붕괴하자 총수요가 현저히 감소했고, 소비자의 내구재 소비나 기업의 신규 투자가 위축되었습니다. 경기가 얼어붙자 사람들이 일제히 은행 예금을 인출하는 뱅크런 사태가 벌어졌고, 1933년까지 전체 은행의 약 40퍼센트가 도산했습니다.

| 1929년 월스트리트 대폭락 |

주식시장이 붕괴하기 시작한 '검은 화요일' 당시 군중이 월스트리트에 몰려 있는 모습이다.

1929년 주식시장의 붕괴로 시작된 대공황은 1933년 정점을 찍은 뒤 프랭클린 루스벨트 대통령의 뉴딜 정책 등으로 서서히 회복되었으나 미국과 세계 경제에서 잊을 수 없는 충격적인 사건으로 꼽힙니다. 특히 1929년에는 3퍼센트에 불과했던 실업률이 1933년에는 25퍼센트까지 치솟았던 기록이 대공황 시대의 경제적 어려움을 여실히 보여줍니다.

앞선 1907년 은행 공황을 겪은 후 설립된 연방준비제도는 대공황 시기에 경제 위기를 극복할 시험대에 올랐지만 안타깝게도 엄격한 통화 정책을 유지하며 유동성을 제대로 공급하지 못했습니다. 그래서 일부 비판적인 경제학자는 대공황의 책임이 상당 부분 연준에 있다고 봅니다. 대공황을 겪은 미국 정부는 1933년에 은행을 개혁하고 투기를 규제하기 위해 상업은행과 투자은행을 엄격히 분리하는 '글래스 스티걸법Glass-Steagall Act'을 제정했습니다. 이로써 은행 예금을 보장하고 뱅크런을 방지하기 위한 연방예금보험공사 FDIC가 설립되었습니다.

2007년 서브프라임 모기지 사태

2008년 금융위기, 일명 '대침체' 또는 '세계금융위기'의 조짐은 사실 1990년대 말부터 있었습니다. 1999년 상업은행과 투자은행을 분리하던 글래스 스티걸법이 폐지되었고, 금융사들은 파생상품을 적극적으로 출시하기 시작했습니다. 은행과 유사한 기능을 하면서도 정부의 규제를 받지 않는 비은행 금융 기관도 등장했지요. 동시에 연방준비제도와 정부는 차츰 규제를 풀어 금융 업계의 자율성을 늘렸는데, 이는 경제가 안정적이고 원활하게 굴러가도록 조절하는 힘이 시장에 내재되어 있다는 자유방임주의적인 믿음이 있었기 때문이었습니다.

20세기 초, 9·11 테러의 여파로 이미 하락세에 있던 미국 주식시장에는 어두운 그림자가 드리웠습니다. 사람들이 주식을 팔고현금을 보유하려고 하자 얕은 경기 침체가 시작되었지요. 연방준비제도는 곧바로 금리를 낮추고 은행 시스템에 자금을 대거 투입해 대응했고, 부시 행정부는 세금을 줄이고 금융 부문 규제를 완화했습니다. 정부와 연준의 노력으로 거대한 자금 풀이 형성되자 2002년에서 2005년 사이에는 부동산 투자 붐이 일었습니다. 대출 조건이 완화되어 점점 더 많은 사람이 대출을 받아 부동산에 투자했고, 시장 호황으로 신용 소비도 크게 늘었습니다. 이때 신용 등급이 낮은 저소득층을 대상으로 제공했던 주택담보대출을 두고 '서브프라임 모기지Subprime Mortgage'라고 합니다.

그러다 2006년부터 부동산 버블이 빠지며 과열되었던 주택시장이 정체되기 시작했습니다. 눈치 빠른 투자자들은 바로 부동산에

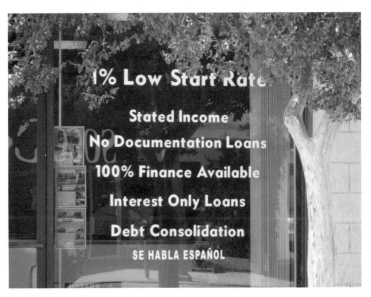

| 서브프라임 모기지 대출 조건 |

2008년 세계금융위기의 원인 중 큰 부분은 무분별한 주택담보대출 때문이었다. 사진을 보면 1퍼센트대 이자율에 소득 증빙 없이도 대출이 가능하다는 조건이 적혀 있다.

서 손을 떼고 원유나 귀금속 등으로 눈을 돌렸지요. 2007년, 주택 시장은 완전히 폭락한 반면 유가는 급등했습니다. 자산 가치가 떨어지고 에너지와 식품 가격이 눈에 띄게 오르자 소비와 투자가 감소했습니다. 부동산 투자자나 주택 소유자 모두 주택의 가치가 담보대출 잔액보다 낮아지자 부동산에서 발을 빼기 시작했습니다.

부채담보부증권의 거품

2007년의 서브프라임 모기지 사태가 2008년 세계금융위기로 확대된 핵심 원인은 '증권화'였습니다. 전통적으로 상업은행은 고객에게 자금을 대출해주고, 그 내역을 대차대조표에 자산으로 기록한 뒤 이자와 수수료를 받아 이윤을 얻습니다. 대출을 환수해야 하니 당연히 차입자의 채무 불이행 위험을 신중히 따져보고 자금을 빌려주었지요.

그러나 더 높은 수익을 요구하는 주주들의 압박에 직면한 은행들은 새로운 수익 모델을 도입했습니다. 바로 고객 대출을 투자은행에 매각하는 방식이었습니다. 투자은행은 이 대출들을 묶어 '부채담보부증권CDO'이라는 투자상품으로 패키지화했습니다. 부채담보부증권은 금융기관의 대출 채권과 회사채를 결합한 신용파생상품입니다.

기관 투자자, 보험사, 여러 은행에서 이 부채담보부증권을 구매했습니다. 이들은 보통 차입자가 부동산 등 담보를 잡아 대출을 받고 대부분의 경우 대출을 상환하기 때문에 부채담보부증권이 안전할 것이라고 판단했습니다. 부채담보부증권 시장의 규모는 점점 커졌고, 은행은 점점 대출을 늘렸습니다. 은행에서 이자율을 낮추고 대출 심사 기준을 완화하자 주택시장이 과열된 상태에 더 많은 대출이 시중에 풀렸고, 이 대출은 다시 부채담보부증권으로 묶여 팔려나갔습니다. 이는 결국 붕괴할 수밖에 없는 악순환을 낳았습니다. 미국 부동산시장이 붕괴하며 금융시장까지 함께 붕괴했고, 그 여파는 미국 시장에 투자하거나 신용 거래를 하던 전 세계로 퍼져나갔습니다. 이 경기 침체로부터 회복하는 데에만 몇 년의 시간이 걸렸지요.

2020년 코로나 팬데믹

2008년 세계금융위기를 극복하고 10년 정도 지난 2020년, 다시 시장이 얼어붙고 경기 침체가 도래했습니다. 2019년 말부터 창궐하기 시작한 코로나19 바이러스로 인해 미국을 비롯한 전 세계 경제가 큰 타격을 입었습니다.

앞서 말한 대공황이나 대침체와는 다른 양상이지만 코로나 경기 침체도 사람들의 삶에 큰 영향을 미쳤습니다. 바이러스의 확산을 막기 위해 시민들을 격리하고 사업장을 폐쇄하며 국가 간 봉쇄 조치가 시행되었으며, 공급망이 멈추면서 대부분의 경제 활동이 중단되었습니다. 미국 정부는 각종 지원금, 기업 대출의 특별 탕감, 여타 재정 정책을 동원해 경제가 최대한 버틸 수 있도록 대처했습니다. 연방준비제도 역시 막대한 양의 재무부 채권을 매입하며 이를 지원했지요.

코로나 팬데믹으로 인한 경기 침체는 2020년을 넘어 장기화되었고, 전 세계적으로 생산과 소비, 투자가 급감하면서 GDP가 하락하고 경제 성장이 크게 둔화되었습니다. 국가별로 차이는 있었지만, 대부분의 국가에서 봉쇄 조치와 경제적 영향이 2021년까지 이어졌고, 일부 산업 분야는 더 오랜 기간 회복이 필요했습니다.

많은 기관 투자자, 은행, 연금 펀드 들은 보수적인 투자 정책으로 인해 투자할 수 있는 상품에 제약이 많습니다. 이들은 무디스 Moody's, 스탠더드앤푸어스S&P 등 신용평가기관의 평가에 따라 투자 상품의 전반적인 위험도와 안전성을 판단합니다.

AAA와 AA+는 최고 등급으로, 일반적으로 원금 상환이 보장되는 안전한 투자처를 의미합니다. 일부 투자자들은 이러한 최상위 등급의 채권에만 투자할 수 있도록 제한되어 있지만, 대부분의 투자자들은 더 낮은 등급의 상품에도 투자가 가능합니다. 2007년 대침체 당시 투자자들이 매입한 부채담보부증권 상당수가 이런 높은 신용등급을 받았는데, 이는 결과적으로 투자자들이 해당 상품의 위험성을 과소평가하게 만든 요인이 되었습니다. 이는 결국 투자 거품으로 이어졌고 세계 경제의 붕괴를 야기했습니다. 결론적으로는 신용등급을 평가하거나 투자 판단을 내릴 때는 굉장히 신중해야 한다는 교훈을 남겼습니다.

신용등급 왜곡과 신용부도스와프

대침체를 일으킨 부채담보부증권의 근본적인 문제는 신용등급이 왜곡되어 있었다는 점입니다. 부채담보부증권을 구성하는 작은 개별 채권 조각을 '트랑슈Tranche'라고 합니다. 최상위 트랑슈는 안전한 우량 대출이 포함되고, 하위 트랑슈에는 등급이 낮은 부실 대출이 들어 있었습니다. 부채담보부증권은 높은 수익을 제공하기 위해 다양한 등급의 트랑슈를 섞어 발행했습니다. 위험도가 높은 하위 트랑슈가 상대적으로 이자율이 높기 때문에 하위 트랑슈가 포함된 증권이 상위 트랑슈로만 구성된 증권보다 수익률이 높았던 것이지요. 분명 신용등급이 낮아 위험한 상품인데 최상위 등급의 트랑슈가 포함되어 있다는 이유만으로 안정적인 신용등급을 부여했습니다.

투자은행들은 부채담보부증권의 판매를 늘리기 위해 '신용부도스와프CDS'라는 파생상품도 함께 판매했습니다. 이는 부도 발생 시 투자자의 손실액을 보상해주는 일종의 보험이었습니다. 투자자들의 눈에는 완벽하고 매력적인 상품으로 보였겠지요. 투자은행은 부채담보부증권과 신용부도스와프 판매 수수료로 막대한 수익을 올렸습니다. 그러나 부채담보부증권의 안정성은 시장의 기대보다 훨씬 낮았고, 신용부도스와프 운용 자금도 충분하지 않았습니다.

결국 부동산 거품이 꺼지고 주택담보대출의 안정성이 부실해지자 부채담보부증권을 판매하던 투자은행들의 재정 상태는 매우 취약해졌습니다. 첫 번째 희생자는 베어스턴스Bear Stearns였지요. 베어스턴스 투자은행이 파산 위기에 처하자 JP모건 체이스에서 뉴욕 연방준비은행의 지원을 받아 인수했지만, 은행 공황은 계속되었습니다. 급기야 2008년 9월 15일에 세계 4위 투자은행이었던 리먼브라더스Lehman Brothers가 부채 6,130억 달러라는 사상 최대 규모로 파산하면서 전 세계 금융시장이 충격에 빠졌고, 이는 세계금융위기로 이어졌습니다. 이는 신용등급에 대한 왜곡된 평가는 투자자들을 부실 자산에 투자하도록 만들어 심각한 경제 위기를 초래할 수 있다는 교훈을 남겼습니다.

크레디트스위스의 붕괴

2023년에는 리먼브라더스 사태에 필적할 만한 사건이 있었습니다. 바로 스위스의 글로벌 투자은행 크레디트스위스Credit Suisse의 붕괴였지요. 1856년에 설립되어 스위스에서 두 번째로 큰 은행이었던 크레디트스위스는 1조 7,000억 달러가 넘는 자산을 관리하는 거대 은행이었습니다. 그러나 코로나 팬데믹을 겪던 2021년, 영국의 핀테크 스타트업에 무리하게 투자를 감행했다가 해당 기업이 부도나며 치명적인 손실을 입었습니다. 이후 줄곧 주가가 떨어지며 유

스위스연방은행과 1,2위를 다투는 거대 투자은행이었던 크레디트스위스는 2000년대 이후 끊임없는 위기설에 휩싸이다 결국 2023년에 스위스연방은행 그룹에 합병되었다.

동성 위기를 겪고 곧 파산할지도 모른다는 소문이 돌았고, 고객들이 앞다투어 예금을 인출하는 뱅크런이 터졌습니다.

　2023년 3월, 결국 크레디트스위스는 스위스 최대의 금융 기관인 스위스연방은행 그룹에 합병되었습니다. 크레디트스위스의 붕괴로 스위스는 가장 안정된 은행 시스템을 갖춘 국가라는 국제적인 신뢰를 일부 잃었습니다. 더불어 금융계에 과도한 위험을 조기에 관리하고, 투명성과 신뢰를 유지해야 한다는 교훈을 다시 한번 일깨웠습니다.

트럼프의 경기 부양책은 성공할 것인가

미국 경제의 최근 기조

#경제살리기　#테이퍼링　#경제회복

2008년 세계금융위기 당시 서브프라임 모기지로 주택담보대출과 증권시장이 붕괴했고, 곧 수조 달러의 금융 자산이 가치를 잃었습니다. 금융위기 이후 미국 정부는 공화당과 민주당이 번갈아 집권하며 여러 경기 부양책을 폈습니다. 미국의 최근 경제 정책과 변화를 정리하고 알아두면 경제 뉴스 이해에 도움이 될 것입니다.

2000년대 후반 미국 경제

보통 경기 침체가 찾아오면 연방준비제도는 프라이머리 딜러로부터 재무부 단기채를 매입해 은행의 현금 유통과 활발한 신용 거래를 유도합니다. 그러나 은행과 개인이 대출을 꺼릴 때는 이 처방이

통하지 않지요. 신용이 창출되기보다 오히려 파괴됩니다. 연준은 평소 법에 따라 은행과 긴밀히 협력하지만, 2008년 세계금융위기 때는 달랐습니다. 규제가 완화되며 생긴 투자은행 등 그림자 금융 (은행과 비슷한 역할을 하지만 연준의 감독을 받지 않는 금융사)이 연준의 통제 범위 밖에서 대규모로 붕괴하면서 필요한 곳에 적절히 자금을 공급하기가 쉽지 않았던 것이지요.

결국 경제 시스템을 복구하고 안정화하기 위해 연준은 그림자 금융을 전통적인 은행 체제로 편입시켜야 했습니다. 주요 투자은행들은 이 조치에 동의했고, 결국 2008년에 마지막 남은 대형 투자은행 골드만삭스Goldman Sachs와 모건스탠리Morgan Stanley가 증권거래위원회의 규정에 따라 은행지주회사(은행을 직접 소유하거나 경영권을 가진 회사)로 전환되어 정부의 엄격한 감독을 받게 되었습니다.

기간입찰대출과 양적완화

대침체와 세계금융위기를 겪은 뒤 연방준비제도는 새로운 통화 정책을 도입했습니다. 그중 첫 번째는 '기간입찰대출TAF, Term-auction facility'입니다. 금융시장의 신용 경색을 해소하고 유동성을 제공하기 위해 사용하는 방식 중 하나로, 쉽게 말해 은행들이 필요로 하는 자금을 단기간 원하는 금리로 빌려주는 것입니다. 이 제도로 자금 조달에 어려움을 겪던 은행들의 부담이 덜어지고 금융시장이 안정되었습니다.

두 번째로 연준은 주택저당증권과 정부 기관 부채를 사들였습니다. 이렇듯 중앙은행에서 국채 매입이나 자금 조달 등으로 시중에 유동성을 직접 공급하는 경제 정책을 전문 용어로 '양적완화 Quantitative easing'라고 합니다. 그리고 어느 정도 유동성이 확보된 뒤 양적완화를 점진적으로 축소하는 것을 가리켜 '테이퍼링Tapering'이라고 하지요.

이런 정책 수단은 대부분 2010년에 종료되었습니다. 연방공개 시장위원회는 추가적인 경기 부양을 위해 연방기금금리 목표치를 0퍼센트로 낮추기도 했지요. 이는 연방준비제도에서 공개시장운영을 통해 할 수 있는 최선의 경제 활성화 조치였습니다.

금융위기의 구원 투수, 미국 정부

연방준비제도뿐만 아니라 미국 정부도 세계금융위기에 맞서 비상조치를 내리고 대대적인 정책 변화와 대응을 예고했습니다. 그러나 정부는 이미 재정 확장 정책을 펴고 있었습니다. 세금은 너무 낮았고 정부 지출은 높았지요. 정부가 더 이상의 경기 부양책을 내다가는 적자가 너무 심해 국가 경제가 더 위태로워질 것이라는 분석도 있었습니다.

2008년, 미국 의회는 7,000억 달러 규모의 부실자산구제프로그램TARP, Troubled Asset Relief Program을 승인해 주택시장 붕괴와 부채담보부증권의 부도로 타격을 입은 은행에 긴급 자금을 지원했습니다. 정부에서 금융 기관에 직접 자본을 주입하거나, 부실 자산을 매입하는 대신 주식 지분을 확보하는 등의 조치를 취했지요. 일례로 정부는 2009년 파산 위기에 처한 자동차 기업 제너럴모터스General Motors에 약 500억 달러에 달하는 구제 금융을 제공했습니다.

정부는 이와 함께 주택 투자를 촉진하고자 주택 구매자에게 어마어마한 세액 공제를 제공했습니다. 실직한 사람들에게는 실업수당 지급 기간을 연장해주었지요. 또한 미국 경제회복 및 재투자법ARRA, American Recovery and Reinvestment Act에 따라 경기 확장을 위해 약 8,000억 달러를 지출했습니다. 일부 경제학자는 미국 정부와 연방준비제도의 적극적인 위기 대응이 효과를 보여 제2의 대공황을 선제적으로 막을 수 있었다고 평가합니다.

2010년대 이후 미국의 경제 정책

2010년대 초반, 미국 정부와 연방준비제도의 지속적인 경기 부양책으로 금융위기 이후 경제 회복기가 시작되었습니다. 대규모 양적완화로 금융시장의 유동성이 늘며 실업률이 떨어지고 경제 성장률은 다시 상승세를 탔지요. 2010년부터는 도드 프랭크법이 시행되어 파생상품의 거래 투명성을 높여 리스크를 줄이고 자산이 500억 달러 이상인 대형 은행에 대한 금융 규제를 강화했습니다. 2014년에 경기가 완전히 회복되자 양적완화가 종료되었고, 이제 미국은 중국 등 신흥 강국과의 경쟁을 맞이하고 있습니다.

감세 및 일자리법

2017년, 도널드 트럼프 대통령이 감세 및 일자리법TCJA을 도입하자 미국 기업과 재계에서는 환호를 보냈고 경제학자들은 회의적인 의견을 내놓았습니다. 이 법안으로 법인세 최고세율이 기존의 35퍼센트에서 21퍼센트로 크게 인하되었으며, 개인소득세도 법안이 만료되는 2025년 말까지 전반적으로 낮아졌습니다. 의회예산처는 이 법률이 1조 9,000억 달러의 재정 적자를 초래할 것이라고 했으나 트럼프 행정부는 기업 투자가 증가해 경기가 활성화될 것이라며 법안을 강력히 추진했습니다.

그로부터 8년가량 지난 오늘, 경제학자들은 기업 투자가 늘긴 했으나 예상만큼은 아니라고 분석합니다. 게다가 세금 감면과 무역 정책 변화(미국 우선주의를 내세우며 주요 교역국에 관세를 부과했지요)가 동시에 진행되며 경제 변화와 성장의 원인을 정확히 밝히기 어려운 상황이지요. 여전히 많은 학자가 감세 및 일자리법으로 생긴 적자가 장기간 국가 경제에 부정적인 영향을 줄 수 있다고 우려하며 '국가 부채로 충당한 세금 감면'이라고 비판하고 있습니다.

코로나 지원책

2019년 말부터 시작된 코로나 팬데믹으로 경제가 위기에 처하자 정부는 많은 지원책을 세웠습니다. 그러나 그중 상당수가 불필요한 퍼주기 정책이고, 특히 PPPPaycheck protection program(급여보호프로그램) 대출은 많은 재정을 낭비했다는 비판을 받았습니다.

PPP 대출이란 코로나 시기에 직원 500명 이하 기업에게 최대 1,000만 달러를 무담보로 빌려주고 일정 기간 내 직원 수를 유지하면 대출을 탕감해주는 정책이었지요. 그러나 얼마 지나지 않아 지원이 필요하지 않은 대기업까지 이 대출을 받았다는 사실이 드러났습니다. 게다가 지원금을 받아 개인 사치에 탕진하는 경우도 있었지요.

물론 코로나 지원책은 도움이 절실했던 많은 가정과 기업에 긴요한 지원을 제공했습니다. 그러나 지원 자금이 소진되어 정책이 종료될 때 발생할 수 있는 후속 문제들을 고려해야 합니다. 예를 들어 보육시설 지원이 중단되면 많은 시설이 운영을 중단하게 되고, 부모들이 자녀 양육을 위해 가정에 머물게 되면서 노동시장의 인력 공급이 감소하여 국가 경제에 부정적 영향을 미치게 됩니다. 정부와 연방준비제도, 각종 연구기관들은 이러한 문제들을 예방하기 위해 적절한 정책으로 경제 안정화를 도모하고 있습니다.

한 걸음 더

자기실현적인 학문, 경제학

우리가 앞에서 살펴본 수요와 공급의 법칙, 금리에 따른 소비 변화 등 경제학 이론은 정부와 중앙은행이 현재 상황을 이해하고 받아들이며 정책을 세우는 데에 도움을 줍니다. 특히 많은 사람이 경제학 이론을 알고 행동할수록 실제 현실에 미치는 영향력이 커지기도 합니다.
경제학의 흥미로운 점은 자기실현적 예언이 가능하다는 것입니다. 많은 사람들이 물가 상승을 예상하면 실제로 물가상승률이 높아진다는 말은 마치 말장난 같지만, 실제로 그런 일이 일어나기도 합니다. 정부에서 제대로 대책을 세우지 않으면 인플레이션으로 국가 경제가 휘청일 수도 있지요.

더 나은 세상을 향한 노력

경제 성장의 기준

#경제성장론자   #1인당GDP   #돈과행복

지리학, 문화인류학 등을 폭넓게 연구한 세계적인 석학이자 퓰리처상을 수상한 재러드 다이아몬드Jared Diamond는 저서 『총 균 쇠』에서 자신을 인류학 연구로 이끈 하나의 질문에 대해 이야기합니다. 열정적인 탐조가였던 그는 뉴기니섬에서 만난 '얄리Yali'라는 원주민 청년과 친구가 되지요. 얄리는 그에게 이렇게 묻습니다. "왜 어떤 국가는 부유하고 풍족하며 그토록 많은 것을 누리는데 어떤 국가는 가난을 벗어나지 못하는가?"

다이아몬드는 생물학, 지리학, 문화사 등을 토대로 인류 역사의 동력과 부의 분배에 관한 독창적인 통찰을 제시했습니다. 현대 세계의 경제적 불평등 원인을 종합적으로 분석한 그의 책은 오랫동안 베스트셀러로 자리 잡았습니다. 반면 경제학자들은 경제 성장을 GDP 증가라는 더 단순한 관점에서 설명합니다.

생존에서 번영으로, 가능성의 확장

경제 성장이란 한 나라의 전체적인 생산 수준이나 국민 소득이 계속 증가하는 것을 뜻합니다. 보통 1인당 실질 GDP가 꾸준히 증가할 때 경제가 성장했다고 하지요. 2000년 이후 미국의 실질 GDP 성장률은 끊임없이 변동했습니다. 2000년에는 4.1퍼센트의 성장률을 기록했지만 세계금융위기를 겪은 후인 2009년에는 마이너스 성장률을 찍기도 했지요. 2020년에도 코로나 팬데믹의 여파로 마이너스 3.4퍼센트의 성장률을 찍고, 2021년에는 다시 상황이 호전되어 5.7퍼센트를 기록했습니다. 2000년부터 2023년까지 미국 실질 GDP 성장률의 평균을 내면 약 2퍼센트라는 수치가 나옵니다. 1960년대와 비교하면 미국의 1인당 실질 GDP는 3배 이상 증가했는데, 이는 물가 상승을 감안하더라도 오늘날 미국인들이 1960년대보다 3배 이상의 재화와 서비스를 생산하고 소비할 수 있게 되었음을 의미합니다. 이러한 변화는 일상생활의 질적 향상으로 이어져, 과거의 사치품이 현재는 생활 필수품이 되는 등 삶의 양식 자체를 크게 변화시켰습니다.

경제 성장은 당연한 일이 아닙니다. 경기 침체 때는 오히려 마이너스 성장을 보이기도 합니다. 게다가 경제 성장에는 긍정적인 면과 부정적인 면이 모두 있습니다. 경제가 성장하면 생활 수준이 올라가고 더 많은 국민이 물질적인 풍요를 누릴 수 있습니다. 그러나 환경 파괴와 소득 불평등 심화를 불러오기도 합니다. 따라서 경제 성장을 단순히 좋거나 나쁜 것으로 보는 것은 지나치게 좁은 시각이며 다각도로 분석해야 합니다. 먼저 경제 성장의 효과와 장점부터 봅시다.

경제 성장론자들은 성장과 발전으로 사회 전체가 얻는 혜택에 집중합니다. 만약 경제가 성장하지 않았다면 식량 생산을 크게 늘리지 못했을 것이고, 의학 기술의 발전도 없었을 것입니다. 불과 200여 년 전인 19세기만 해도 인류의 대다수는 농업에 종사했습니다. 그들은 현대인들보다 훨씬 열악한 환경에서 부족한 식량으로 생계를 유지해야 했습니다. 그러나 근현대를 지나며 인류의 평균 수명은 꾸준히 늘었습니다. 반면 영아 사망률은 크게 줄었지요. 오래된 공동묘지에 가보면 열 살이 되기 전에 죽은 아이의 무덤과 비석이 꽤 보이지만, 오늘날에는 흔한 일이 아닙니다. 그뿐만 아니라 한 세기 전만 해도 인구 다수를 휩쓸었던 질병이 이제 대부분 근절되었습니다. 이 모든 것이 경제 성장으로 기본 위생과 보건 서비스가 발전하고 바이러스가 퇴치되었기에 가능했던 일입니다.

경제 성장은 과거 특권층의 전유물이던 물질적 풍요를 대중화시켰습니다. 선진국에서는 경제가 성장하면서 노동 시간은 오히려 감소했고, 여가 시간은 크게 증가했습니다. 전 세계에서 점점 더 많은 사람들이 풍요를 누리고 있지요. 이는 단순한 성장을 넘어 삶의 질적 혁명을 의미합니다.

가장 주목할 만한 변화는 인간의 자유와 가능성의 확장입니다. 근대 이전 인류의 삶은 태어난 신분과 지위에 종속되어 있었습니다. 그러나 지난 150년간의 폭발적 경제 성장은 이 굴레를 깨뜨렸습니다. 체계적 교육과 직업 선택의 자유는 전례 없는 생산성과 창

| 경제 성장과 인적 자원 |

경제가 성장하며 사람들의 생활 수준과 교육 수준이 높아져 생산성과 창조성도 폭발적으로 늘었다. 경제학에서는 인적 자원이 성장할수록 사회적 가치도 함께 증가한다고 본다.

조성의 폭발을 가져왔고, 이는 다시 인적 자본의 성장으로 이어졌습니다. 세계은행과 국제통화기금이 강조하듯, 개인의 전문성과 생산성 향상은 단순한 경제적 성과를 넘어 사회 전체의 안정과 발전을 위한 필수 동력이 되었습니다. 경제 성장은 단순한 숫자의 증가가 아닌, 인류 문명의 질적 도약을 의미하는 것입니다.

돈으로 살 수 없는 행복? 핀란드의 미스터리

"돈으로 행복을 살 수 있는가?"라는 오랜 질문에 대해, 2021년 펜실베이니아대학의 연구는 흥미로운 발견을 내놓았습니다. 연소득이 증가할수록 행복감도 지속적으로 상승한다는 것입니다. 이는 "연소득 7만 5,000달러 이상에서는 행복이 더 이상 증가하지 않는다"는 10여 년 전의 통설을 뒤집는 결과였습니다.

그러나 국가 단위 분석은 다른 이야기를 들려줍니다. 갤럽월드폴 데이터에 따르면, 1인당 GDP가 상대적으로 낮은 핀란드가 6년 연속 '세계에서 가장 행복한 국가'로 선정되었습니다. 세계행복보고서는 이러한 차이의 원인으로 사회적 지원, 건강한 기대수명, 선택의 자유 등 다양한 요소를 지목합니다.

최근 연구들은 "어떻게 돈을 쓰는가"도 중요하다고 말합니다. 여행이나 문화 활동과 같은 경험에 투자하는 사람들이 물건을 구매하는 사람들보다 더 지속적인 행복감을 느낀다는 것입니다. 결론적으로 돈으로 행복을 일부 살 수 있지만, 그것만으로는 충분하지 않습니다.

경제 성장의 진짜 동력은 무엇인가

생산의 씨앗, 인적·물적 자본과 연구개발

#인구의중요성   #자본심화   #R&D투자

경제 성장은 결코 저절로 일어나지 않습니다. 인적 자본과 물적 자본이 적절하게 투입되어 시너지를 낼 때 비로소 경제가 성장할 수 있습니다. 뛰어난 기술이나 내구성 좋은 재화를 생산하기 위해서는 사람과 자원이 모두 필요합니다. 다른 요소들은 상대적으로 덜 중요하지요. 이번 챕터에서는 경제 성장의 핵심 조건인 인적 자본과 물적 자본 개념을 함께 살펴봅시다.

경제 성장의 핵심 요소, 사람

경제 성장의 핵심은 인적 자본입니다. 인적 자본이란 사람이 교육과 훈련을 통해 체득한 지식과 기술 등 노동 생산성을 향상시키는 힘을 가리킵니다. 원래 '자본'이라는 용어는 생산에 투입되는 물적 자본만을 뜻했으나, 노동의 질과 수준도 중요한 생산 요소라는 점에서 주목을 받은 것이지요. 1960년대 미국의 경제학자들에 의해 '인적 자본'이란 표현이 널리 쓰이기 시작했습니다.

인적 자본에 많은 노력과 비용을 투자하는 국가는 비슷한 여건에서 인적 자본에 투자하지 않는 국가보다 경제적으로 빠르게 성장합니다. 미국은 인적 자본 투자의 선두 국가로, 고등학교까지 의무 교육을 제공하고 필요한 사람들이 적절한 교육 훈련을 거쳐 기술을 개발하고 직장을 구할 수 있도록 지원합니다. 인적 자본을 교육하고 개발하는 데 미국만큼 많은 비용을 지출하는 국가는 찾아보기 어렵습니다.

개인의 자유와 사유재산권은 인적 자본 개발의 필수 조건입니다. 과거 독일이 동독과 서독으로 나뉘어 있을 때, 공산주의를 표방한 동독보다 자본주의 질서를 따른 서독의 경제적 생산성이 훨씬 높았습니다. 경제적 자유가 보장되면 더 많이 생산하고 더 많은 것을 누리려는 욕구는 자연스럽게 생기고, 이는 생선성의 증대로 이어집니다.

한편 방대한 천연 자원은 인적 자본 개발에 오히려 방해가 되기도 합니다. 정부가 자원의 개발과 수출에만 몰두하느라 인적 자본 투자에 소홀해질 수 있기 때문입니다. 러시아와 일본을 비교하면, 천연자원이 풍부한 러시아보다 자원이 부족한 일본이 인적 자원에 더 많이 투자했고, 그 결과 더 높은 수준의 경제적 풍요를 누리고 있습니다.

인구 증가의 결정적 중요성

역사는 인구가 국가의 운명을 좌우함을 보여줍니다. 18세기 영국의 산업혁명은 인구 증가와 함께 시작되었고, 반대로 현재 일본은 심각한 인구 감소로 30년간의 경제 침체를 겪고 있습니다.

인구는 새로운 아이디어와 혁신의 원천이자, 시장의 규모를 결정하는 핵심 변수입니다. 실리콘밸리의 성공은 전 세계 인재들이 모여드는 '인구 자석' 효과를 보여주며, 중국이 14억 인구를 바탕으로 세계 최대의 스타트업 생태계를 만들어낸 것도 같은 맥락입니다.

연구에 따르면 도시의 인구가 두 배로 늘어날 때마다 특허 출원과 창업은 그 이상으로 증가합니다. 이는 더 많은 사람들이 모일수록 아이디어의 교차와 충돌이 기하급수적으로 늘어나기 때문입니다. 따라서 인구 감소는 단순한 숫자의 감소가 아닌 국가의 혁신 역량과 성장 잠재력의 축소를 의미합니다.

자본심화와 사회 인프라의 필요성

인적 자본과 더불어 경제 성장을 견인하는 또 다른 조건은 바로 물적 자본의 증가입니다. 물적 자본이란 기계, 공구, 건물 등 생산 설비에 해당하는 요소를 가리킵니다. 물적 자본이 축적된 국가일수록 '자본심화Capital deepening'가 발생하게 됩니다. 자본심화란 노동자 1인당 사용 가능한 자본량이 증가하는 현상을 뜻합니다. 보통 경제학에서는 자본심화가 진행되면 노동 생산성이 늘어 기업의 공급이 증가한다고 보지요.

물적 자본은 투자의 결과이므로, 금리는 물적 자본 개발에 큰 영향을 미칩니다. 금리가 낮고 안정적일 때는 물적 자본에 대한 투자가 늘어납니다. 이는 단기간 총수요를 증가시키지만, 장기적으로 보면 자본 축적을 유발합니다. 반대로 금리가 높고 불안정할 경우 기업과 생산자가 쉽게 물적 자본에 투자하지 못해 상대적으로 생산성이 저하됩니다. 안정적인 금리 유지가 중요한 이유가 여기에 있습니다.

자본을 투입하고 잠재 가치를 끌어내 사용하기 위해서는 적절한 기반이 다져져 있어야 합니다. 도로와 철도, 수도 등 인프라가 마련되어 있어야 자본에 효율적으로 접근하고 이용할 수 있습니다. 과거 어마어마한 인적·물적 자원을 가지고 있던 소비에트 연방이 붕괴한 이유 중 하나는 자본을 비효율적으로 사용했기 때문입니다. 소련은 서방 국가를 압도할 만큼 거대한 공장을 건설했지만, 부족한 기반 시설로 인해 공장 접근이 어렵고 생산물의 분배도 원활하지 않았습니다.

오늘날도 비슷한 문제가 존재합니다. 많은 개발도상국이 안정적인 전력 공급과 인프라를 갖추지 못하고, 기반 시설이 부족해 효율적인 경제 활동과 생산이 어렵습니다. 반면 선진국은 충분한 인프라를 바탕으로 지속적으로 생산하고 운송할 수 있지요. 이처럼 물적 자본과 사회 인프라는 인적 자본만큼 경제 성장에 중요한 역할을 합니다.

지속적인 성장의 원동력, 연구개발

창의력과 혁신, 발명과 발견은 지속적인 경제 성장의 핵심 동력입니다. 미국과 일본 등 선진국은 개발도상국에 비해 연구개발R&D, Research and Development에 훨씬 많이 투자합니다. 연구개발에는 막대한 자금이 필요하며, 이는 미래의 더 큰 수익을 위해 당장의 이윤을 포기하는 전략적 선택입니다. 투자가 지속되려면 그 성과를 보호하고 정당하게 보상하는 제도가 필수적입니다. 새로운 기술과 아이디어를 법으로 인정하고 소유권을 부여하는 특허는 기업이 연구개발을 실천하는 데 필요한 보호 장치가 되어 줍니다.

중국의 사례는 혁신의 중요성을 잘 보여줍니다. 지난 수십 년간 중국은 저부가가치 제조업에서 첨단 기술과 서비스업 기반 고부가가치 산업 구조로 전환하며 놀라운 성장을 이뤄냈습니다. 또한 투자 주도 경제에서 벗어나 내수 소비를 강화하는 쪽으로 경제 구조를 재편해왔습니다. 과거 기술 모방국이라는 오명을 받던 중국은 이제 자체 기술력 확보를 위해 연구개발 투자를 대폭 확대하고 있으며, 지적 재산권 보호에도 적극적인 모습을 보이고 있습니다.

경제는 안정적인 국가에서 성장한다

경제 성장의 또 다른 필요조건은 안정적인 국가 체계입니다. 국가는 경제 주체를 보호할 공정하고 일관성 있는 법을 제정해 준수하고 집행해야 합니다. 부정부패와 연고주의는 기업이 자본을 조달하는 데 필요한 비용을 사실상 증가시켜 국내외의 투자를 방해하기 때문이지요.

법은 개인과 기업, 외국인 투자자를 분명히 보호한다는 확신을 주어야 합니다. 개발도상국이 충분한 자본 투자를 받지 못하는 이유 중 하나는 부패한 정부 때문입니다. 정부가 국가의 이익이라는 이유로 기업 자산까지 압류할 가능성이 높기 때문이지요.

2007년 베네수엘라의 사례는 이를 잘 보여줍니다. 베네수엘라 정부가 외국 기업의 유전 개발 프로젝트를 강제로 국유화하자, 외국 기업들이 대거 철수했고 외국인 투자가 급감했습니다. 그 결과 경제가 불안정해지고 외환 부족과 인플레이션이 심각한 수준에 이르렀습니다.

반면 미국, 캐나다, 호주와 같은 영연방 국가들은 사유재산권을 철저히 보장하는 영국 관습법 체계를 계승했습니다. 이러한 법적 안정성은 이들 국가를 외국인 투자자들에게 매력적인 투자처로 만들었고, 그 결과 다른 국가들보다 훨씬 더 활발한 자본 축적이 이루어지고 있습니다. 이처럼 안정적인 법과 제도는 투자 환경을 개선하고 경제 성장을 촉진하는 핵심 요소로 작용합니다.

경제 성장을 위해서는 인적 자본, 물적 자본, 연구개발 그리고 법적 안전성을 갖추어야 합니다. 여기에 적절한 정책까지 더해지면 경제 규모가 더 빠르게, 폭발적으로 성장하지요.

각국 중앙은행은 경제를 안정화하고 더 나아가 성장이라는 목표를 달성하고자 금리와 통화량을 조정하고, 이는 가계와 기업의 자본 투자를 결정합니다. 정부는 적절한 조세 정책으로 사람들의 일하고자 하는 의욕을 고취시키고 재정을 확보해 국가 경제 성장을 달성하고자 합니다.

그러나 지속적인 성장은 우리를 점점 더 나은 곳으로 나아가게 할까요? 경제 성장의 이면에는 예상하지 못했던 문제들도 있습니다. 각국 정부는 경제 규모를 키우기 위해서뿐만 아니라 이런 문제들을 해결하기 위해 애쓰고 있지요.

금리와 조세 정책은 경제를 어떻게 바꾸는가

한 국가의 경제는 금리가 안정적으로 유지될 때 성장합니다. 통화 정책은 주로 단기 금리에 영향을 미치지만, 경제 성장을 좌우하는 것은 장기 금리지요. 미래의 금리와 물가상승률이 불안정하다고 판단할 때 기업은 장기 자본 투자를 주저합니다. 이를 방지하기 위해 정부와 중앙은행이 금리와 물가상승률을 단속하는 것이지요. 단기 금리를 올리면 기대 물가상승률이 낮아져 장기 금리를 안정적으로 유지하는 데 도움이 됩니다.

정부가 거두어들이는 세금도 경제 성장에 영향을 줍니다. 세금 부담이 커지면 기업은 자본 투자를 줄입니다. 금융 투자자에게 거두는 자본이득세가 높아지면 기업의 물적 자본 투자에 필요한 저축, 즉 현금의 흐름이 감소합니다. 정부는 자본이 자유롭게 이동한다는 사실을 늘 염두에 두고 조세 정책을 펴야 합니다. 기업의 세금을 인상하면 선거철에 일부 유권자와 시민에게 인기를 끌 수 있겠지만, 국가 경제 성장은 더뎌질 확률이 높습니다.

개인소득세는 노동자의 의욕에 영향을 미쳐 장기적으로 경제 성장을 결정합니다. 대부분의 자본주의 국가에서는 생산성이 높을수록 소득이 높고, 소득이 높을수록 한계세율(일정한 소득이 있는 상태에서 소득이 증가하면 증가분에 적용하는 세율)도 높아집니다. 이것이 우리가 흔히 말하는 누진세 개념이지요. 세율이 너무 높으면 고소득자는 일부러 생산성을 낮추어 소득을 하향하거나 세금 부담이 덜한 곳으로 이주하기도 합니다. 가령, 현재 미국의 세율이 유럽보다 낮기 때문에 뛰어나고 명석한 인재들이 유럽을 떠나 미국으로 이주하고 있지요. 정부의 조세 정책이 인적 자본의 이동을 유발할 수 있으며, 이는 국가 경제 성장에 중요한 영향을 미칩니다.

한 걸음 더

비례세 VS 누진세

앞에서 미국은 소득이 높을수록 한계세율이 오르는 누진세 방식을 적용한다고 했지요. 반대로 '비례세'라는 방식도 있습니다. 대부분의 국가가 상황에 따라 비례세와 누진세를 적절히 섞어 사용합니다.

비례세란 소득 수준과 관계없이 모두에게 동일한 세율을 적용하는 방식입니다. 만약 10퍼센트의 세율을 비례세로 적용한다면 연 소득이 3,000만 원인 사람은 세금으로 300만 원을 내고, 연 소득이 1억 원인 사람은 1,000만 원을 낼 것입니다. 비례세를 적용하면 세금의 신고와 계산이 매우 간단해집니다. 또한 금액이 높을수록 얻는 이익이 커지니 더 열심히 일할 동기가 부여되지요. 그러나 소득이 적은 사람의 세금 부담이 상대적으로 크다는 약점이 있습니다.

누진세란 소득이 증가함에 따라 세율이 상승하는 방식입니다. 가령 소득이 5,000만 원 이하인 경우 15퍼센트 세율을, 소득이 5,000만 원 초과 1억 원 이하인 경우 40퍼센트 세율을 적용한다면 누진세 방식을 채택했다고 볼 수 있겠지요. 누진세는 고소득층이 더 많은 세금을 부과하도록 해 소득 불평등을 완화하고 사회 안정성을 유지하는 데 기여합니다. 그러나 많이 벌면 세금을 많이 내는 구조는 사람들의 근로 의욕을 저하시킬 수 있습니다. 소득을 신고하지 않고 세금을 회피하려는 시도도 나타날 수 있지요.

경제 성장의 그림자: 불평등과 재분배의 문제

경제 성장이 항상 모든 사회 구성원에게 동등한 혜택을 주는 것은 아닙니다. 오히려 성장 과정에서 계층 간 격차가 심화되는 경우가 많습니다.

미국의 사례가 이를 잘 보여줍니다. 인구조사국 자료에 따르면 1980년부터 2008년까지 소득 하위 20퍼센트 가구의 소득은 거의 변화가 없었던 반면, 상위 20퍼센트 가구의 소득은 급격히 증가했습니다. 이러한 소득 격차 확대는 여러 요인에서 비롯됩니다. 고학력자는 좋은 일자리에 접근할 수 있지만, 그렇지 못한 사람들은 불안정한 저임금 일자리에 머물거나 실업 상태에 빠지기 쉽습니다. 또한 세계화로 인해 제조업이 개발도상국으로 이전하면서 선진국의 저숙련 노동자들이 일자리를 잃는 현상도 발생합니다.

그러나 민주주의 사회에서 극심한 불평등은 지속될 수 없습니다. 모든 시민은 동등한 정치적 권리를 가지며, 투표를 통해 자신의 경제적 이해관계를 반영할 수 있기 때문입니다. 경제적 불평등이 심화될수록 국민들의 재분배 정책에 대한 요구는 더욱 거세질 수밖에 없습니다.

따라서 지속가능한 경제 성장을 위해서는 성장의 혜택이 사회 전반에 골고루 분배되어야 합니다. 이는 단순한 도덕적 당위의 문제가 아니라, 민주주의 체제에서 경제 시스템의 안정성을 유지하기 위한 필수 조건입니다. 극심한 불평등이 지속되는 사회는 결국 정치적·사회적 불안정으로 이어질 수밖에 없기 때문입니다.

'지속가능한 성장'은 정말 가능할까

기후거래소와 탄소배출권

#효율적활용   #탄소발자국   #로널드코스

대부분의 사람은 환경 보호가 가치 있는 인류 공동의 목표라고 믿고 행동합니다. 각국 정부, 환경 단체, 환경 보호론자들은 환경을 보호하기 위한 다양한 노력을 기울이지요. 미국의 경우 멸종위기종보호법Endangered Species Act, 청정대기법Clean Air Act, 청정수법Clean Water Act 등을 제정해 환경을 보존하고자 애쓰고 있습니다.

그러나 경제가 성장하기 위해서는 자원이 필요합니다. 자원 확보는 필연적으로 환경 파괴를 동반합니다. 때문에 앞서 언급한 법들이 경제적 현실과 상충되는 경우가 종종 있습니다. 이런 법을 비판한다고 해서 반드시 환경이 파괴되더라도 상관없다는 의미는 아닙니다. 사람들이 비판하는 지점은 대개 환경 보호라는 목표를 이루는 '방식'이지 '목표' 자체는 아니지요.

과연 우리 인류는 지속가능한 성장이라는 목표를 이루어낼 수 있을까요? 이 책의 마지막 챕터에서는 환경을 바라보는 경제학자들의 독특한 시각과, 환경 문제에 경제 원리를 접목해 환경 보존이라는 지구촌의 목표를 더 효율적이고 유용하게 달성하려는 시도를 구체적으로 살펴보겠습니다.

자원을 어떻게 활용해야 할까?

지속적인 경제 성장의 비용 중 하나는 환경 파괴입니다. 세계 인구가 늘어날수록 모두를 부양하기 위해 더 많은 자원이 필요해집니다. '지속가능한 성장Sustainable Growth'이라는 용어도 이런 맥락에서 나왔습니다. 과연 경제 성장과 환경 보호는 양립할 수 있을까요?

다행히도 시장 메커니즘은 환경 보호와 자원 보존에 긍정적으로 작용할 수 있습니다. 자원에 대한 수요가 증가하면 가격이 상승하고, 이는 개인과 기업의 행동 변화를 유도합니다. 이러한 영향은 재생 자원과 비재생 자원에서 각각 다르게 나타납니다.

재생 자원

재생 자원인 목재를 생각해봅시다. 목재의 수요가 증가하면 가격이 오릅니다. 목재 가격이 오르면 임업 농가는 수요에 맞춰 생산을 확대합니다. 더 많은 목재를 공급하기 위해 나무를 심겠지요. 즉 목재에 대한 수요 증가는 산림에 대한 수요 증가로 이어집니다. 산림에 대한 수요가 증가하면 땅의 가치가 오르고, 목재 생산량이 늘어납니다.

흔한 우려와 달리, 목재 수요 증가가 반드시 산림 파괴로 이어지지는 않습니다. 사람들이 옥수수를 소비하지 않으면 옥수수 생산량이 늘어날까요, 줄어들까요? 정답은 '줄어든다'입니다. 사람들이 옥수수를 먹지 않으면 농가는 옥수수를 재배할 경제적 유인이 없습니다. 반대로 옥수수 소비가 늘면 많은 농가가 옥수수를 재배하지요. 목재도 마찬가지입니다. 수요가 늘면 생산도 늘어납니다. 다만 나무는 옥수수보다 자라는 데 훨씬 오랜 시간이 걸리므로 가격이 비싸고 신속한 공급이 어렵지요.

비재생 자원

석탄, 석유, 천연가스와 같은 비재생 자원의 경우 매장량이 정해져 있기에 추가로 생산할 수 없습니다. 때문에 수요가 증가하면 가격이 상승하지요. 자원의 가격이 상승하면 기업의 생산비가 증가합니다. 이런 경우, 기업은 자원을 더 효율적으로 활용할 방법을 찾아냅니다. 예를 들어 생산 과정에 천연가스가 필요한 기업은 천연가스 가격이 오르면 자원을 최대한 아껴 효율적으로 적재적소에만 사용하려 합니다.

시장 경쟁은 이러한 효율성 추구를 가속화합니다. 자원을 낭비하거나 비효율적으로 사용하는 기업은 결국 효율적인 기업과의 경쟁에서 도태될 수밖에 없기 때문입니다. 이처럼 경제적 효율성의 추구는 자원 보존과 긴밀하게 연결되어 있습니다. 자원의 효율적 사용은 단순한 경제적 과제를 넘어 인류의 지속가능한 발전을 위한 핵심 과제라고 할 수 있습니다.

시장이라는 유인책

멸종위기에 처한 동식물의 보호는 환경 단체뿐만 아니라 많은 사람들의 관심사입니다. 대부분의 국가들이 자국에 서식하는 멸종위기종을 보호해야 한다는 압박을 받고 있지요. 일부 경제학자들은 멸종위기 동물을 보호하기 위해 식량화 또는 상품화, 즉 시장에서의 합법적 거래를 허용해야 한다는 다소 도발적인 의견을 제시하기도 합니다.

예를 들어 남아프리카 코뿔소의 뿔 거래를 합법화하면 코뿔소 농장이 생겨 개체수가 증가하고 야생 개체를 사냥하는 밀렵이 사라질 것이라고 보는 관점입니다. 다만 이 방법은 모든 종에 적용하기 어렵다는 한계가 있고, 불법 거래가 증가해 오히려 밀렵이 늘고 야생 동물의 멸종이 가속화될 가능성도 있다는 문제점이 있습니다. 게다가 살아 있는 생명을 단순히 인간의 이익을 위한 수단으로만 보는 얕은 대책이라는 윤리적 비판도 피할 수 없습니다.

'오염할 권리'를 사고판다

환경은 사람에 따라 다르게 주어지는 것이 아니라 인류 공통의 자원이기에 환경 오염은 경제적으로나 사회적으로나 전 인류에게 해롭습니다. 그러나 모든 생산 과정에 어떤 형태로든 오염이 발생하므로 이를 완전히 없애는 것은 현실적으로 불가능한 목표입니다. 많은 경제학자가 한계분석을 통해 필요한 만큼, 최소한의 오염 물질만 배출할 방법을 찾고 있지요.

그러나 대부분의 기업은 환경 오염에 따른 비용을 지불하지 않기 때문에 과도한 생산으로 오염을 유발합니다. 오염을 적정 수준으로 제한하기 위해서는 오염 정도에 따라 비용을 청구해야 합니다. 이를 위해 각국 정부는 오염세를 부과하거나 오염배출권을 판매하기도 하지요. 환경 문제에 관심 있는 독자라면 '온실가스 배출권', '탄소 발자국' 등의 표현을 자주 들어보았을 것입니다.

생산량을 줄이는 종량세 부과

우선 세금 부과 방식으로 기업에서 배출하는 오염을 줄일 수 있습니다. 상품의 수량이나 중량을 기준으로 매기는 세금을 '종량세'라고 합니다. 생산자에게 종량세를 부과하면 생산 비용이 증가하므로 생산량이 감소합니다. 자연스럽게 환경 파괴와 오염도 줄어들겠지요.

그러나 종량세에는 문제점이 있습니다. 세금이 산업 내의 모든 생산자에게 똑같이 부과될 가능성이 커서, 더 친환경적이고 효율적으로 생산하는 기업에도 많은 오염 물질을 배출하는 기업과 같은 세율이 적용된다는 점입니다. 즉 생산 종량세는 한 산업군 내의 오염은 줄여도 개별 생산자가 자발적으로 환경을 개선하게 하는 유인책이 되지는 못합니다. 게다가 해당 재화나 서비스에 대한 수요가 늘면 기업에서는 세금을 감당하더라도 생산량을 늘리겠지요.

배출권 거래제와 탄소배출권

산업혁명 이후 인류가 가장 많이 배출한 오염물질은 이산화탄소입니다. 이산화탄소를 줄이기 위한 핵심 정책 중 하나가 '배출권 거래제Cap and Trade'입니다. 이는 경제 성장을 저해하지 않으면서도 환경 보호를 달성할 수 있는 시장 기반 해결책입니다.

배출권 거래제의 작동 원리는 다음과 같습니다. 정부는 먼저 산업별 이산화탄소 배출 한도를 설정하고, 매년 일정량의 배출권을 발행합니다. 이 배출권은 기업들에게 직접 배포되거나 경매를 통해 판매됩니다. 허용치를 초과하여 배출하는 기업에는 세금이 부과되며, 매년 전체 배출권 발급량을 점진적으로 줄여 총 배출량을 감소시키는 것이 목표입니다.

이 제도의 핵심은 배출권 시장의 형성입니다. 기업들은 '탄소상쇄권Carbon offset'이라 불리는 배출권을 서로 거래할 수 있습니다. 예를 들어, 1개의 탄소상쇄권은 1톤의 이산화탄소 배출을 허용합니다. 기업들은 태양광 발전 설비 설치나 조림 사업 등을 통해 배출량을 줄여 탄소상쇄권을 확보하고, 이를 국제 탄소시장에서 거래할 수 있습니다.

이러한 시장 메커니즘은 일률적인 규제나 오염세보다 효과적입니다. 기업들은 생산 효율성을 높이면서도 배출량을 줄일 동기를 갖게 되고, 환경 보호 활동에 대한 직접적인 보상을 받을 수 있기 때문입니다. 이는 경제적 인센티브를 활용해 환경 보호를 달성하는 혁신적인 접근 방식입니다.

환경 문제와 코스의 정리

2부에서 살펴봤듯이 어느 경제 주체의 행위가 제3자에게 미치는 영향을 '외부효과'라고 합니다. 공장 가동으로 인한 이산화탄소 배출 등 환경 오염은 대부분 외부효과에 속하지요. 외부효과를 해결하기 위해 정부가 시장에 적극적으로 개입해야 한다고 주장하는 학자들도 있습니다.

반면 시카고대학교 경제학과의 로널드 코스Ronald Coase 교수는 색다른 관점을 제시했습니다. 그는 거래 비용이 없거나 아주 작고, 각 주체의 소유권이 명확하며, 협상이 가능한 경우에는 외부효과 해결을 위한 정부 개입이 불필요하다고 주장했지요. 이를 '코스의 정리Coase Theorem'라고 합니다.

어떤 공장에서 강에 오염 물질을 배출해 인근에서 어업을 하던 어부들이 피해를 입었다고 해봅시다. 만약 공장에 강의 소유권이 있다면 어부들은 비용을 지불하고 오염 물질 배출 중단을 요청할 것입니다. 반대로 어부들에게 강 소유권이 있다면 공장이 어부들에게 보상금을 지불하고 오염을 감수하도록 협상하겠지요. 코스는 이렇게 소유권이 명확하고 거래 비용이 크지 않다면 협상이 가능해 가장 효율적인 해결책에 도달한다고 보았습니다.

이러한 원리는 실제 환경 보호 활동에도 적용되고 있습니다. 국제자연보전협회The Nature Conservancy와 시에라클럽Sierra Club 같은 환경 단체들은 보호가 필요한 지역을 직접 매입해 소유권을 확보하고, 이를 바탕으로 기업들과 협상합니다. 아마존 열대우림 보호 활동에서도 이러한 전략이 활용되었습니다. 공유지보다 사유지가 더

| 로널드 코스 |

로널드 코스는 기업의 재산권, 거래 비용 등을 연구한 미국 경제학자이다. 그는 정부 개입 없이 경제 주체의 협상만으로 효율적인 외부효과의 해결책을 찾아낼 수 있다고 보았다.

효과적으로 보호될 수 있다는 점에서, 코스의 정리를 적용하면 환경 보호의 실효성을 높일 수 있습니다.

그러나 코스의 정리가 현실에서 완벽하게 작동하기는 어렵다는 지적도 있습니다. 자원의 소유권이 모호하거나 복잡하게 얽혀 있는 경우가 많고, 예상보다 큰 거래 비용이 발생할 수 있기 때문입니다. 특히 기후변화처럼 전 지구적 차원의 환경 문제에서는 이해관계자가 너무 많고 복잡해 순수한 시장 메커니즘만으로는 해결이 어려울 수 있습니다. 그렇기에 경제학자들이 오늘날까지 효율적인 자원 분배법과 환경 보호 해결책을 연구하는 것이지요.

기후거래소

국제 사회는 기후 변화에 대응하기 위해 기후변화협약을 맺고 1997년 교토의정서를 토대로 탄소배출권 거래 제도를 도입했지요. 전 세계 곳곳에 탄소배출권을 거래하는 기후거래소가 있습니다. 대표적으로 독일 라이프치히에는 유럽에너지거래소EEX, European energy exchange가, 영국 런던에는 유럽기후거래소ECX, European climate exchange가, 미국 시카고에는 시카고기후거래소CCX, Chicago climate exchange가 있지요.

기후거래소는 주식거래소와 비슷하게 굴러갑니다. 기업들은 재정 상태에 따라 서로 배출권을 사고파는 등의 거래를 할 수 있지요. 가까운 미래에는 각 기업의 배출권 잔량이나 판매량을 파악해 필요한 기업과 연결해주는 '기후 브로커'가 등장할 수도 있습니다.

이미지 출처

퍼블릭 도메인, 자체 제작 이미지의 출처는 따로 표기하지 않았습니다.

82쪽 ⓒJohn McArthur / Unsplash

97쪽 ⓒSeanXLiu / Wikimedia commons

106쪽 ⓒMinh Nguyen / Wikimedia commons

175쪽 가운데 ⓒAshkan Forouzani / Unsplash

175쪽 아래 ⓒMyke Simon / Unsplash

215쪽 glabarre.com

219쪽 ⓒJamie Barras / Flickr

267쪽 ⓒElke Wetzig / Wikimedia commons

343쪽 아래 ⓒAjay suresh / Wikimedia commons

357쪽 ⓒAjay suresh / Wikimedia commons

358쪽 ⓒAjay suresh / Wikimedia commons

365쪽 ⓒTheTruthAbout / Flickr

372쪽 ⓒWes1947 / Wikimedia commons

401쪽 ⓒUniversity of Chicago Law School

드디어 시리즈 05

드디어 만나는
경제학 수업

1판 1쇄 발행 2025년 3월 28일
1판 3쇄 발행 2025년 5월 15일

지은이 미셸 케이건, 앨프리드 밀
옮긴이 김선영
발행인 박명곤 **CEO** 박지성 **CFO** 김영은
기획편집1팀 채대광, 백환희, 이상지
기획편집2팀 박일귀, 이은빈, 강민형, 박고은
기획편집3팀 이승미, 김윤아, 이지은
디자인팀 구경표, 유채민, 윤신혜, 임지선
마케팅팀 임우열, 김은지, 전상미, 이호, 최고은

펴낸곳 (주)현대지성
출판등록 제406-2014-000124호
전화 070-7791-2136 **팩스** 0303-3444-2136
주소 서울시 강서구 마곡중앙6로 40, 장흥빌딩 10층
홈페이지 www.hdjisung.com **이메일** support@hdjisung.com
제작처 영신사

© 현대지성 2025

"Curious and Creative people make Inspiring Contents"
현대지성은 여러분의 의견 하나하나를 소중히 받고 있습니다.
원고 투고, 오탈자 제보, 제휴 제안은 support@hdjisung.com으로 보내주세요.

현대지성 홈페이지

이 책을 만든 사람들

기획 강민형 **편집** 이상지, 채대광 **디자인** 구경표